U0916842

印象南珠

YINXIANG
NANZHU

主　　编：宋文东
副 主 编：纪丽丽　易丽平　刘双印
参编人员：李世杰　苗东亮　李晓菲　马孝甜　刘娟花
　　　　　刘玉琴　邹秀红　关淑芬　陈生扬　仝绍伟
　　　　　安静波　梁飞龙　符　韶　罗　杰

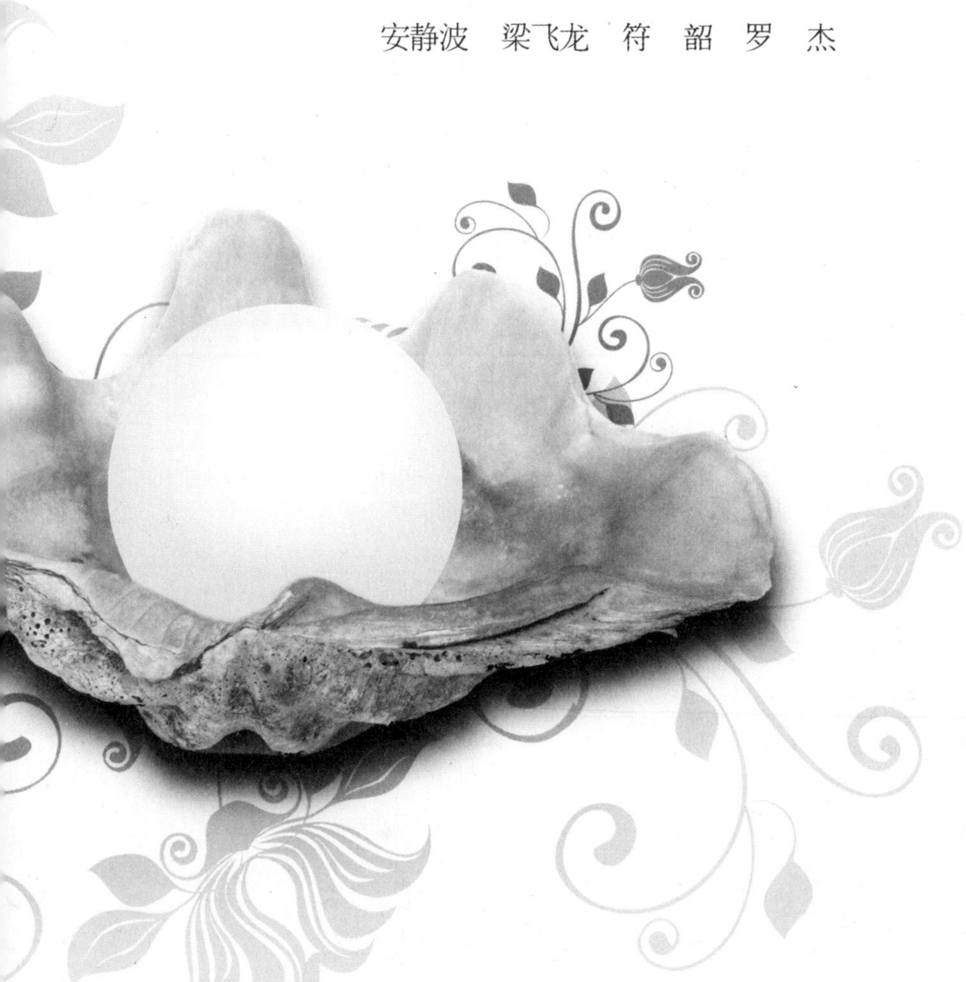

中国·广州

图书在版编目（CIP）数据

印象南珠/宋文东主编．—广州：暨南大学出版社，2011.9
ISBN 978－7－81135－926－8

Ⅰ．①印…　Ⅱ．①宋…　Ⅲ．①海水养殖：珍珠养殖—经济发展—研究—中国
Ⅳ．①F326.43

中国版本图书馆CIP数据核字（2011）第150706号

出版发行：暨南大学出版社

地　址：中国广州暨南大学
电　话：总编室（8620）85221601
营销部（8620）85225284　85228291　85228292（邮购）
传　真：（8620）85221583（办公室）　85223774（营销部）
邮　编：510630
网　址：http：//www.jnupress.com　http：//press.jnu.edu.cn

排　版：广州市铧建商务服务有限公司
印　刷：湛江日报社印刷厂

开　本：787mm×1092mm　1/16
印　张：11.75
字　数：232千
版　次：2011年9月第1版
印　次：2011年9月第1次

定　价：32.00元

序

2010年，对于坐落于祖国大陆南端的广东海洋大学来说是非凡的一年。在这一年里，广东海洋大学不仅在增硕建博领域取得喜人的成绩，更成为国家海洋局与广东省共建的大学，凸显“海大”南天一柱的地位。在这一背景下，为了让更多的人了解南珠悠久的历史文化以及在经济领域上的定位，广东海洋大学的海洋应用化学实验室人员在宋文东博士的带领下，编写了《印象南珠》这本书。

泱泱中华，地大物博，人杰地灵，而在祖国的南端，东起雷州半岛，南至海南岛北部，西至防城县与越南边界的广大水域，盛产着国之瑰宝——南珠，即中国海水珍珠。在不是很遥远的过去，凭借着“东珠不如西珠，西珠不如南珠”的殊荣，南珠与沉香、原藤、织锦、被贬谪的文人墨客的故事一同成为这片土地的印象。如今繁华落尽，沉香、原藤已经不再如昨日之富盛，而文人墨客郁郁不得志的故事只能在耳边回响。幸好，在这片土地上还有悠久的南珠文化以及快速发展的现代南珠产业，这片土地被深深烙上了南珠的痕迹！珍珠素有“珠宝皇后”的美称，而南珠作为珍珠里面的奇葩，国之瑰宝，千年传奇，千年美丽，经久不衰。

“山不在高，有仙则名。水不在深，有龙则灵。”好书不在于厚薄，而在于有意义，笔者希望通过本书质朴的语言为读者展开一幅南珠版的“清明上河图”。此书分为五章，主要内容包括南珠的养殖加工、南珠的历史文化、南珠的美容保健、南珠在中国经济方面的作用以及南珠的振兴之路等。阅读此书，您会了解南珠悠久的历史文化以及关于南珠的千年传奇，现代南珠的养殖以及形成过程，南珠在药用以及保健方面的神奇效用，当今南珠产业的发展状况以及在经济领域的定位。

由于编者水平和经验有限，书中难免有错漏之处，同时因为时间仓促，书中可能有某些引用观点没有做好备注，欢迎同行专家以及广大读者指正。

《印象南珠》编委会

2011年6月于湛江

目　录

印象南珠

第一章　中国南珠，气韵东方

金黄色南珠

在一个月光四溢的晚上，海水轻拍着海岸，就像是在抚摸着婴儿熟睡一样；平静的海面上不时地泛起点点星光，柔软的沙滩在月光的照耀下显得美丽而不矫情。一只孤独的马氏珍珠贝好奇地浮出海面，呼吸着自由的空气，吐露着生命的芬芳。就在它张开外壳感叹天地之美的那一瞬间，海风吹过，一粒小细沙飞进了它那柔弱的身体里，巨大的疼痛代替了之前所有的温馨与惬意。于是它不断地分泌液体，以期医治身体的伤痛，就这样日复一日，任岁月在无痕中走过，最终孕育了一颗天地间的传奇——南珠。

第一节　走近南珠

自古以来就有“东珠不如西珠，西珠不如南珠”的说法。中国南珠，素以凝重结实、色泽艳丽、饱满圆润而驰名中外，提起它，便使人联想起富贵、慧黠和典雅。在古代，它就是进贡给皇室贵族的珍稀之宝。它是大海中不可思议的奇迹，是大自然的馈赠，它汲取海洋、日月之精华，如同夜空的明月落入凡尘，明洁夺目、温润如水。它的光芒闪耀世界，深受人们的喜爱和推崇。

一、南珠的定义

早在千年前，民间就流传着这样的传说：仙女一滴晶莹的眼泪落入大海，被珍珠贝接住并吞下，于是就产生了一颗耀眼的南珠。这颗眼泪是思念的凝聚，是相思的化身，闪烁着温润的光泽。

像这样的传说不止一次被搬上荧幕，它代表了人类对南珠的最初认识，于是有了“鲛人泣珠”之说。到了17世纪，人类初步打开了对事物认知的启蒙之门，民间又开始流传着“晨露化珠”的故事。当时的人们认为，南珠和其他珍珠一样，组成要素是晨露。传说，珍珠贝会在早晨定时浮出海面呼吸空气，如果在这时候它张开双瓣吞下了一颗晨露，假以时日便会形成一颗耀眼的南珠。由于从珍珠贝中取出的南珠质量有好有坏，于是人们又展开丰富的想象，认为当母贝吞下的是雨滴，那么它孕育出来的南珠就是暗淡、污浊的；如果是在晴空万里之时吞下晨露，那么这颗南珠定是圆润、色泽亮丽的；如果是在电闪雷鸣之时，就不可能形成南珠，因为这时母贝会关闭自己的“嘴巴”。

这些民间传说或多或少都代表了人类对南珠的初期探讨，然而因为当时的认识水平及认识工具有限，人们一直不能给予南珠一个完整的定义，也无法给予南珠的产生一个完整的解释。大概到了16世纪中叶，有人开始通过科学的研究，提出珍珠是某些贝类患了结石之类的疾病而后形成的珠体。当然，南珠也不例外。这个说法第一次对南珠有了一个较为科学的定义。

彩色南珠

1671 年，一位叫雷第的科学家首次提出珍珠是由于沙粒进入了贝壳内，贝壳受到沙子的刺激后身体感到不适，不停地分泌液体孕育出来的。没过几年又有人提出，珍珠是贝类的一部分残卵存在贝体内，久而久之孕育出来的。到了 1700 年左右，法国的一位科学家 Rene Reaumur 将一颗珍珠切成薄片，放于显微镜下观察。他发现，珍珠贝的外壳不仅跟其他贝类的外壳有着惊人的相似，而且构成珍珠的物质也类似于贝壳的结构，由一层一层集中组成。以后又有许多西方科学家对珍珠进行研究，在那段时间，关于珍珠的学说可谓“百花齐放，百家争鸣”。

南珠作为珍珠的一种，人们对它的认识也在随着时代的发展和世事的变迁而不断走向成熟。现在，有大量的证据可以证明南珠是分泌物不断产生的产物。人们在口头上便一致给予南珠这样的定义：所谓“南珠”，是一种有机宝石类物质，为我国海南、广西、广东沿海一带孕育出来的海水珍珠，即南海珍珠家族的总称。

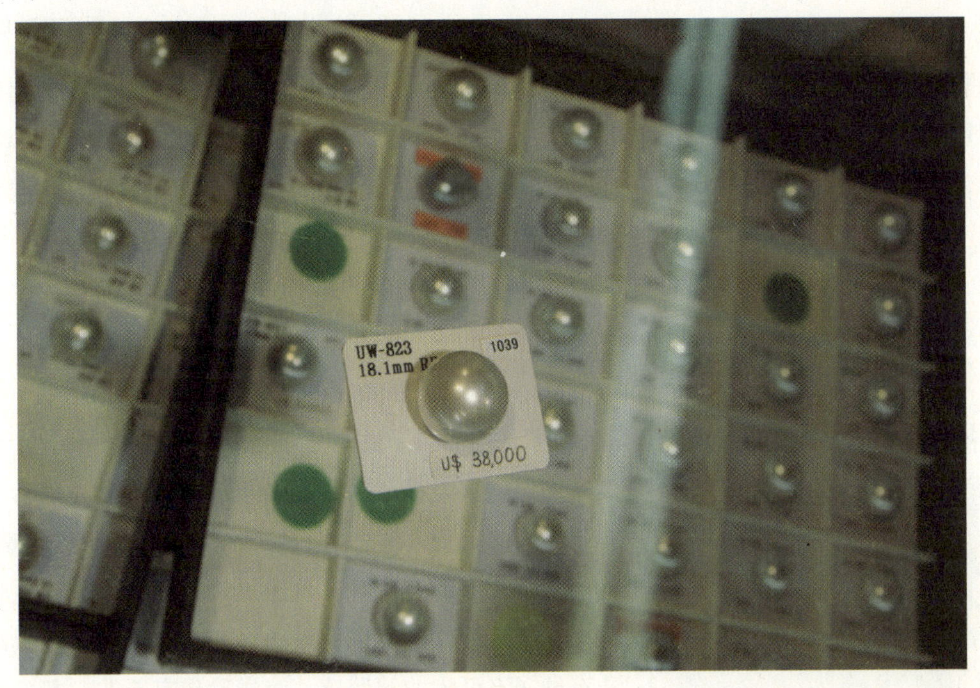

银白色南珠

海南为热带气候，夏无酷暑，冬无严寒，温度适宜，海域宽广，且常年气温为 23.6℃，海湾饵料丰富，珍珠贝种类齐全，因此无论是水温、盐度，还是微生物和海底结构，都十分适合南珠的生长。这里出产的“南珠”，颗粒大、形状圆、珠层厚、光泽好、质量高，所以，海南珍珠享有“海南一宝”、“南珠之冠”的美誉。而且，海南地处热带，动植物的成熟期会提前，这缩短了育种时间。广西的北海是我国海水珍珠的发源地和主产地，早在 1999 年就在铁山港区建成了我国最大的海水珍珠养殖基地。据

2010 年北海国际南珠文化展览会暨南珠精品交易会的一位承办负责人表示，北海是我国最大的海水珍珠集散地，广东雷州、海南省、防城港市等地所产的珍珠，很大一部分都要拿到北海来交易。除了南珠宫外，北海云南南路新建的世界珍珠明城亦是南珠交易的繁华场所。而广东雷州的流沙村，素有“中国珍珠第一村”之称，确切而言，是“中国海水珍珠第一村”。据《淮南子》和《雷州府志》等文献资料记载，自秦汉以来，历代封建帝王都把雷州的流沙村视为南珠的重要产地，下诏让珠民到那采珠。因为这里港湾宽，波浪小，水温稳定，海底资源丰富，水质清新，所以这里历来是天然珍珠的盛产地。流沙村有八成以上的住户从事与珍珠产业相关的工作，年可孵化贝苗三四十亿只，所加工生产的产品远销美国、英国、法国、新加坡、西欧、北美、非洲等 20 多个国家和地区，年产海水珍珠约占全国海水珍珠总量的 2/3。

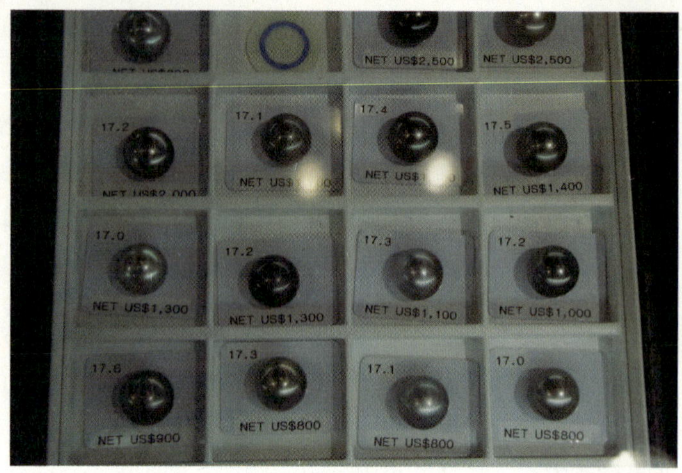

银灰色珍珠

中国的南珠，尤其是北海合浦珍珠，向来极负盛名。在古代，合浦郡内营盘乡一带海域就有六大古珠池盛产珍珠，以光质兼优而闻名于世。抛开历史，单是从现代这个角度来讲，许多人都还对它喜爱至极。徐闻县龙之珍珠有限公司的负责人蔡总毫不掩饰他对南珠的喜爱之情，他用八个大字形容南珠：优雅灵动，东方气韵。在他看来，淡水珍珠是温婉精致的百变精灵，大溪地黑珍珠有种深不可测的神秘感，南洋珍珠有着非一般的光芒与美丽，但最能代表中国珍珠文化的还是南珠。北海黑白金珍珠有限公司的庞总也表示，“孕育南珠的珍珠贝全身都是宝”。他说，“如果把珍珠贝贝壳上的珍珠层粉刮下来，它跟真正的南珠成分并没有什么区别。但是它具有很好的药用价值。有时候我的手不小心受伤了，拿小刀刮点珍珠层粉，敷在上面，没多久就会好，而且不留疤痕”。

南珠工艺品

南珠除了作为首饰之外，还具有医疗保健的作用，是名贵的药材和高级化妆品的珍贵原料。它是温柔、优雅、富裕、纯洁的象征，也是宝石中的女王，含蓄中有着迷人的柔和光彩；是唯一可以不加任何修饰，以其特有的自然性就能散发出璀璨耀眼如彩虹般光泽的宝石；其飘忽不定的晕状珠光、柔和的色调，比人工生产的东西更纯净、鲜明、丰富，一直隐藏着诱人的神秘感。

几千年来，中国南珠不仅在中国帝王将相的生活舞台上扮演着重要的角色，成为博大精深的中华文化的一部分，而且也是世界珍珠史上不可或缺的一部分，它和东珠西珠共同演绎了人类的一部分史话。在交际界中，它往往是女性出席重大活动的首选。如1984年，英国首相撒切尔夫人访问中国时，就曾对邓小平说，英国女王王冠上那颗拇指般大的璀璨的珍珠就是中国所产的正宗南珠。

南珠是如此的高贵、纯洁、卓尔不群，以至于我们用多么华丽的辞藻赞美它都不为过。千百年来，围绕南珠演绎出的无数美丽佳话反映了人们对美好生活的向往和对真挚情感的追求，我们也跟随着南珠走进了一个又一个梦幻般的世界。

二、南珠形成的过程

一颗天然南珠的形成，是大自然的鬼斧神工，也是一个奇迹的发生。当中国南边的一个珍珠贝微微张开双瓣，自由呼吸着大自然的空气，或猎食饵料之时，也许是意外，也许是巧合，一些如小细沙般的杂质或碎物不小心飞进了它的身体或被其咽下，它便开始不断地分泌珍珠层质，包裹着那粒进入身体的小东西，以期医治身体的疼痛。两年左右的光景很快逝去，珍珠贝的身体里便孕育出了一颗稀有的天然南珠。

天然南珠的形成少且十分珍贵，不能满足市场需求，于是人们根据天然南珠的形成原理，开发了人工养殖南珠事业。那么南珠究竟是怎样形成的呢？北海源龙珍珠有限公司的石总告诉我们，“其实珍珠就是分泌物不断产生的产物”。

在2亿~2.5亿年前三叠纪的某一天，那时的陆地还没有被完全分隔，海水特别湛蓝，植物苍翠欲滴，湛蓝的海水围绕着一块盘古大陆。在这个如摇篮般美丽的仙境里，气候宜人，雨季频繁。这里没有所谓的冬季，天空似乎也对这片土地格外热爱，所以这里从不下雪，也从不结冰。陆地上，恐龙对着天空偶尔发出一声吼叫，不知名的爬行动物在没有名字的地域里没有方向地爬来爬去。海底下，各类珊瑚争奇斗艳，美丽得无与伦比。从二叠纪、三叠纪的生物大灭绝事件中幸存下来的鹦鹉螺重新站在海底的舞台上，并进化成新的种类。各色软体动物在水底嬉戏，柔柔地招摇。在这个时期，双壳类软体动物取代了腕足类，开始成为海洋软体动物的主角，如克氏蛤、正海扇、鱼鳞蛤、

缅甸蛤等。而这些双壳类的软体动物正是孕育如南珠之类的珍珠最初的地方。

历史上，曾有不少科学家一直在探讨南珠形成的原因；我国的不少文献中都可以找到人们对它一步一步探讨的足迹。前面也提到，曾有科学家认为，珍珠是贝壳内部身体发生如结石之类的病变而形成的。现在，我们称这种因发生病变而孕育出来的珍珠为“无核珍珠”；同理，孕育南珠的珍珠贝内因发生病变而生成的南珠，则为天然南珠的种类之一。它是由于珍珠贝的表核细胞发生了病理变化，陷入了结缔组织中。现在人工养殖的南珠，就是根据上述原理，采用人工插核技术使其发生“病变”而形成的。其实，现代的科学家早已一致认为，南珠是产在珍珠贝等软体动物体内，由内分泌作用而生成的含有有机质矿物（文石）的球粒。当外界的细小异物进入珍珠贝的体内，接触到贝的外套膜时，外套膜受刺激分泌珍珠层质，将体内的异物一层一层地包裹起来。

南珠的形成过程是大自然的奥秘之一。一颗南珠的形成一般需要珍珠贝的外套膜受到异物的刺激——比如小细沙或小碎物。这些小细沙或小碎物正好处在外套膜与珍珠贝壳的中间，它们没有办法将异物排出，于是外套膜在受到疼痛的刺激后，以异物为核，使其陷入外套膜的结缔组织中。陷入的部分外套膜的表皮细胞自行分裂形成珍珠囊，珍珠囊细胞分泌珍珠质，层复一层把核包起来。这就像一颗沙子进了我们的眼睛，眼睛感到不舒服，于是我们会想方设法，试图通过不断分泌眼泪来使它排出一样。日复一日，一颗南珠就这样在珍珠质的反复包裹中形成于天地间。

当然，上述是南珠形成的“外因”，那种南珠称为“有核南珠”。与有核相对的是无核，无核南珠形成的过程与有核的大致相同，都是珍珠贝不断分泌珍珠质的过程。只是在无核南珠中，珍珠质不包裹异物，而是被珍珠囊裹住。珍珠贝的外套膜在受到病理刺激后，一部分膜进行细胞分裂，随即陷入外套膜的结缔组织中，形成珍珠囊。在珍珠囊的周围，通常分布着一些带颗粒的黏液细胞。

此外，细胞异状增殖亦可使珍珠贝内孕育出南珠。据有关部门研究，珍珠囊及其分泌的物质，在南珠的形成过程中，有很大变化。初插珠核时原有较多的腺细胞，随着时间的延长，腺细胞逐步消失，细胞形态由高圆柱形转为扁平形，分泌的物质也随着细胞形态的变化而发生改变。初期珍珠囊内，pH 值为酸性，分泌壳角蛋白；随后 pH 值转为碱性，分泌方解石型碳酸钙，形成棱柱层；最后 pH 值变为中性，分泌珍珠质。值得注意的是，在人工采捕阶段即收获南珠之时，人们打开珍珠贝取出南珠，母贝常常会在这一过程中受伤或者死亡。

三、南珠的成分、结构及性质

中国南珠，来自博大深邃的神秘海域，形似雪域高原的缥缈皓月，光洁圆润，典雅高贵，温婉含蓄。天地灵气孕育，珠贝痛苦磨砺。南珠的孕育是珍珠贝体内不断分泌生命的精华来包容异物的结果。珍珠贝是软体动物，但造物主却赋予它化腐朽为神奇的天赋与毅力，以执著的生命力孕育出南珠的高贵光华。

南珠由表及里分为两层：珍珠层和珍珠核。里面的那层为珍珠核，外面的为珍珠层。珍珠层即为珍珠贝在孕育南珠过程中的分泌物，它是分泌物在珠核或异物表面形成的角质蛋白和碳酸钙的结晶体。

1. 南珠的成分

南珠的化学成分主要包括有机成分、无机成分、水及其他成分，其中有机成分主要是由珍珠贝的外套膜细胞分泌的各种蛋白，无机成分的主体是碳酸钙（$CaCO_3$）。这些$CaCO_3$呈放射状排列，并具有同心结构。母贝从海水中吸收钙质，并用来制造珍珠层，南珠吸收海洋的微量元素，珍珠氨基酸、牛磺酸（调节中枢神经及内分泌，助睡安眠）、碳酸钙和角壳蛋白，还有少量的金属元素以及对人体免疫具有显著调节作用的有机硒元素。其中角壳蛋白含有人体能合成和不能合成的单元氨基酸，以及人体所需的8种氨基酸：赖氨酸、色氨酸、苯丙氨酸、甲硫氨酸（改善肤质、促进新陈代谢）、苏氨酸、亮氨酸、异亮氨酸和缬氨酸。另外还含有38.8%的钙（Ca）、微量元素［如镁（Mg）、锌（Zn）、硒（Se）、锗（Ge）等］以及小分子多肽。

天然的南珠含有的无机成分（碳酸钙）一般为91.5%，有机成分为3.83%，水约为3.97%。人工养殖的南珠无机成分为92.62%，有机成分为6.41%，而水大约只有0.66%。从这些数据中可见，它们的无机成分含量相差不大，而有机成分和水的含量相差较大。

2. 南珠的结构

南珠是一种有机宝石，其形成完全是来自生物体，来自水栖动物的分泌物，有别于那些挖掘自地底层中的矿物，即无机物。

这种有机宝石的结构可分为外部结构和内部结构。

一是外部结构。外部结构的形貌主要由母贝的生理状态、分泌物性质、年龄、生态环境和海水中的营养成分等因素决定。在理想的环境中，南珠的表面会是光滑干净的；而在现代的南珠养殖中，取珠后常常发现珠皮上带有瑕疵。

二是内部结构。天然南珠的珠核一般是沙粒或其他的异物，人工养殖的珠核一般为颗粒状的圆形珠核。南珠的内部实际上是由一系列同心层叠状的珍珠质层组成，圈层结

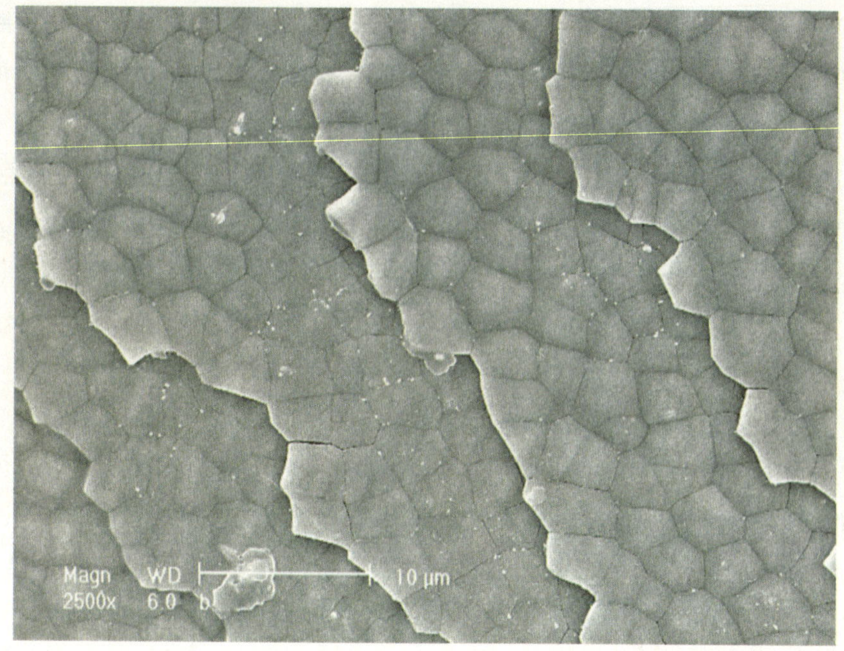

南珠表面结构电镜扫描图

构特别明显。这个圈层结构，就是由一个有核心的软体动物所分泌出来的许许多多薄的、一层一层的同心状“沉积层”相叠而成。现在一般把这种沉积层称为“珍珠层”。珍珠层越厚，孕育出来的南珠就越大。

珍珠层包括三个部分：无定形基质层、方解石结晶层（又称棱柱层）、文石晶层（又称珠母层）。基质层、棱柱层和珠母层由外套膜的不同部位分泌而成，其中基质层和棱柱层由外套膜边缘部位产生，珠母层则由外套膜的主要部位产生。南珠就藏在珠母层和外套膜之间，并由外套膜分泌形成。一般每天会分泌 3 ~ 4 次，每次覆盖涂满的厚度仅 0. 5 微米，需 2 ~ 5 年的时间，才能长成宝石级质量的南珠。其形成过程大致是这样的：当某些异物，如小沙砾、小寄生虫或人工插入的核侵入这些软体动物的外套膜内时，因受刺激，外套膜便不断地分泌出许多黏液（即珍珠质）把这些异物一层层地包裹起来，经过一段时间后，南珠便形成了。

3. 南珠的物理性质

（1）比重：比重是单位体积珍珠的重量，因为不同的南珠各种成分含量不同，故南珠的比重也随种类而有所差异。天然南珠的比重一般为每立方厘米占 2. 68% ~ 2. 78%，平均为每立方厘米占 2. 74%；而人工养殖珍珠的比重由于所使用的珍珠核的性质不同，因而变化就比较大。由同一原料做珠核的人工养殖珍珠，珍珠质量较好的比重一般偏高，反之则比重偏低。

（2）硬度：南珠的摩氏硬度为3.5~4.0，平均值为3.1，与铁的硬度接近。质量越好，硬度越高。

（3）颜色：南珠在不同光源的照射下和从不同角度看，能显出不同的色彩。同种海水贝产的南珠颜色较单一，一般有银白色、浅黄色、金黄色、蓝色、黑色等。

金黄色珍珠

南珠的颜色与海域中的化学成分和水中浮游生物的种类及数量有关。海域不同或育珠贝的垂放深度不同，所孕育的南珠的颜色也不同。随着贝的年龄的增长，颜色略有加深，但色泽的系统变异不大。此外，南珠的颜色跟育珠贝本身也有一定的关系，但不是主要的。

（4）光泽：南珠的光泽，又叫皮光或皮色，与珍珠层的厚度有关。珍珠层越厚，珍珠的光泽越强，色彩越夺目。同时，珍珠光泽还与珍珠表面光滑、细腻程度以及透明度、本身所含的色素和金属元素有关。

（5）发光性：在长、短波紫外线照射下，南珠会有亮浅蓝、淡黄、淡绿、粉红色或淡白色荧光，有时无荧光。X 射线下发黄白色或绿色磷光。

（6）弹性：南珠有一定的反弹性，其反弹性与珠层厚度、珍珠形状和珍珠中壳角蛋白含量有关。让一颗珍珠从0.7 米高处自由落在玻璃上反弹约0.37 米。优质珠的反弹高度较高，而劣质珠的反弹高度较低。一般优质珠从1 米高处自由落下会反弹0.4~0.5 米。

（7）折光率：南珠的折光率为1.530~1.685。

（8）透明度：大多数为不透明，少数为半透明。

4. 南珠的化学性质

南珠不耐酸、不耐碱，在酸碱中很不稳定，容易被分解。其化学性质与颜色密切相关。在一般被认为色彩最好的桃色南珠中，锰的含量特别多；在金色和奶油色等黄色系统的南珠中，铜和银的含量很多；在银色南珠中，镁、钠和钛的含量较多。

第二节　南珠的养殖过程

在一千多年前，中国的南海边，天蓝蓝，水蓝蓝，岸上风光旖旎，熏风拍打着人的脸颊。蓝色的波浪一直涌向天边，与蓝天连成一线。一个人，一个背影，沐浴着暖人的阳光，向着一个珍珠贝开启自己养育的第一颗南珠。

但是，这个人在欣喜之余，并没有将这种养殖南珠的技术形成系统的文字，也没有将它推广出去。后来，来了一个东渡的日本人。中国的繁华、中国的风俗、中国的学术都深深地吸引了他，于是他废寝忘食地扎在中国文献堆里，最终在一本尘封的古籍中发现了这种养殖南珠的技术。在1880年前，贵族们对南珠开采无度，甚至有一段时间，南珠的价格超过了钻石。

这位东渡的日本人在南珠资源开始委靡的情况下，按着书上的方法，在日本反复实验，将不同物质放入蚌体中以形成不同的刺激，试着养殖珍珠。那同样是一个明媚的早晨，天蓝蓝，水蓝蓝。他像往常一样打开一只养殖着的珍珠贝，惊喜地发现，他成功了。此后，日本的养珠业迅速兴旺起来，日本珍珠开始步入世界珠宝舞台。这个人，便是被誉为“养珠之父”的御木本幸吉。

迄今为止，几个世纪眨眼即过，珍珠业也发生了巨大的变化，天然的南珠也早已由清一色的人工养殖取代了。珍珠是地球上唯一有生命的宝石，珍珠的养殖一直是一门严密细致、讲究科学的学问。

一、孕育南珠的珍珠贝的种类

美玉只有通过雕琢才能显示出它的魅力，而一颗珍贵的南珠，当它从贝壳里出生的时候，就将其迷人的美展现在世人眼前。千百年来，中国南珠一直被当作美好的装饰品，受到女士们的喜爱，因此在珠宝世界里享有“珠宝皇后”的美誉。市场上展出的南珠饰品琳琅满目，珠光宝气，不管是在古代还是现代，在过去还是未来，都可以说它能与最尊贵的宝石相提并论。戴安娜曾说，“女人一生如果只能拥有一件珠宝，那必定是珍珠”。京润珍珠公司的王助理也曾说，“不管是王室贵族还是社会名媛，她们这些女子在出席重要场合的时候，往往佩戴的都是珍珠饰品”。

有人说：钻石恒久远，一颗永流传。然而，从人类发现到揭秘，钻石的生命只有短短数百年。唯有中国南珠，从有记载的历史开始，它一直是权力、地位和尊贵的象征。

在中国的历史上，作为尊贵物品被掠夺或奉献的几乎都是南珠；在所有贵妃画像上最显眼的永远都是佩戴着南珠首饰的那个。千百年的历史长卷中，中国南珠都是卫冕的珠宝女皇，恒久闪耀在权贵新富们的焦点里。追根溯源，孕育出南珠的珍珠贝又有哪些种类呢？具体来说，主要有以下两种：

马氏珍珠贝

一是合浦珍珠贝，又名马氏珍珠贝，是世界上海水珍珠养殖的主要贝类。喜欢在开敞的内海湾，水温为15℃～25℃、水质清澈、水流平缓的泥沙底质上生活，为珠农最偏爱的一种贝类。它的贝壳呈斜的四方形，背缘略平直，腹缘为弧形，前、后缘为弓形。壳内面珍珠层较厚，坚硬有光泽。角质层呈黄褐色，间有黑褐色带。马氏珍珠贝生活在热带、亚热带海区，栖息于内湾或近海海底，水深一般在10米以内。成贝终生以足丝附着在岩礁石砾上生活，适宜水温范围为10℃～35℃，盐度为16～35。据荣辉珍珠公司尹董事长介绍，在一般情况下，珍珠贝的两壳隆得越高，孕育出来的珍珠就越大。成贝一般高约8厘米，宽约3厘米。且其插核方便，受核率高，育出的珠质相当好，因此当之无愧地成为当前育成南珠的主要贝种。

企鹅珍珠贝

二是企鹅珍珠贝，又称企鹅贝，壳面呈黑色，因形状似南极企鹅而得名。前耳小，后耳长。铰合部直，有齿，左壳平，右壳较凸，壳表呈黑色，鳞片极细密。贝壳肌痕大，略呈圆形，近于壳中央。足丝较发达，呈细丝状。本品种个体较大，能产生美丽的大珍珠，适宜用于培育附壳珠和大型有核珍珠，是一种较好的养殖对象。目前主要分布于海南、广东、广西、台湾等地。大一点的成贝，壳可高至25厘米，重达3～4斤。贝壳内面珍珠层略显美丽的黑色珍珠光泽。企鹅贝体内孕育出来的南珠，颗粒相对较大但形状不规则，市场价值远远不及马氏珍珠贝所孕育出来的珍珠。

我国是珍珠养殖大国，孕育南珠的贝类品种非常丰富。南珠的光泽、色泽和形状，

取决于它们在哪一种珍珠贝中孕育而成。每颗珍珠的出身，不单依照其珍珠贝贝壳的色素而定，也需要配合珍珠贝生长时的环境，如天气、水温等因素。珍珠贝各具特色，所孕育出来的南珠色彩多样、形状各异、大小不一，共同塑造了南珠别样的风情，打造出了缤纷多彩的南珠世界。

二、话说源头：珍珠贝的来源

南珠沉睡在天然的海港里，南珠沉睡在母贝那温暖的怀抱中，每天做着如海水般湛蓝色的梦。每一颗南珠都蕴涵了独特的外表与个性，在其温润的光泽下，历经了时间、自然和生命的洗礼，包含了劳动人民美好的希冀。一颗南珠的形成，是无数滴辛勤劳作的汗珠的结晶。

珍珠贝的来源有两个，一个是通过原始方法——采集野生的软体动物获得，一个则充分体现出了劳动人民的智慧，像在几千年前那样，将采集来的野生动物进行人工养殖，从而获得幼苗，并逐步将它们培养长大。

这是一片处于热带和亚热带之间的海洋，阳光点点洒在海面上，泛起金色的亮光。这里的海浪并不大，偶尔有浪花拍击在岩石上，唱着欢快的海洋歌谣。而中国南珠贝，

马氏珍珠贝育苗池

便生长在这样一片令人心旷神怡的海域。它们利用足丝，附在美丽的珊瑚礁、岩礁沙砾等地质海区上。

每年的5月上旬是采集野生珠苗的最佳季节，此时苗量大、体质壮，分布也相对其他月份较为集中。这个时候，海上往往风平浪静，大量的浮游生物漂向海湾，水温适宜。在这个季节，人们潜入1～20米深的海底，进行野生珍珠贝的采集，继而送到珍珠养殖场，将它们分散在未被其他软体动物占用的浅基底上。

人工饲养，即通过饲养珍珠贝的方法，人工孵化育苗，由人工方法获得。六七十年前，中国珍珠贝苗种的获得均以天然采集为主，1965年，中国科学院南海海洋研究所与合浦珍珠养殖场合作，进行马氏珍珠贝人工育苗试验并获得成功。接着进行的人工种苗的母贝养殖、插核育珠等试验，证明了人工培育的母贝同天然母贝没有差别。于是人工育苗技术很快在广东、广西、海南等地得到广泛推广，人工培育的母贝已成为插核育珠的重要贝源。至此，我国南珠养殖实现了从种苗培育到母贝养殖、插核育珠的全人工过程，走上了具有中国特色的南珠人工养殖之路。

进行人工育苗时，那些强壮的个体往往是人们首选的进行诱导催产和人工授精的母贝种。在特制的育苗基地上，它们会被精心地照料，根据珍珠贝的生长情况及海域环境条件，人们适时调整放养的密度和养殖水层，由于经常打扫，它们的“住房”总是干干净净的。在它们未生出“小宝宝”之前，不会被随便打扰。

珍珠贝的幼苗对光很敏感，它们在海水下生活的时候，总是要寻找到黑暗之处，才会真正安心地“安家”。人们根据它们的这一生理特性，研究设计出了一种用金属丝制作的笼子，笼子里面设有几个用丝网制成的隔板。这种笼子的规格一般是高20厘米、长84厘米、宽50厘米，笼子的外围涂上煤糕、水泥与沙子的混合物，经凝固后便变得粗糙。再用小黑板固定在笼子的四周和底面，模仿幼苗的暗区生长环境，然后将这些笼子下放到距离海面1～20米，诱引那些小珍珠贝前来“安家乐业”。

珍珠贝的产卵期一般在7～9月，在这个时期之前，人们将特制的笼子悬挂在距海面6米左右的深处，至11月时再将笼子从水中提出来，这时便会发现卵的数目竟高达7 000～10 000个。与此同时，人们将它们从收集笼转移到饲养笼，集中进行饲养。待这些“小娃”一周岁时，再将它们分散到基底相当粗糙的海水水域中进行养殖。毋庸置疑，珍珠贝的“家”必须安置在阴暗、干净、无杂物、无有害生物、温度适宜之处。在其三周岁时，夏至初至，人们再将养殖的贝类捞上来，经过挑选后，将符合质量的贝类插入珠母核；尺寸不足者则送回去再养一年，变形太厉害或老的则需要抛弃。

从南珠到贝肉，乃至孕育南珠的珍珠贝的贝壳都能物尽其用。在中国珍珠第一村——湛江雷州流沙村，有人专门收购贝壳，做成夏天用的凉席，这些凉席清凉异常；

也有人把收购来的贝壳用来做高档衣服的纽扣或挂饰，贝壳经过染色加工后精致无比；还有人把贝壳雕成各类艺术品出售，笔者在走访各类珍珠公司时，几乎都可以见到各类用珍珠贝贝壳雕刻出来的人物或生肖雕像；而贝壳内的珍珠粉也是制作化妆品的佳料。

三、珍珠贝的湾口之家

清晨，熏风习习，和煦的朝阳洒在宁静的北部湾湾口。沙滩上的木麻黄林带像铁一样消瘦地伫立在岸边，浪花和着熏风的节拍欢笑着、跳跃着，高奏着海的前进曲。温暖如流的阳光随着海浪来回追逐，泛起点点闪烁的星光。就在不远处，只见白帆点点，机船忙碌地穿梭于海面；一栋栋建在波涛下的高脚屋，点缀着蓝金色分明的月牙形海湾。潮水随着指间沙退了又回，回了又退。这便是孕育南珠的一隅——雷州流沙港。

据当地的养殖户介绍，养殖场一般是设在风浪较小、饵料丰富的海湾中部或湾口处。这不禁让笔者联想起“月牙抱珠”的美景：弯弯的蓝月亮，里面闪耀着一颗光芒璀璨的银白色南珠，似深邃得只可远观，却又似婉顺得触手可及。

珍珠养殖场

潮流畅通、浮泥及敌害生物少、水温适宜、干净的湾口，往往是珍珠贝最合适的家。而在湾口处，随处可见海面上与海水流向同行连成一排又一排的竹筏，竹筏下面悬挂着贝笼。在湛蓝的海水的深处，在潮起潮落的喧嚣背后，宁静的贝壳内，隐藏着细小而卑微的尘埃梦想。岁月的流逝不曾改变这个梦想，这个梦想在一层又一层分泌物的包裹下慢慢长大，在广阔的月牙湾口处最终孕育出了一颗颗高贵美丽、熠熠生辉的南珠。

与淡水珍珠贝不同，南珠贝的正常生活需要在一定的海水盐度和密度中进行。海水的温度、密度、盐度不仅对母贝的运动和心脏搏动有影响，而且对鳃片的纤毛运动等也有直接的影响。因此台风之类的自然灾害是南珠贝生存的大敌，因为台风带来的强降水往往会冲淡部分海水的盐度和密度，如果不及时将吊养的母贝收回，那么大量的母贝将会死亡。一般在这个时候，人们会将吊养的母贝一笼笼回收上岸，暂时转移到适合它们生长的另一片人工水域中，待台风过后再将它们放养回海中。

或许这是平常的一天，海水依旧湛蓝，阳光依旧和着习习的熏风在诉说着柔情。一个渔夫像往常一样剖开了一只碗口大的贝壳，突然，一颗浑圆的珍珠滚落在地面，闪耀着天地间最动人的光芒。他小心翼翼地将其拿起，用衣物轻轻擦拭干净，欣喜若狂，飞奔到家中，送给他最心爱的妻子。

或许这是不平常的一天，海水不再湛蓝，狂风骤起，浊浪滔天。不能出海捕鱼的一个男人，冒着飓风在湾口处捡拾被巨浪卷上海滩的贝壳。当他像往常一样剖开了一只碗口大的贝壳，突然，一颗浑圆的珍珠滚落在地面，闪耀着天地间最动人的光芒。他小心翼翼地将其拿起，用衣物轻轻擦拭干净，欣喜若狂，以为这是通灵的宝物，从此将其作为家传宝贝代代相传。

站在无风无浪、宁静的海湾口，这样的故事总是时有时无地浮现在人们的脑海中。或许湾口之珠，本身就是人类记忆和珍珠记忆的融合。

四、植入珠核

南珠，是一个有机体内生物活动与矿物结晶共同作用的结果。生物活动与矿物结晶的共同作用，孕育出了天地之间的传奇。

插　核

人工养殖南珠贝的关键是如何适当地把珠核植入珍珠贝内，俗称“插核”，这也是养殖南珠的关键一步。当贝类的年龄到了 2.5～3.5 岁时，人们经过挑选，对那些个体

健壮完美、无病无感染的优质珍珠贝“施术”。在“施术”之前，为了提高植核贝的成活率和留核率，提高珍珠的质量，人们会对需要进行插核处理的母贝进行术前处理，在贝的外套膜边缘部分的上皮细胞组织处切取小片，然后再进行插核。

插核用的珠核通常是用淡水蚌的蚌贝加工制成的小圆珠，具有良好的磨圆度和光洁度，直径为 5 ~ 7 毫米，它们将成为珍珠的核心，决定着养殖南珠的大小。当一切准备就绪时，技术人员会谨慎地将珠核植入到珍珠贝适当的位置。据说，植核技术的掌握是不容易的，这是养殖南珠非常关键的环节，稍有偏差，不是贝死就是植入贝体内的核留不住，养了一段时间，珍珠贝就会对植入的核产生排斥。一般生手需要实践一年左右才能成为熟手，而且以女性为宜。整个植入过程的精确度和质素对其后南珠的形成有重大影响。

插　核

据介绍，珍珠贝的插核季节一般是在每年的 3 ~ 5 月，其次是 9 ~ 12 月。而海南地区由于纬度偏低，属于热带地区，一年四季气候温暖，可在 10 月到次年的 4 月之间进行插核。

在走访广东岸华珍珠集团时，一位工作人员用一组拍摄的图片向我们阐释了植入珠核的大致过程。

首先是检查手术贝，即对需要插核的珍珠贝进行检查。珍珠贝在插核前的 2 ~ 3 周需要彻底地清洁一次，洗刷干净，剪去足丝，然后将其腹面朝上，一个个紧贴排列在开口的贝笼内。然后是准备“施术”工具，一般有镊子、剪刀、解剖刀、开口器、竹楔、特制手术刀、切刀片、平板针、切口刀、通导针、钩针、送片针、送核器等。从这些准备工具可以明显地看出，插核是一项工序繁多、技术性较强的专门技术，需要操作细致，难怪以心细、有耐心的女子为宜。接下来便是采用各种方法，比如插进竹楔等，使珍珠贝的贝壳微微张开双瓣，再使用相关的手术工具将种核植入外套膜。插核的时候，珠核和各种工具还要事先消毒；刀口也不能过大，需要跟核的大小相同或稍微小一点，这是为了防止母贝在插核后将核吐出。“施术”人员除了需要具备以上的高技术之外，还必须具备良好的精神状态。确切来说，即严格遵守操作的规程，专心致志，做到用具净，核位准，动作轻，手术快。

插核后休养池

插核之后的珍珠贝，身体受了极大的创伤，需要立刻放入悬在笼子上的特殊筏子里，筏子固定在加防的环境相对变小的平静水域之中，即风浪小、水流缓慢、饵料生物丰富、水深保持在3~5米的海区。如果将刚刚受伤过的珍珠贝立刻投放回海湾处，则会因风浪、水流等问题给珍珠贝的身体造成二度创伤，这将致使珍珠贝的种核存活率大大降低，使其或脱核或死亡。在休养区让其休养十几天甚至一个月，待其治愈伤口，恢复正常的生理状态。休养期间，植入的种核开始接受珍珠贝分泌的珍珠质，这时人们需要定期检查珍珠层的发育情况，清除那些未能经受住考验的珍珠贝和附生在贝壳上的一些小生物，以确保总体健康。

休养期后，珍珠贝体内的珍珠囊基本形成，珍珠贝也恢复了正常的生理状态。此时的珍珠贝，称为育珠贝。这时，养殖珍珠贝的珠农们或工人们便开始取出休养笼里的贝，放到普通笼子中，转移到固定的海域养殖场，例如，安置在一个海湾，从筏子上悬至水深2～3米处，在那里育珠贝只会被柔和的波浪洗涤。在这期间，它们会被细心照料以确保健康。随后，它们会被移送到含有丰富浮游生物的近海地带，那里是大多数南珠形成并成长的所在地。养殖者会为珍珠贝及时处理附在贝壳上的海藻、藤壶等杂物，并采取措施预防台风和赤潮，监察水质状况，包括温度和含氧量，以及用尽各种可行方法为珍珠贝创造理想的生长环境。一般珍珠囊每天会分泌3～4次，每次增加的珍珠层厚度仅0.5微米，因而养育一颗宝石级的南珠，需要2～5年的时间。

插核休养后珍珠放养

中国南珠的养殖，不仅需要注意防止水中的有害生物，清除水中的杂物，最需要提防的还是自然灾害。前面提过的台风就是一例，此外还有赤潮之类的海水突变，这往往会造成珍珠贝的大量死亡。养殖南珠不仅是一项工作，更是一项艰辛的劳作，风险和投资成本相对都较大。据一位珠农介绍，插核后若有50%的珍珠贝生存下来，就表示插核相当成功了。而这五成的母贝中仅有四成能孕育出南珠，其中质量上乘的又不超过这四成的5%。但是相信随着科学技术的发展，南珠的养殖业将绽放出越来越耀眼的光芒。

五、千呼万唤始出来——南珠长成

拥有美的容貌不一定就有美的灵魂，粗糙的贝壳却可以孕育出美丽的南珠。这是一个深夜，一轮皎洁的明月轻轻地倾泻出淡淡的柔情，如曼妙的女郎随着北部湾的波浪轻轻飘动，在天地间舞出的绝彩的华练。夜将湛蓝的海、高高低低的房屋、蜿蜒的道路、青翠的古木软化成如紫色般梦幻、如酒般醇厚的颜色，这颜色穿透了这片南国的土地，在这个小小的海湾城市久久停留，在湾口处的珍珠贝的足丝上停留，充满了神秘和浪漫的气息。

海面上，缓缓的潮水不停地涌向天边，追赶着、欢笑着、歌唱着，渐行渐消在暮色中。潮水拍打着岩石、拍打着礁石、拍打着延绵的海岸，似乎在诉说着什么秘密。一声声有节奏的拍打声，宛如一首甜美的摇篮曲，轻轻地枕着海湾处的梦，凝成海的诗韵。

临海远望，充满岭南韵味的歌声似有似无地回荡在耳际，这些歌声仿佛在告诉我们，在这一片充满诗意的浪漫海域下，有一种用生命孕育出来的有机物还不曾让我们看见。它是什么呢？

一只贝壳随着潮水涌向沙滩，静静地躺在华丽的沙粒里。这只贝形如心，上面的一条条纹路如少女飘动的裙摆，缓缓地抚过我们的心田。不是每一只被插了核的贝都能孕育出南珠，也不是每一粒恰巧融入母贝身体内的沙粒都能成为南珠。一颗珠核，或者说是一粒沙，从它进入母贝的那一刻起，就在考验着母贝的执著，也在考验着自己的耐性。在母贝壳内的每一天，它都是那么安静却又不屈。这颗来自博大而深邃的大海深处的南珠之核，就这样静静地看着岁月于无痕中慢慢走过，看着太阳东升西落；看着月亮慢慢地爬上来，又悄悄地落下去；看着繁星在天上微笑着眨眼睛，仿佛在鼓励它说：

坚持。”

于是它像一个独坐在深山古寺中的僧人，在交替的时光中完成灵魂的涅槃。它用黑暗试探着自己的思想，用海水滋润着自己的灵魂，用与世隔绝剔除欲望的干扰。说它卧薪尝胆也行，说它破釜沉舟也罢，都是为了心灵最终的超度。因此，想象着它在水中的历练，无论怎么看，都像一个求道的高僧。一生的努力都是为了最终修成正果，然后在母贝壳被剖开的那一刻，用自己超凡脱俗的华光，照亮所有世俗的眼睛。

彩色珍珠项链

这是一颗经历了上千层珍珠质包裹的南珠，形似雪域高原的缥缈皓月，光洁圆润中透着典雅高贵，闪着温婉含蓄的珠光。它在母贝内隐忍了整整1 095天，正好三年的光阴。时间一晃而过，它的诞生又何尝不是一个奇迹的出现？它不同于其他的宝石，不是仅仅依靠自然界的神奇造化就可以将偶然的因子转化为夺目的瑰宝。它是一种生命的艰辛历练，是质朴的珍珠贝，在岁月的光晕中默默地抱泪而成的；也是在温情的海域中、在无边的柔软中筑成的坚贞灵魂。

面对着中国南珠，珠农们往往会感慨：“寄情七世，终爱三生，颗颗皆为心中爱，轻轻朝夕约黄昏，粒粒都是梦中缘。”南珠的养殖过程是如此艰辛，一颗南珠的孕育包含了无数个珠农日日夜夜的操劳。它不同于钻石的璀璨，也不同于黄金的耀眼，它没有棱角，珠圆玉润，它就像美丽之女优雅地绽放在珠宝界，具有无可比拟的气质和浪漫。

又起风了，只是这一次是温柔的海风，带着心灵惊叹之后的慵懒和松弛，神慕和向往，悠悠地穿透北部湾海域那宽广的胸怀，把南方特有的海腥味，幽幽地送入你的鼻息，仿佛你也变成了美人鱼，畅游于这一片盛产中国南珠的土地。远处，点点白色的渔灯，似一颗颗闪耀的中国南珠，指引着船只的前进方向。海湾的珊瑚礁上，几只珍珠贝静静地安睡着，微张着嘴巴，和浮生的海藻随着潮汐舒展着曼妙的身姿，舒展着南国之夜的安详。海浪依旧，清风依旧，不变的是一个悠悠的南珠梦，一颗悠悠的南珠心。

六、丰收的喜悦

收获的马氏珍珠贝

经过一天又一天的寂寞，贝壳里面的小小梦想渐渐长大，体内圆润的珠体慢慢展现出自己的光芒。

在现代的珍珠养殖场里，珍珠贝经插核再次放养，经 1 年左右的辛勤耕耘，便到开贝取珠的时节。开贝取珠一般都是在冬天，据了解，冬天开贝取出的南珠，质量好，硬度足，色泽鲜明，闪烁着温润的光芒。开贝取珠，是孕育南珠的最后一个过程。

在这个冬天，珠民们很早就起了床，冒着弥漫的大雾，撑着一支瘦弱的船篙，乘上竹筏，脸上挂着收获的微笑，任背影消失在迷雾中。他们轻轻地收起海面上吊着的笼子，将孕育了一年的珍珠贝从凉凉的水底慢慢捞出，仿佛怕惊扰了壳内的那颗梦想。

一笼又一笼，慢慢地，竹船上堆砌起了一座小山。他们再次撑着船篙，将那堆“小山”运到剥离现场。那里，早已有妻儿和另一些雇请的工人在等待。男人把收获来的珍珠贝一笼笼地放在地上，妇人们也不闲着，纷纷围坐在这些成熟的珍珠贝前，取出开贝的刀子，“哐当”一声，一颗颗色泽鲜艳、大小不一、形状各异的南珠便随着贝肉落在了水桶中。这就是美丽亮泽的南珠首见天日的地方。

水桶里的水是事先放好的，说起来还挺有讲究的。一般情况下，5 升贝肉加等量海

马氏珠母贝开贝取珠

水。但由于贝肉上有黏液，比较黏稠，因此需要另外混加入些生石灰，以便贝肉不全部“连成一体”。开完贝之后，他们便开始搅拌桶内的贝肉，然后将这些贝肉，移入到碎肉机里。

碎肉机也是像桶一样的形状，里面有一个中轴，辅上装有 4 ~6 块木制放射状的螺旋桨。开动马达后，贝肉即被碾碎。一般来说，开贝的珠农们会在桶底部挖有一条约 5 厘米宽的沟，这样南珠便随着碎肉机集中于沟内。由于大的南珠较重，非常容易留落在沟内，而形体小的细珠和粟粒状南珠较轻，大部分浮于混合液中。对于这些轻的珠粒，人们便用淘沙取金的“浮选法”，使其通过阶梯式的木槽，和海水一同流下去，依次沉到木桶底的停留处。

一般来说，在选择这种方法之前，妇人们会在开贝取珠之时，将较贵重的大粒南珠逐个剥离取出，以防被机械损伤。当然，碎肉机和石灰的处理方法也会使南珠的表面受损，而粟粒珠又难以完全收获，所以目前，有的国家采用了蛋白酵素处理法。不过，这种方法比石灰处理法需要的时间长，而且作业中必须保持 35℃ 的温度。在这南珠丰收的时节里，珠农们往往采用人工的方法，将贝壳里大大的梦想，一颗一颗慢慢地取出。

有一些妇人，采用人工的方法开贝。首先准备好开贝的解剖刀和镊子。开贝之时，人们将开贝刀从母贝的腹缘开口处插入壳内，用力切断它的闭壳肌，使其露出软体部。

开贝取珠后的马氏贝

再将母贝放置在手术架上，用镊子或刀子轻轻地插入育珠囊，小心地从囊中取出枕在母贝里的南珠，放入清水盘中。育珠贝的肉往往作副食品用。在海湾处，“哐当”、“哐当”，开贝的声音错杂着，人们有说有笑，奏唱着珠农们收获时喜悦的欢笑乐章。想必唐朝的白居易在聆听“大珠小珠落玉盘”时也没见过这番景象吧。男人们不断从附近的海面上捞起一笼又一笼的珍珠贝，偶尔有几个嬉戏的小孩在附近追逐，银铃般的笑声里充满了丰收的喜悦。

对于珠龄老的珍珠贝，人们往往采取杀贝取珠的方法。但是为了减少母贝的资源损耗，提高母贝的利用率，对于那些珠龄较轻、体质健壮、成珠率高、珠体大而圆的母贝，人们便采用上述的人工开贝方法，活贝取珠。这些贝一般都进行再次育珠或再次繁殖。我国有些养殖场，既养珠又养鱼，创造了鱼、珠双丰收的好成绩。

收珠时间以 12 月至次年 2 月最好，7 ~8 月水温较高时收获的南珠质量最差。这是因为在高温的时候，珍珠质沉淀快、质地松，南珠的表面往往会蒙上一层白色的物质（霰石结晶溶解物），光泽暗淡。因此，在高温的季节不适合收取南珠。反之，在冬季或低温的情况下，珍珠贝分泌珍珠质的速度没有那么快，南珠的表皮也比较细嫩、光滑，光泽较好。如果珠农在冬天没有及时开贝采珠，那么往往将其多养一年。

刚收获的中国南珠，表面难免附有海水、体液和污物等，如果放置过久，南珠表面

开贝后得到的毛珠

的胶质状碳酸钙就会和有机质发生化学反应，使珍珠质氧化变暗，降低质量。因此，采收之后应及时进行处理。据国外资料记载，珍珠每年收获时，各月份的产量比率如下：9 月为 5%，10 月为 10%，11 月为 25%，12 月为 30%，1 月为 20%，2 月为 10%，总计为 100%。至于我国养殖的南珠收获的月份，各地又结合实际情况，参考国外的有关资料，利用国内和国际的南珠收获价值规律，选择适当的月份收获南珠。

目前，南珠养殖业仍然是朝阳产业，市场前景广阔。作为珍珠养殖大国，我国并不缺乏养殖南珠的技术和经验。如果我们能够在生产中充分利用现有的资源和条件，制定科学的发展策略，增加珍珠养殖中的科技含量、提高技术水平，我国的南珠养殖业就一定会长盛不衰。

第三节　百转千回的南珠培育之路

与其说南珠是一件珠宝，不如说南珠是一条生命。作为一件有生命的珠宝，南珠的一生都在“鞠躬尽瘁”，在人的身边散发自己的生命气息，将身上的微量元素、钙质等源源不断地输送到人的体内，直至珠黄蜕皮；而不像其他宝石，吸收的是“人气”。“落红不是无情物，化作春泥更护花”，这句充满寓意的诗正是对南珠一生的写照。

在很早以前，淳朴、善良而勤劳的劳动人民就开始探索这个集天地之灵气、日月之精华的小生命该如何去养殖。在人们对南珠进行不断认识的同时，也有不少人开始使用人工的手段，让珍珠贝孕育出南珠。

一、养殖南珠梦想的萌芽

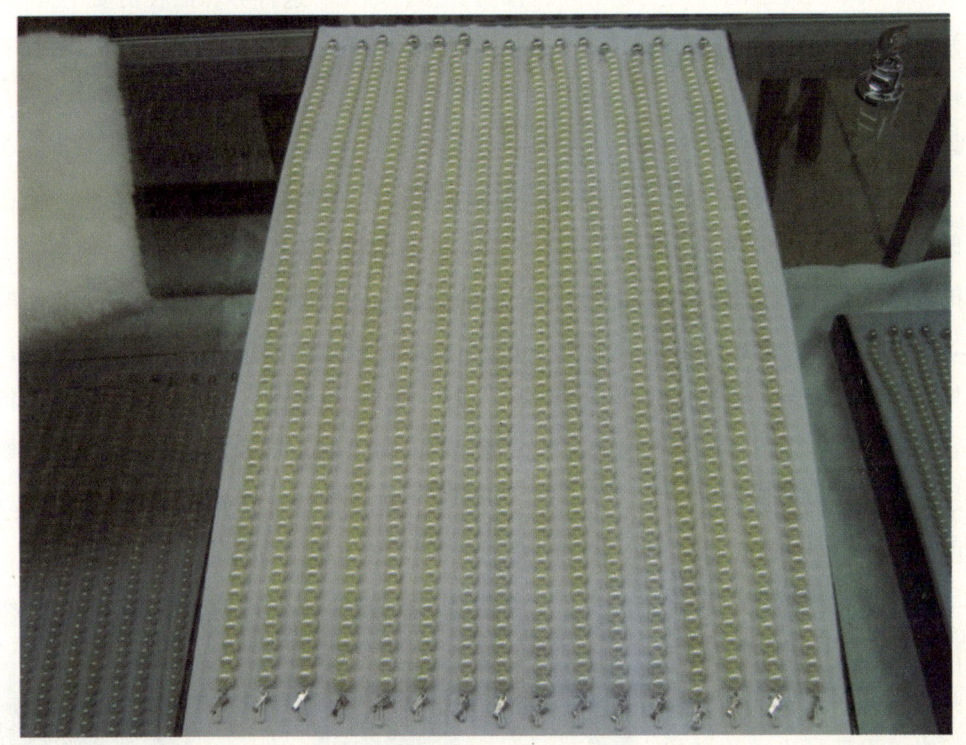

泱泱中华，巍巍山河。自古以来南珠就被皇室贵族们视为珍宝，古代的律法中曾规定南珠只能是贵族拥有，平民不可佩戴。

早期，人们对南珠的形成有着不同的理解。人们普遍认为，当一滴露水掉进海里，如果正好被一只张开“嘴巴”的母贝接住，那么便会形成一颗闪亮温润的南珠。劳动人民总是充满智慧的，他们发现剖蚌可以获取珍珠，久而久之，他们认为蚌是由于患病而结成了珠胎，也朦胧地意识到贝类受到异物的刺激可以育成珍珠。

中华民族的珍珠养殖史十分悠久，可追溯到九千年前，世界上最早的珍珠养殖记载是《尚书》中的《禹贡》篇。据相关资料记载，我国是世界上最早进行人工养殖珍珠

的国家。宋朝的时候，人们开始进行大胆的试验，用假珠人工培育珍珠，这是最早的有核珍珠的培育试验。宋代的庞元英曾在《文昌杂录》（1082）中记载：“礼部侍郎谢景温云：有一养珠法，以今所作假珠，择光圆润者，取稍大蚌蛤，以清水浸之，伺其开口，急以珠投之，频换清水，夜置月中，蚌蛤来玩月华，此经两秋，即成真珠矣。”（《文昌杂录》是研究宋代典章制度的重要资料）从现在国内某些博物馆所收藏的宋代佛像珠来看，也可以证明这一史实。这段文字中的“以清水浸之”可考证，这是淡水珍珠的养殖法，说明已经有人开始进行有核珍珠的生产试验。这种养珠法已经很接近现代的珍珠养殖技术，可惜在当时没有形成系统的理论，也没有更多的史料记载，连此后对珍珠记载最为详细的《天工开物》也没有提及。可见，这种养珠法在历史中失传了。究其原因，可能是因为当时养珠只是士大夫们的业余情趣，且养殖的成本较高，并没有大规模地宣传、推广开来。但这在一定程度上可以说是开启了南珠的养殖道路，是南珠养殖梦想的萌芽。

南宋的时候，有一湖州人，名叶金阳，创造出了“佛像珠”的培育方法。他在剖蚌的时候发现，贝是通过不断地分泌一种液体来增加它内壁的厚度，于是他便萌生了使贝的内壁按照人的意图，孕育出一定的图像的想法。他随即找来了一些金属或木质的材料，在上面刻上一些记号，然后放进蚌壳里。时间慢慢在指尖流过，3 年后再剖蚌，惊奇地发现包裹着刻有记号材料的一扇蚌贝上长出了记号的痕迹。于是他又将那些材料刻成菩萨、寿星等样子，按照先前的方法，将其放入蚌壳内，几年后，一颗佛像珠便栩栩如生地呈现在人们眼前，举世闻名的“佛像珠”便这样横空出世，名噪一时。现在，有的地方还沿用此方法进行象形珍珠的人工培育。

在这个“佛像珠”的培育中，我们不难想象的是，当时的人们早已明白，蚌壳内产生的珍珠是由于珍珠质的分泌而形成的，珍珠不是天上落下的露水，也不是鲛人的眼泪，否则叶金阳也难以养出“佛像珠”。但是在培养佛像珠时也有一个困扰着人们的问题：蚌壳上一面是佛像，另一面却只是普普

金黄色珍珠项链坠

通通的蚌壳。珍珠从哪里来？珍珠该怎么去培育？能不能借鉴佛像珠的培育方法呢？

于是，人们不断地进行探索、试验，经过了一代又一代的努力，人们了解到大规模培育珍珠的方法，中国的养珠技术在一步一步地迈向成熟。清代刘献廷曾在《广阳杂记》中云："金陵人林六，牛仲云侄婿，玉工也。其人多巧思，工琢玉。言制珠之法甚精，辗砗磲为珠形，置大蚌中养之池内，久则成珠。"这里所说的"辗砗磲为珠形"，就是我们今天通常所讲的"插核"。现在，仍有些地方的珠民，用砗磲磨珠核。

以上所列举的资料，虽多为淡水珍珠的养殖方法，但这对南珠的养殖已经是一个发展的开端。虽然我国很早就探索出了与现代养殖技术相近的养殖方法，但限于当时的种种因素而没有得到很好的流传，中国传统的自给自足的小农经济严重制约着养殖产业的发展，以至于在这个庞大的市场中，南珠供不应求。中国的北珠，在明末清初之时就"种断根绝"，而南珠也在1965年接近资源的枯竭。

二、他改写了珍珠养殖的历史——御木本幸吉

18世纪后期，印度和斯里兰卡珠场的产珠牡蛎资源宣告枯竭。1880年末，世界迎来了珍珠的"黑暗时代"，全世界各地的珍珠资源都几近枯竭。珍珠价格节节攀升，堪比美国最优品——钻石。

在这种紧急的情势之下，东方各国不断探索各种养殖珍珠的方法。与此同时，西方的科学家也在一步一步揭开珍珠的神秘面纱，解开珍珠的形成之谜。这些理论为后续的人工养殖技术慢慢扫清障碍，为珍珠的成功培育做好了铺路工作。

18世纪，瑞典著名的博物学家林奈，把自己对珍珠的研究应用到河蚌育珠的实践中。他在河蚌壳的背面穿上洞，再将石灰球用金属插入蚌内，这颗石灰球刚好接触到母贝的外套膜。经过5年的悉心养殖，1761年，他成功收获了一颗半圆球形的珍珠。他将养殖河蚌珍珠的成果献给瑞典国王，然而，却遭到了冷眼的拒绝。被拒后，他随即转向了其他领域的研究工作，于是这个养珠法长期被埋没在一个暗淡的角落。直至1859年，有人将他养殖珍珠的记录、报告和书信等发表后，世人才知此养珠法。如今，林奈养殖的那颗珍珠还保存在伦敦林奈协会里。尽管林氏养殖珍珠的方法只能获得半圆球形的珍珠，但比起瘤状珍珠、半球珍珠和附壳珠，却大大前进了一步，开拓了由附壳珠向养殖游离珍珠迈进的道路，也为珍珠的下一步培育做好了铺垫，而中国南珠的人工养殖似乎也已翘首可望。

在1880年，一个多世纪前的一天，日本明治政府举办了第三届国内博览会。在那里，一位来自偏远地区的水产商人——御木本幸吉遇见了日本最具权威的海洋生物学

家、帝国大学的箕作佳吉博士。冥冥中的相遇，谁也没有料到，这会是一个改变世界珍珠养殖历史的相遇。两人相遇后便如老朋友般畅聊起关于珍珠方面的问题。而佳吉博士的一句话却深深鼓舞了这位坚忍的男人：如果有目的地将异物放进母贝里，在理论上讲是可能孕育出珍珠的，但是目前还没有人取得成功。

就是这样的一句话，让御木本冒出了养殖珍珠的想法。在当时颇有影响的日本水产会干事长柳犹悦的大力支持下，他回到家乡，建起了试验基地，开始进行珍珠的培育。他借鉴宋代庞元英在《文昌杂录》中所讲的“养珠法”及叶金阳养殖“佛像珠”之法，采用中国古老、传统的养殖技术，采集大量的珍珠贝，将有孔的玻璃球、陶式球、珊瑚碎片等各种不同的物质放入蚌体内养殖。但成功的道路总是如此曲折，事实证明这些材料都不可能使珠蚌孕育出珍珠。这位坚韧不拔的男子并没有因此而气馁，不管外界如何劝说他放弃这项试验，他始终一如既往、全身心地投入试验。后来，抱着试一试的心态，他选用了贝壳的粒状碎片做珠核。

1883 年，御木本幸吉克服了水质污染和赤潮干扰的困难，成功地养得半圆形的纽扣珠。这极大鼓舞了他培育出圆润珍珠的信心。然而，命运总是喜欢捉弄人，在他一次次的希望中，当他把放了核的珍珠贝放入海中养殖的第三年，不幸的事情发生了。1905 年，在他养殖海水珍珠的海域上发生了赤潮，9 万只贝，几乎全部在那一刻断了生命的气息。

眼看着 25 年心血被毁，御木本欲哭无泪。濒临绝望之际，为了还那因培育珍珠而欠下的巨额债款，他和妻子一起，将幸存的母贝，一个一个地打开。时间一点一滴过去，母贝一只接着一只，就在他们灰心之际，下一只母贝，给了他们无限的惊喜。这只母贝里，静静地躺着一颗如希望的曙光般的半圆形珍珠。他们仔细探寻孕育出珍珠的贝，终于被他找到了养殖圆珠的秘密。这项发明于 1908 年获得正圆珍珠的养殖专利，宣告真正意义上的海水养殖珍珠技术获得成功。

从此，珍珠的历史被改写，珍珠从“上流社会”的殿堂里逐渐被推广开来，普及到了民间。日本人也将御木本尊为“养珠之父”。日本天皇为此还御赠手杖一根，以表彰他为珍珠养殖业作出的贡献。

三、熊大仁开创中国南珠养殖新纪元

自御木本幸吉发明了珍珠养殖法后，日本的珍珠产业逐步走向繁荣，特别是海水珍珠，东珠走上了复兴之路。而此时，中国却处于内忧外患之时，民不聊生，更没有多少人再去关心中国南珠。

人工养殖海水珍珠在中国的历史中失传后，却在20世纪于日本兴起。1957年11月，那时的冬季刚刚开始。面对一穷二白、百废待兴的新中国，周恩来总理十分关心中国的南珠产业，斩钉截铁地指示合浦地委："要把几千年落后的捕珠改为人工养殖。一定要把南珠生产搞上去。"

熊大仁

这个指示也让熊大仁惊喜不已。熊大仁，江西南昌人，1935年毕业于复旦大学生物系，1937年毕业于日本京都帝国大学（今京都大学）。一直以来，他都对中国珍珠养殖业的一度衰败凋零而感觉到痛心。早期在日本留学时，他便对珍珠养殖业产生了极大的兴趣，并决心要认真学习珍珠养殖技术，把这项技术带回祖国，让珍珠养殖业在中国复兴。

北海合浦是中国古代海上丝绸之路始发港之一，通过海上丝路，南珠扬名海内外，在国际市场赢得了"东珠（东洋珠，即日本产珍珠）不如西珠（西洋珠，即南洋群岛等地产珍珠）、西珠不如南珠（南珠泛指我国广东、广西、海南沿海所产珍珠）"的美誉。1958年3月26日，根据周总理的指示，时任中共湛江地委第一书记的孟宪德，倡议在名扬中外的合浦珍珠产地——广西北海（当时归属广东湛江地区）建立珍珠养殖场，并商请当时任暨南大学水产系主任的熊大仁亲临指导，实行教育与生产相结合，专家与工人相结合的模式。熊大仁欣然接受了邀请，抱着振兴祖国育珠事业的宏愿，带领着一些水产系的学生来到北海珍珠场。中国南珠的养殖事业由此重新拉开新的帷幕。

没有明亮宽敞的实验室，只有几间简陋的小茅棚；没有齐全先进的实验工具，只有几件普通简单的工具；没有仪器设备，也没有系统的科学资料，更没有实践经验，一切都是从零开始。为使实验更顺利地进行，高效指导学生，熊大仁更是凭着自己的所学所知，废寝忘食地编写出《珍珠的养殖》一书，作为实验的指导专著。这也是我国关于珍珠养殖的第一本专著。

成功总是要走许多弯路的，但熊大仁始终坚信，苦战能攻关。人工孕育南珠的第一步便是研磨制造出珠核，依靠几件简单普通的小工具，熊大仁做起了战斗的先锋，率领着学生们用二角铲，把厚实的蚌壳一铲一铲地铲成了第一批珠核，迈出了试验的第一步。有了珠核，接下来便是养殖南珠的关键一步：插核。没有任何实践经验的熊大仁和他的学生们依照理论的知识，一起反复试验。头几次试验都以失败而告终，插进的珠核不是被排出，就是造成育珠贝的死亡。

失败是成功之母，面对一次又一次的失败，熊大仁和学生们细心总结失败的原因，耐心地摸索着插核的位置。苦心人，天不负，经过一次又一次的试验，他终于摸索出了把珠核植进母贝内脏团的结缔组织或生殖腺的部位，是最理想、最正确的插核位置。这一发现，突破了人工养殖南珠的技术难点。在熊大仁的悉心指导下，1960 年，北海珍珠养殖场终于成功养殖了我国第一批南珠。之后，熊大仁和他的助手们又不断地改进插核技术，使固核率和成珠率日益提高，为中国南珠养殖业的发展奠定了坚实的基础。自此之后，中国南珠养殖业开创了新纪元，熊大仁也因此被国人称为中国的“养珠之父”。中国的南珠产业由此走向繁华。

熊大仁认为，中国是利用和采捕珍珠历史最悠久的国家，也是实行人工生产养殖珍珠最早的国家，由于中国长期处于封建社会，传统的自给自足的小农经济严重阻碍了珍珠养殖业的发展。他一生从事珍珠养殖二十多年，毕生有两大愿望：一是要赶超日本，把中国变成珍珠王国。在逝世之前，他还在一个珍珠养殖培训班上铿锵有力地对学生们说，中国不成为珍珠王国，我死不瞑目。二是给国家多产珠，多出口创汇，支援国家的经济建设。他一生都以发展祖国的养珠业为己任，把整个身心都投入珍珠的养殖事业上。平易近人、和蔼可亲的他，在养殖珍珠的技术获得成功后，没有据此技术为私利，而是深入到沿海各地的基层，走遍大江南北，给那些村民、居民讲述养殖南珠和淡水珍珠的意义，推广中国的珍珠文化，并亲自进行技术指导，为祖国培养了大批珍珠养殖人才，使中国大地掀起养殖珍珠的热潮。广东、海南、广西以养殖海水珍珠即中国南珠为主，浙江、苏州等地淡水资源丰富，利用当地的资源优势，使得中国的淡水珍珠也随着海水珍珠起步。

在节假日的时候，这位老人也没有停止自己的脚步。他就像关心自己的儿女一样，关心着珠农们的生活。他经常独自背着行李，一个人翻山越岭，与珠农进行亲切的对话，热心地询问他们在养殖中遇到的各种困难，并亲自为他们解决各种技术上的难题，使养殖场的工人深受感动。从1958年开始到1966年“文革”前，他每两年举办一期珍珠养殖培训班，用业余时间无偿为各地珍珠养殖场培训成百上千的珍珠养殖技术人员。打倒“四人帮”后，他更是深入各地，办班讲学。各地经他培训过的养殖人员，很多都成了技术骨干。在他的推动下，中国的珍珠养殖业顺利发展。

熊大仁一生艰苦朴素，吃苦耐劳，带领学生实习，和学生一起住草棚，过着粗茶淡饭的日子。一次，他和学校的一位领导出差去海南岛，汽车到站已是半夜3点多，他舍不得住店，只倚在行李袋上休息，这位领导也只好陪他到天亮。他虽然毕生从事科学和教育事业，为祖国和人民作出了重大贡献，但他从不以此为资本，向祖国和人民索取回报。中华人民共和国成立时，他已是二级教授，为了以捐献飞机大炮的实际行动来支援抗美援朝，他不顾3个子女尚幼、家庭负担较重的生活状况，主动向组织要求将自己二级教授的工资待遇降为三级。

1981年7月，他从外地考察讲学回来，不顾疲惫，应邀参加青年夏令营活动，讲授海洋生物知识。由于酷暑劳累，他时常心脏病发作，但他仍坚持工作。9月8日，他

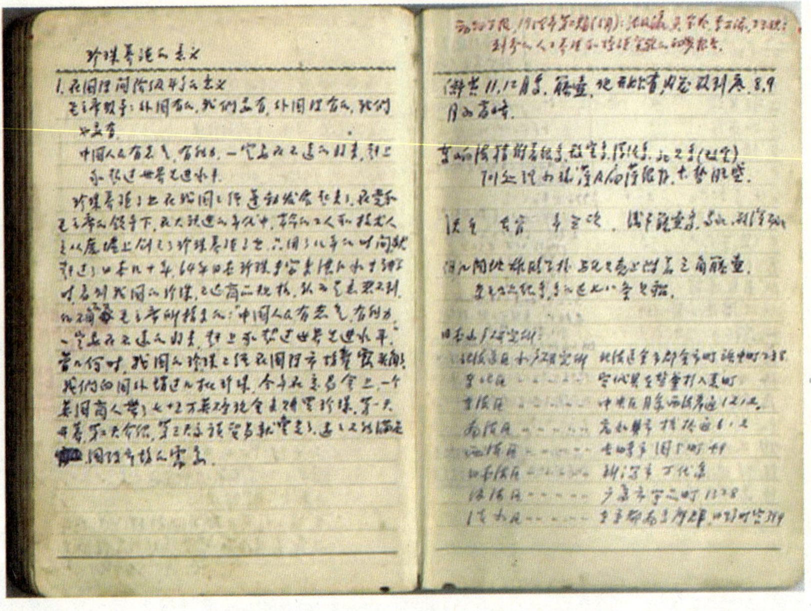

又抱病接见了湖北、江苏、浙江等省水产研究单位来访的同志，与学院有关人员研究新学期的教学和科研计划。9 月 9 日，他因心肌梗死医治无效逝世，终年 71 岁。逝世后，人们整理他的遗物时，发现除了大堆的书籍资料和一些破旧的衣物外，别无他物。

终其一生，熊大仁表现出了一位优秀学者不牟私利、终生奉献的高风亮节。

四、南珠养殖的振兴之路

熊大仁开创中国南珠养殖业的新纪元后，中国的南珠产业得到了快速的发展。1960 年，熊大仁被聘任为广东水产专科学校教授，湛江水产专科学校（今广东海洋大学）副校长、教授。

在周恩来总理的关怀和指示下，1961 年，熊大仁利用马氏珍珠贝插核培育南珠取得成功，并在北部湾畔建成了我国第一个人工海水珍珠养殖场，此后又建立广西合浦、防城、北海三个海水珍珠养殖场。这三个海水珍珠养殖场相辅相成，铺开了南珠养殖产业的锦绣之路。

1962 年，陈毅元帅视察北部湾时题词：“潮退沙平珍贝美，帆摇波晃琉璃碧，看今朝合浦果珠还，真无价。”同年，马氏珍珠贝的植核技术获得圆满成功。

1965 年，广西合浦珍珠养殖场东兴分厂与中国科学院南海海洋研究所合作获得了珍珠贝人工育苗成功，这是我国首次获得合浦珍珠贝人工育苗成功。经过反复试验，他们摸索出了一套人工养殖珍珠的方法，先后在广东、广西、海南建起了十几个珍珠养殖场进行南珠养殖生产，南珠的人工养殖迅速发展，从此实现了南珠育苗、养殖全人工化，使当时的天然南珠贝濒临灭绝的情况得到好转，真正实现了“合浦珠还”。捕珠的历史开始被改写，人工养殖南珠开始走上全面发展的道路。

1966 年，合浦珠场采用科学方法育珠，使人工育珠周期由过去的三年缩短到一年多，产量由原来每万只珠贝收珠 10 斤左右提高到 48 公斤以上。从此，中国的南珠养殖业又进入了一个崭新的发展时期，我国的南珠养殖业翻开了历史崭新的一页，中国南珠在世界舞台上重放异彩。

1969 年，中国水产科学研究院南海水产研究所与海南海陵珍珠场合作进行大珍珠贝人工育苗试验并获得成功。海南的南珠养殖业向着新时代迈进。

70 年代以后，南海水产研究所、南海海洋研究所在白蝶贝人工育苗和插核育珠方面开展研究，获得了成功。随后，我国在企鹅贝、黑蝶贝的人工育苗和插核育珠方面的研究亦先后获得成功。

自熊大仁教授发明中国的南珠养殖技术以来，中国的南珠产业就开始复苏，养殖技术很快得到了推广。自 20 世纪末以来，中国南珠的养殖业可以说已经发展到了白热化的阶段。我国南方沿海地区的人民在总结先驱经验的基础上，通过不断的实践和观察，在南珠养殖业上继往开来，开拓创新。

1993 年，有二十多年养殖南珠经验的北海人石子聪，以黑蝶贝、白蝶贝、马氏贝为母贝，开始试着培育彩色南珠。他使用“定向繁育”的技术，使插入珍珠贝的种核和细胞片颜色改变。换句话说，就是使迥异的颜色在珍珠贝蛋白分泌过程中自然形成，这种颜色完全是天然色。经过反复试验，他最终培育出了玫瑰红、翡翠绿、海水蓝等五彩缤纷的彩色南珠，震惊了世界珠宝界。

2003 年，全球的海水珍珠产量约 75.6 吨，而我国产的就约占 30 吨，与日本所占比重基本持平。

后来，合浦的一位老珠农也培育出了佛像珠。广东韶河珍珠研究所所长谢绍河先生经过多年努力，开发出一种新的佛像珠品种。中国南珠城在北海的落成，标志着中国南

珠的生产和销售进入了一个崭新的阶段。2009 年，中国南珠养殖业迎来新的发展契机。北海市黑白金珍珠有限公司在其位于涠洲岛南湾港内的南洋珠试验场内，曾经剖出两颗直径超过 8 毫米的南洋珠。南洋珠是生长于南太平洋的一种珍稀珍珠，分为黑珍珠、白珍珠和金珍珠，其中尤以后两者为贵。这一技术大大促进了中国养殖业的更新换代，使中国养殖业有了新的历史性的跨越。

钟灵毓秀，南珠作为中华民族的瑰宝，历经沧桑。近年来，由于日本海水珍珠养殖规模持续萎缩，我国海水珍珠产量已超过日本，成为世界上第一大海水珍珠生产国。进入 21 世纪以来，珠农在经历了前几年粗放粗养，质量差、价格低的经验教训后，实施精耕细养。到了今天，南珠养殖已向颗粒大、珠层厚、品种多样化的方向发展，中国南珠走上了全面振兴的道路。

第四节　南珠加工，玩转七十二变

收获后的南珠，接下来便要进行进一步的加工。它们被送到生产流水线，在工人及珠宝设计师的手里变换着装扮，或清新灵动，或优雅气韵，或深沉庄重。自古以来，南珠就十分受女性的青睐，各地的权贵政要都将南珠视为珍贵稀有的至宝和无上权力的象征，爱美的贵妇更是在身上佩带南珠饰物，用南珠璀璨耀眼的光华增添自身的艳丽、妩媚和尊贵。而现在，随着南珠养殖业的发展，各色南珠饰品、保健品、化妆品等层出不穷，让人目不暇接，它们点缀着五彩斑斓的世界、点缀着五彩斑斓的女人。

一、采收后南珠的处理

收获的南珠，其质量的优劣，跟养殖场的地理位置、水域环境、养殖技术等因素有关。据介绍，从现在养殖技术看，色彩绚丽的南珠，在每收获的 100 颗珍珠里，至多能有一颗。而特别大的南珠，可以说在收获的1 000颗里，有两三颗就很不简单了。这就是优秀的、有价值的甚至是价值连城的南珠被世人视为“稀世之珍”的原因。湛江徐闻县龙之珍珠有限公司蔡总经理曾说，“上等的南珠究竟有多少就是衡量南珠养殖成绩的关键。但如果一个养殖场收获的南珠有 50% 以上是上等质量的，就可以说这个养殖场的成绩相当不错了”。

从软体动物体内脱胎换骨而出的南珠，要立即进行洗涤，因为珠表的胶质状碳酸钙和有机质会在空气中发生凝结，使其色泽变暗，时间久一点就会被氧化，继而成为劣质的变质珠。而在收获的南珠中，由于形状各异、色泽不一，大部分都需要经过再次的特殊加工，使其在珠光中闪烁出宝气，然后才能作为商品出售。但是各类南珠的加工处理方法又不尽相同。据海南京润珍珠公司王经理表示，在收获南珠的时候，由于它上面附有海水和体液，加上有机物的关系，污点也不少，因此需要立即进行相关的洗涤、抛光等处理，但不同质量的南珠又有不同的处理方法。

开贝取珠后，最常使用的方法是用肥皂水洗涤，这种方法适用于药用或保健品用珠。一般而言，人们会用软毛刷蘸取优质的肥皂水，来回擦拭南珠的表面，然后用冷的清水洗净，再用酒精使其快速干燥。而如果用食盐水洗涤的话，则需要事先将珠子浸渍在饱和的食盐水中，待5~10分钟后再用冷清水冲洗。对于被腐蚀的南珠，人们往往用分解的硅质石灰质或打光粉混于橄榄油中，使其呈浓糊状，再加入适当的稀硫酸，蘸在软布上摩擦，最后用水洗净。而对于那些光泽较暗淡的，可用优质的肥皂水，也有将珠子浸渍在过氧化氢溶液或稀盐酸中的，待到一定时间时，将珠子取出，最后用清水冲洗干净，这样可以使部分南珠恢复光泽。但这一方法时间的控制非常重要，稍不留心便会引起浸渍的珠子变质。而饰品用珠一般采用药剂洗涤，如用十二醇硫酸钠、双氧水、0.1盐酸、草酸洗涤等。

从开贝取珠到洗珠，这项工程很大。由于收获的南珠的品质、色泽等参差不齐，于是人们还得对干燥后的南珠进行分选，为下一步的加工做准备。分选一般以大小、形

状、色泽、级别、珠层厚度等为标准，把不适合漂白处理的废珠、药珠挑选出来。笔者在走访一些南珠企业时，就经常看到很多工人在灯光下细心地分选南珠。一张木制的长方形桌子，桌子上放着六七个分选的透明胶筒；一张塑料椅子，两个特制的夹珠子的木质夹子，一盏十分光亮的小台灯，这就是分选南珠的一个典型的工作场所。那么，具体是怎么分选的呢？笔者随机与一些工人进行了交谈，经整理，如下表所示：

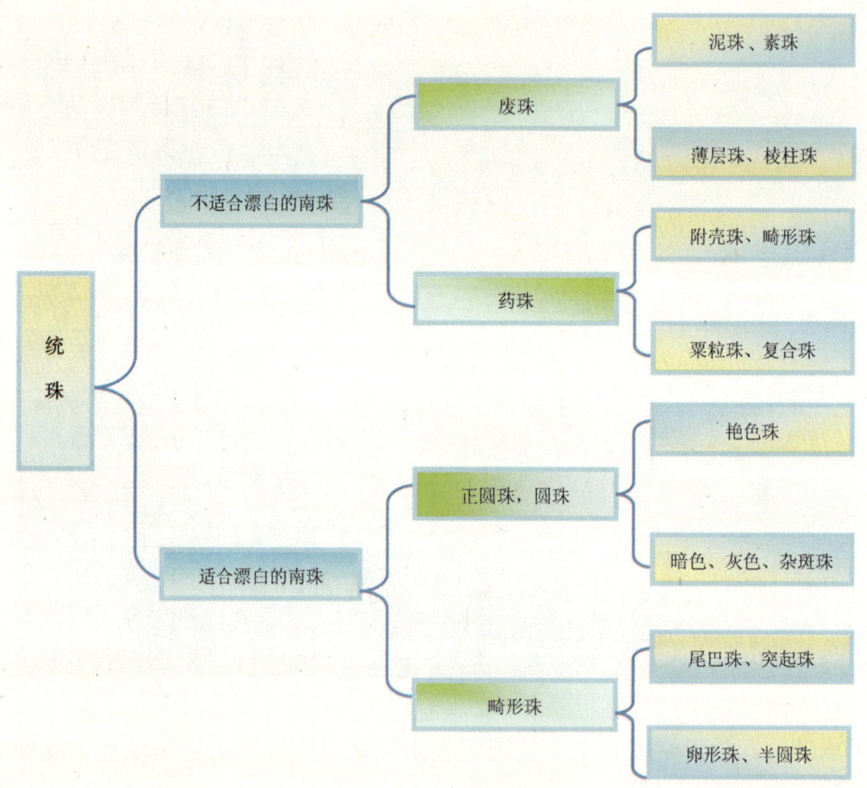

处理后的南珠便被送去进行进一步的加工。南珠的加工，是指从原珠原料到制成首饰工艺品及外珠制成中成药、保健品和美容化妆品的总过程。它包括三个阶段，即第一次加工（初加工）、第二次加工（再加工）和第三次加工（深加工）。其中，第一次加工是前提，第二次加工是基础，第三次加工是保障。第一次加工是指南珠的优化加工，即改善劣质色泽，使之增值的全部工序；第二次加工则为饰品加工，包括款式设计、搭配成串或与贵金属镶嵌、产品成型等工序；第三次加工是利用南珠的药用、美容和保健功效，综合利用形状不规则、珠光不强、局部破损等外珠或珍珠贝的珍珠层生产开发制成中成药、保健品和美容化妆品，包括使珍珠粉化、液化和乳化的技术。

上等的中国南珠，有着柔和的色调、彩虹般的光泽，然而，随着它们形成条件的千差万别，按不同标准分选的南珠加工后往往也具有极大的差异，或皎如皓月，或高贵清冷，在各自的舞台上缤纷登场。

二、灵动大自然，南珠玩转七十二变

中国南珠，玲珑雅致、光彩夺目，一直以来都是贵重的装饰品。一块未经精磨细雕的宝石，并不是贵重的饰品，而中国南珠，从其自母贝中取出的那一刻起，无须特殊的加工，那些品形优良的便可直接成为珍贵的装饰品，这就是中国南珠的特别之处。加工后的中国南珠更是绽放异彩，花样各式的耳环、项链、吊坠、戒指、手链、胸针、美容保健品等纷纷登上华丽的专柜，风雅别致，如同伊甸园中的禁果，散发着无与伦比的吸引力，令人向往。

中国南珠是一位活跃的社交家。不管是在什么场合，它总是能散发出独特的魅力，彰显女性的美丽。每一款南珠的设计都是独一无二的，都承载着尊贵与典雅，或简约内敛，或张扬耀目，或甜美可爱。每一颗南珠的设计，都是一种文化的传承，一种对南珠文化的解读，一次与南珠的深层对话，是珠宝设计师们用心传递的美好情感与祝愿。

时尚或经典的花样一直是众多珠宝设计师的毕生追求，这两个词是他们设计的灵魂，也是在设计之时紧紧围绕的主题。时下，南珠与其他材料搭配设计的项链、首饰非常流行，南珠＋金属、南珠＋缎带、南珠＋皮绳等等，都

碰撞出难以言喻的时髦品位。长串的南珠在项颈或手腕上，缠绕几圈再任它流泻而下；单独佩戴南珠与金属混搭打造的戒指、腕表，不但凸显复古迷人的情调，更流露出女性特有的柔媚气质……在设计师的灵感与创意中，珍珠既可展现出含蓄经典的优雅风格，又可展现摩登时尚的都市形象。让一颗质量上乘的南珠放射出璀璨的光芒，并不是时间问题。如果被爱它的巧手抚摸过，懂它的真心琢磨过，就算是中等质量的

南珠也可以瞬间变得美轮美奂。正所谓“天人合一”，设计师是南珠饰品的灵魂。他们用自己独特的设计风格延续美丽的真谛，他们就像在我们的指尖和耳际跳舞的人。

透过各式各样的玻璃专柜，你可以在那里尽享奢华的南珠视觉盛宴。或看见一枚别致的南珠胸针，胸针处采用了乳白、黑色和金色的南珠，配上经过特殊加工的小贝壳，以鲜艳的色调为你营造出悠然愉悦的气氛，让你仿如漫步在海边，听微风在耳畔细语，听海涛在对行人诉说绵绵情话。或是一串随心所欲的项链，以粉粉的淡彩珠做主料，辅之以彩色的半宝石和贝壳，用灵巧的双手，编织出心灵的童话，层层叠叠的珠链尽显女性的温婉与优雅，在不经意的晃动间彰显小女人的性感与妩媚。或是一串别致的手链，乳白色的南珠间隔着彩色的宝石，以天衣无缝般的镶嵌技术，实现南珠与宝石的完美结合，在柔美的灯光下闪烁出女性的智慧与别样的情怀。而那些看似不经意的串珠，实则更是巧夺天工，让生活在快节奏中的人们能够静静

地触摸来自海底的灵魂，不管那串珠是典雅的白色，还是神秘的黑色，抑或是华贵的金色，娇媚的淡粉色。每一颗滢泽闪烁的南珠都玩转七十二变，以各样的光彩映衬女性的柔美，以一种特有的气质衬托女性的情怀。

南珠装点了女人，女人也装点着南珠。近年来，南珠的首饰设计已不再局限于单纯的串珠和简单的项链首饰，年年变着新花样，编织着南国特有的童话。在欧美国家，南珠也是时尚的领导者之一。染色的南珠使其与其他材质实现完美的融合成为可能，如钻石、蓝宝石、石榴石、水晶等。各式的设计纷纷涌出，造型千变万化，不管是外交还是聚会等都十分适合佩戴。它以特有的东方气韵取得了自己在珠宝界的尊贵地位，各类不同的款式更是将这位南国女子的风情演绎得淋漓尽致。

现在，许多人对于南珠饰品还停留在“正圆”等形状的概念之中——一般南珠都是以正圆形作为标准，串联之后形态均匀划一、美观大方，许多南珠戒指也是以正圆形为主。人们把圆度最好的正圆珠称作走盘珠，最大直径和最小直径之差与平均直径之比小于百分之一，已经是十分精确了。但实际上，中国南珠不仅仅是“球”形，珠宝设计师可以让中国南珠的温婉高贵发挥到极致，真正做到七十二变。在这个自主的空间里，高明的设计师们创意无限。如异形珠，往往与各类彩色宝石搭配。而一些形态奇特的大型珍珠，根据它本身的形状因势利导，在设计师的手中也往往能够化腐朽为神奇，达到极具创意的效果。著名的“亚洲之珠”就是镶嵌成一个瓜的形状，“希望

之珠”、“真主之珠”、“女摄政王”、“太湖神珠”等名珠也皆非圆形。实际上，天然的南珠极少有正圆的，只是人工养殖的插核技术使这种对正圆珍珠的渴求变得容易实现，但正因为异形珠的存在，南珠的设计总让设计师们乐在其中。

灵动的大自然，中国南珠玩转七十二变，缔造温润如南珠的女人。因为，一颗沙砾如果受到了海水的青睐，它就会被温柔地托送到贝壳柔软的身体中，让岁月为它披上珍珠的光泽。一位女子如果获得了世人的肯定，她就会温柔而坚定地独立于红尘之中，让时光打磨出臻美的气质与韵味。中国南珠，在充满奇思妙想的设计师手里实现了灰姑娘的转变，绽放着如纯情女子般的魅力，气韵东方。

三、南珠贝饰也疯狂

中国南珠自诞生之日起，就被人们视为珍宝。作为从有机体里孕育的宝石，南珠配饰给予人们心灵的纯净，体质的健康与美丽。长期以来，人们仿佛早已习惯了南珠特有的东方气韵，惊异于它的天生丽质，却很少人有过生产珍珠贝的贝壳或加工成各类工艺品的想法。人们在开贝取完珠后，贝壳往往被丢弃。

而现在，在这个随处可以发现时尚元素的时代，南珠贝饰也层出不穷。昔日被丢弃、被人们认为一文不值的南珠贝壳实现了华丽的变身，被定为21世纪最具流行力的天然饰品。简洁的设计，多彩之中蕴涵着复杂的工序，就像破晓的雨露，看似简明，却映着五彩斑斓的世界。

中国南珠贝的贝壳，吸取了深海的各类精华元素，拥有南珠一样迷人的光泽和变幻的色彩，但又拥有迥异于南珠的七彩。在孕育南珠的同时，贝内也形成了一层层的珍珠质层，光彩夺目。人们一直认为，南珠里的珍珠质与贝壳上银亮的珍珠质层成分大有差异。然而，随着科学技术的发展，现在许多科研机构用大量的实验证明，实际上，贝壳上的珍珠质层与南珠的珍珠质层并没有什么区别。

时尚总是变幻着个性，南珠贝虽然外壳不如南珠般美丽，却是设计师们珍爱的朋友。尤其是近几年，贝壳首饰悄然兴起，以充满青春个性的自然面貌登上时尚的舞台。因为是来自深海的天然原料，因此每一件贝饰都有着自己独特的魅力，那独特的

珍珠贝壳工艺品

颜色及纹路，亲民化的市场价满足了越来越多的消费者对个性首饰的需求，尤其是少男少女。

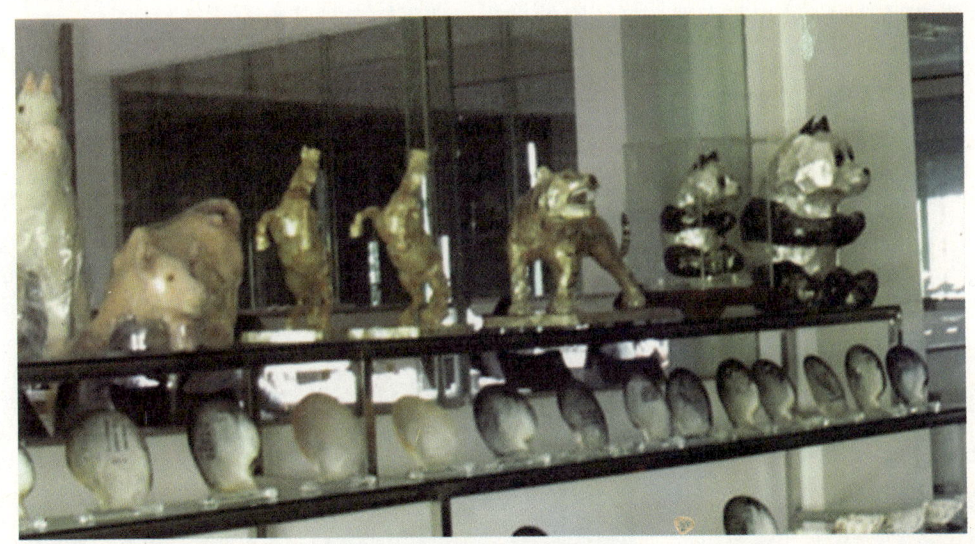

贝饰不像南珠饰品，需要根据南珠的形状来精心设计。随便拿起一瓣贝壳，你便可以根据自己天马行空般的想象力，给其塑造各种各样的形象。垂坠如露珠般浑圆的形状、娇艳如冬季梅花的个性、跳动的桃心形、闪闪的五角星形、圆形、椭圆、方形……一切你所能想到的形状，都能在这一瓣普通的贝壳之中得到完美的演绎。

白蝶贝马赛克是最常见的一种贝壳工艺品。经马赛克处理后的白蝶贝贝壳，拼贴后会成为一只宠物、一个漫画人物、一幅画、一个笔筒拼花、一个烟灰缸……栩栩如生，设计新颖，光彩夺目，仿佛回归海底的自然，令人急躁的心在这如水的柔情中慢慢沉淀。一件工艺精湛、用料上乘和形体悦目的马赛克贝饰摆件，放在居室或客厅里，会使其满堂生辉、典雅盎然。

在一座珍珠城里，人来人往。在一个珠宝专柜里，静静地躺着一枚用珍珠贝的贝壳制作的十字架。这枚十字架雍容中透着华贵，高雅中透着神圣。也或许这是一枚佛像贝雕吊坠，每一刀都含着劳动者美好的愿景与祝福。也有一些商人，在开贝的季节前往南海收购大量珍珠贝的贝壳，用以制作高档衣服的纽扣。这是一类极其古老的纽扣，之所以到现在还盛销不衰，主要就是因为它来自大自然，质感高雅，光泽诱人，并且人们总是常常将它和名贵的珠宝联系在一起，因此服装上的贝壳纽扣，就显得品质高贵。

南珠贝腰链则更是新兴流行的物品，不管是单链、双链还是花式链，绕在腰间更显女人的风味。也有些人把长的贝链作为衣物的配饰，挂在脖子上，更是别有一番韵味，彰显与众不同的风情。不管怎么佩戴，轻然律动的贝饰都在变幻中彰显出青春的蓬勃风采。

在一个午后，娴静地坐在一个咖啡厅里，有风吹过脖子上挂着的贝饰，不知是风吹响了贝饰，还是贝饰引来了这看似不经意的风。是动是静总相宜的贝饰，在女人的从容优雅之间，偶尔露出与南珠一样耀眼的光芒，殊不知它早已为人所心驰神往。

四、五彩迷离话南珠

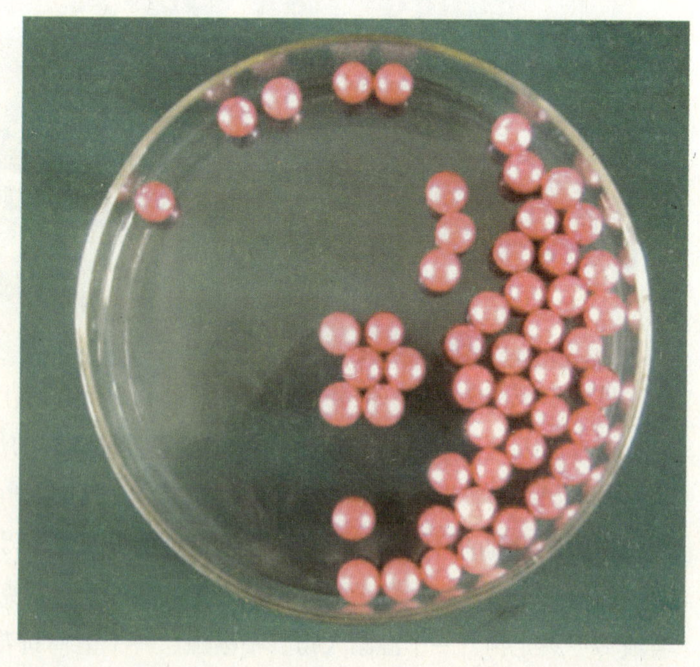

南珠色彩多样，有的白，白亮如同绸缎；有的红，粉嫩的红，仿佛黑夜中波斯猫闪耀的眼珠；有的金色，不是黄金的那种金，而是清澈的湖水在夕阳映照下的日光的金影，或是天边云彩的流金。

南珠的色彩由体色（背景色）和伴色（晕彩）组成，伴色重叠于体色之上，给人以调和美的享受。在柔和漫射光线下观察，很容易看清南珠的体色。当光源适当增强时，南珠的伴色就在珍珠表面的反光中显示出来。当不仔细观察时，人们看到的是伴色叠于体色之上的表色。但关于南珠颜色的故事及寓意，民间还有不少有趣的看法。

相传在古老遥远的南海岛屿上，孕育彩色珍珠的珠蚌被认为是具有神奇魔力的，能为打开珠蚌的人带来幸福的生活，使其愿望成真，所以被称为“许愿珍珠”。当时，只有最勇敢的青年，才能潜入深海，寻找孕育着彩色珍珠的珠蚌。但当他们冒着生命的危险将珠蚌带回来时，却不急于打开，他们耐心地等待，直到找到心爱的姑娘，才将珠蚌献给她作为定情之物，让他心爱的姑娘亲手打开珠蚌取出珍珠。就在这一刻，它的魔力被释放出来。打开蚌壳时见到不同珍珠的颜色，也代表着他们将会拥有不同的东西。

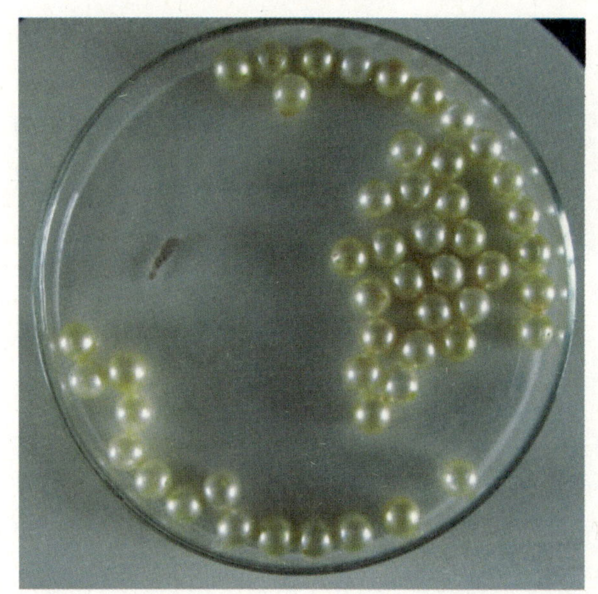

白色是南珠最经典的颜色，也是市场上最流行、最常见的颜色，其颜色又细分为纯白、奶白、银色和瓷白色等。它代表智慧和纯洁。在古代神话里，与月亮紧紧相连的通常有太阳与天；而银白的光泽和源出于水的特点使珍珠与月亮有极强的相似性，象征纯洁、纯贞、唯一。而星象学家发现月亮和星星那白色的光亮里蕴藏着地球上所不能找到的智慧。白色的南珠的光泽就像中天满月的月光一样柔和，搭配首饰更是衬托出佩戴者的高贵娴雅，是出席各类社交场合的百搭精灵。

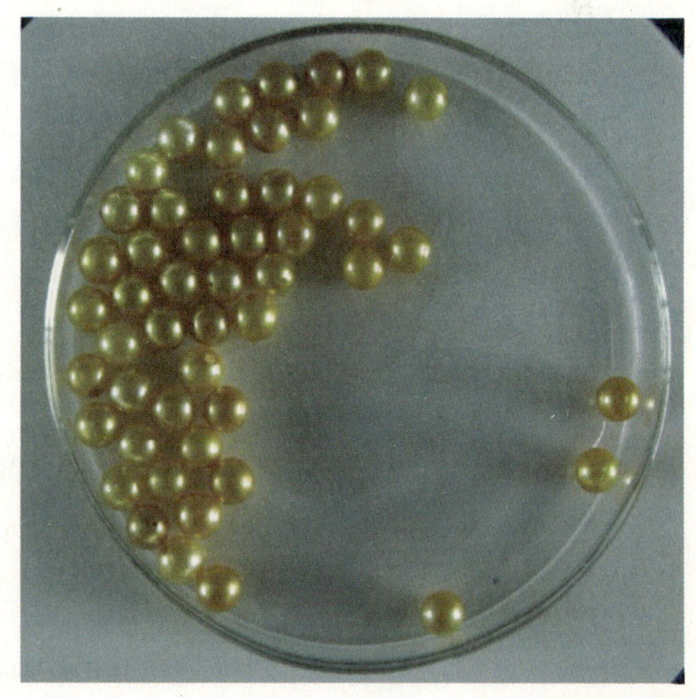

金色的南珠，由白蝶贝类的亚金唇贝类产生，产量极低，极其稀贵，也是近几年在市场中流行的珠宝饰品颜色。这种金近似太阳照到

湖水里反射出来的颜色，或是天边自然的流金色，是生生不息的太阳与金子的颜色。金色象征着财富，金色的亮泽是开启智慧与拥有才智的天然之色，愉快且折射温暖。中国人把黄色或金色作为帝王御用之色。而中国的金色南珠，也在这个色彩世界里演尽灿烂和辉煌，尽显奢华。

黑色的南珠，在它神秘的光泽中蕴藏着深深的秘密，高贵、稳重。这种黑不是炭般的乌黑，也不是金属的黑色，而是像墨韵一样慢慢晕染的黑，似黑夜般深邃。它一直位于时尚的前沿，具有多重的文化解读意义，充满浪漫与怀古气息。

紫红色南珠，是彩色珍珠的一种。这种紫红如荷花般清新脱俗，如太阳花般火烈，如女人的胭脂晕染在脸颊，盛开羞涩的花。彩色珍珠的养殖是我国首创的南珠养殖技术，目前并没有完全推广，因此价格也不菲。据说藏族和尚拥有一种“魅力珍珠”，任何女性只要被其珠光闪烁到，都会对爱产生极度的饥渴，因此紫红色的南珠也被列为爱情毒药。此外，彩色的南珠还有绿色、紫色等。

粉色南珠，如含苞待放的嫩粉花瓣，又如亭亭直立之莲，甜美、温柔而纯真，充满青春气息。它是浪漫和娇柔可爱的代名词，也是优雅和高贵的代名词。纯纯的粉色南珠就像女孩的美梦一样期待爱情，它唤醒记忆里的稚嫩、柔弱和美好。在市场上流通的粉色南珠，大部分均为染色而成。虽为染色，却使南珠的世界更显缤纷，使女性有着更多的选择。

蓝色南珠，亦为染色珍珠的一种。蓝色，非常纯净，让人不禁从闪烁的南珠上联想到海洋。它表现出美丽、冷静、理智、安详与广阔。由于蓝色沉稳的特性，因此具有理智、准确的意象。中国南珠所染成的蓝色是一种湖蓝，像宝石一样靓丽的幽蓝，似乎代表着对爱情的遥遥等待。

南珠的色泽一方面由珍珠表面和内部的光反射和光干涉而产生，另外还与它含有的各种色素和金属元素的本体色有关。经光谱分析法发现，金黄色、奶油色的珍珠含有较多的铜和银；肉色和粉红色珍珠内含钠、锌较多；白色和粉红色珍珠中含锰较多。因此，南珠的颜色和光泽也可分为白色系统、粉红色系统、黄色系统、蓝色系统。正圆形的珍珠色泽是从球面发出的，它的色泽不但随光源的种类、强弱和背景的差异而不同，而且随光源和观察的角度不同而变化。

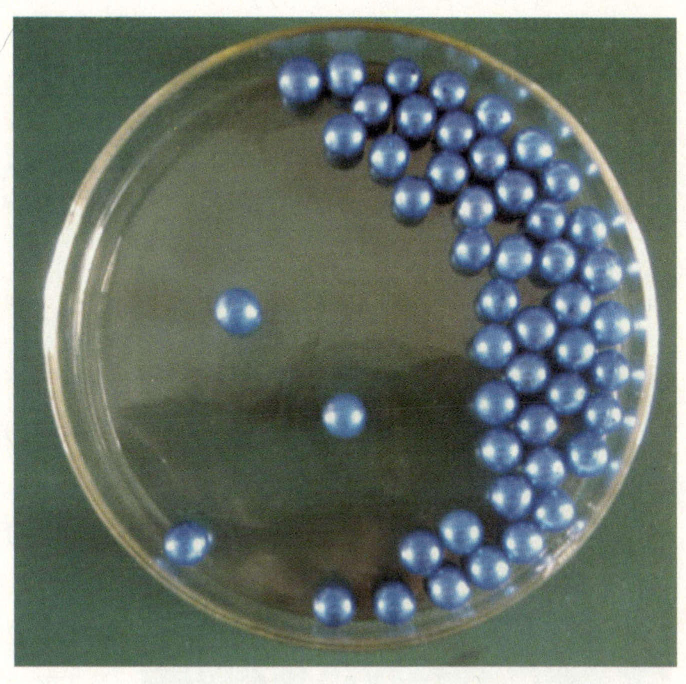

中国南珠，色彩迷离，价格不一，在为人们提供多样选择的同时，也使得它在任何的社交场合都成了百变的精灵，彰显高贵不凡的气质。

第二章　追寻南珠的足迹

黄金有价，美玉无价，而南珠，是自然界的神奇造化，是机缘促成的夺目经典。她是生命中艰辛的历练，是质朴中成就的芳华，是温情的海在无边的温柔中坚贞的灵魂，更是在岁月无尽的磨砺中辛酸的泪。怎样的山水，怎样的海湾才能孕育出化生命与希冀为一体的南珠呢？在反复叩问的心情中，我们踏上了追寻南珠足迹的旅程。

第一节　印象·湛江

湛江东临南海，西靠北部湾，南出太平洋，具有得天独厚的地理气候条件、海水洁净，浮游生物极其丰富，自古以来就是南珠的重要产地。湛江，正是我们追寻南珠足迹的第一站。

一、走访湛江

2010 年 7 月 26 日，在明媚阳光的照耀下，我们也怀着明媚的心情来到了第一个要采访的珍珠公司门口，门楣上的“湛江荣辉珍珠有限公司”十个大字，在阳光下熠熠生辉。穿过一扇白色的不锈钢铁门，是一条仄长的楼梯，楼梯右边的墙壁上挂着一些关于珍珠饰品的图片。走进了公司，只见一个宽阔的珍珠加工间，十几个员工正在白炽灯下挑选南珠，每个人都拿着看起来类似夹子的东西，把合格的南珠移到一边，不合格的南珠移到另外一边。员工说，他们是要一颗一颗地挑选珍珠的，丝毫不能含糊。荣辉珍

珠有限公司店面的玻璃展览柜里的商品琳琅满目，不仅有珍珠饰品，还有一些珍珠化妆品。笔者看到售价6 000多元的澳大利亚法属大溪地的黑珍珠项链，黑珍珠光泽流转，每颗都显得匀称圆润，与其他浅色系的珍珠相比，黑珍珠的瑕疵没有那么容易看出来，而且黑色比白色、米色或者粉红色显得更加神秘。

在对董事长尹国荣先生的采访中得知，荣辉珍珠有限公司是集育苗、养殖、育珠、加工、销售一条龙的公司，公司生产的半成品主要出口到国外，出口率达百分之八十。珍珠贝全身都是宝，贝壳表面可以做纳米珍珠粉、装饰品；珍珠贝的肉可以吃，味道鲜美，营养价值高，还有下火的功能；珍珠自是不用说了，它是最名贵的部分，一颗珍珠的售价可以达到几千元。

此外，笔者还走访了湛江嘉辉贸易有限公司、湛江海洋大学珍珠有限公司、广东岸华集团有限公司和龙之珍珠有限公司。从采访中，笔者得知，2009 年年底，中国的南珠产量降到历史最低谷，南珠产业面临严峻挑战。南珠产量如此低的主要原因是珠农不愿意养南珠。那么，为何珠农不愿意养南珠呢？主要有以下几个方面的原因：①与澳大利亚法属大溪地相比，中国的南珠养殖技术相对落后，缺乏先进的技术支持，导致整体养殖成本颇高。②珍珠是一种农产品，首先要承受自然风险，如洪水灾害、台风灾害（盐度降低，南珠无法生存）。南珠作为一种商品，要进入市场，也无可避免地要面临市场风险的挑战。③珍珠养殖见效慢，从育珠到采珠，正常情况下需要 3 年时间，投资比较大，如果要养殖 5 万只马氏珍珠贝，需要投资 6 万 ~ 10 万元。而且，在中国，融资比较困难，珠农缺乏资金，这在一定程度上制约了珠农的数量。④中

国南珠的养殖场地主要集中在南海北部湾，由于人为破坏和过度密植，水域污染较严重。⑤目前中国没有一套对南珠的统一标准，北海有一套，但只限于区域性的使用。以上种种原因导致珠农养南珠赚不到钱，珠农纷纷转行。

珍珠业在中国是古老的，但作为产业，它又是新生稚嫩的，它开始的脚步必然是蹒跚的。日本在18世纪90年代末就开始人工养殖珍珠，而中国南珠养殖业起步却是在新中国成立后，由于历史原因，当代中国南珠养殖技术不及日本的先进。就目前来说，南珠的竞争力远远比不上东珠（日本、澳大利亚产）和西珠（美国产），今天走访的三家公司都出售澳大利亚法属大溪地的黑珍珠，并且颗粒超过南珠，南珠一般最大直径为9毫米，而大溪地黑珍珠可以达到14.5毫米。大溪地珍珠能够蜚声国际，与当地政府的科学管理密切相关，当地政府规定黑珍珠的珠层厚度不能少于0.8毫米。他山之石可以攻玉，中国可以向大溪地学习，规范南珠市场，重振南珠风采。

二、南海之滨——雷州半岛

一钩新月天如水，波浪拍打着海岸，画面定格在北部湾。越南、老挝的领土像一个臂弯环抱着北部湾，让北部湾远离了很多大风大浪。生活在这里的珍珠贝，她是不系之舟，没有什么能使她停留，除了生命的尽头。千百年间，潮起潮落，时间终于把伤口酿成了收获，明月皎皎照射在南珠上，南珠由内而外散发出淡雅的虹光，夜未央，南珠是那颗最璀璨的别众之星。北部湾的雷州海域，海岸线长达406公里，港湾众多，沿海滩涂辽阔，是养殖南珠的良港。北部湾东部的雷州半岛，位于我国大陆最南端，东临南海，南与海南省隔海相望。雷州半岛辖区包括湛江市、雷州市（海康县）、廉州市、吴川市及徐闻县、遂溪县。

自古珍珠出自雷州，雷州北部湾是我国历代以来南珠的故乡。据《淮南子》记载，雷州珠民采珠已有2 000多年历史。在西汉时期，徐闻县已经是相当发达的港口地区，商业发达，商贾云来，货如轮转，“雷州徐闻县，本汉旧县…… 汉置左右侯官，在徐闻县南七里，积货于此，备其所求，以交易有利。故谚：‘欲拔贫，诣徐闻’”。汉代，徐闻是海上丝绸之路的始发港之一。《汉书·地理志》对汉武帝以来组织的首次远洋航记有此记载，“自日南障塞，徐闻、合浦船行可五月，有都元国；又船行可四月，有邑卢没国；又船行可二十余日，有谌离国；步行可十余日，有夫甘都卢国；船行可二月余，有黄支国，民俗略与珠崖相类。其州广大，户口多，多异物，自武帝以来皆献见。有译长，属黄门，与应募者俱入海，市明珠、璧琉璃、奇石、异物，斋黄金、杂缯而往。所至国皆禀食为耦，蛮夷贾船，转送致之。亦利交易，剽杀人，又苦逢风波溺死，不者数年来还。大珠至围二寸以下。平帝元始中，王莽辅政，欲耀威德，厚遣黄支王，令遣使献生犀牛，自黄支船行可八月，到皮宗；船行可二月，到日南象林界云，黄支之南，有已程不国，汉之译使自此还矣”。史籍记载，汉朝派遣应募者，也就是一些官员、商人、船工、水手，从徐闻、合浦出使到都元国（印度尼西亚）、黄支国（印度）、皮宗（新加坡）等东南亚国家。从汉武帝到汉平帝元始中，汉朝出使“海上丝绸之路”的使者的主要任务是宣扬国威和“市明珠、璧琉璃、奇石、异物，赍黄金、杂缯而往”。

天然南珠因为珠圆玉润，虹光流转，是当时上贡的极品。并且，南珠的雍容华贵与汉朝的蓬勃大气相得益彰，正好能显示汉朝国威，可以推断，南珠是海上丝绸之路的贸易品之一。徐闻县自古以来就生产南珠。据《汉书·地理志》记载，“合浦郡，武帝元鼎六年开……县五：徐闻、高凉、合浦、临允、朱卢”。徐闻县是合浦的辖区，实际上，徐闻县是合浦郡郡治。汉代，合浦郡是产珠大郡，其中的南珠产地当然也包括徐闻县。西汉时，番禺是南海丝绸之路的始发港，而出海港“在偏西南的徐闻、合浦、日南等港口”。

另外，因为古代要靠季风出海，所以，船到徐闻港后，通常不能马上遇上季风出海，要在徐闻港等待一段时间。在等待季风时，航船除了可以在徐闻港补给出海远航所需的大量淡水和食物外，还可以继续补给货物，其中的货物很有可能包括南珠。到了宋元，中国海上贸易发展迅速。南珠经过海上丝绸之路辗转卖到了印度，并且数量很多。

自明朝洪武年来，南海一带就一直受到海盗的骚扰。海盗主要进行武装掠夺，抢劫来往商船，掠夺沿海居民，还经常去盗窃珠池。据《万历·雷州志》（卷十）记载，“夫明珠文犀，产之海北，天下珍之”。产自南海之北的南珠，天下人都把它当做是珍宝。所以，南珠也是海盗掠

夺的主要物品之一。明朝政府为了抵制海盗掠夺，在现今的遂溪县兴建了乐民城。

遂溪县本来是沿海的，在明朝时非常繁荣，并且盛产珍珠。明洪武二十七年(1394)，明太祖朱元璋派遣大臣安陆侯吴杰监建乐民城，乐民城的主要作用是防止海盗掠夺珍珠。明朝万历年间，南海附近海域的海盗祸患加剧，海南的海盗巨魁李茂更是势力庞大到“操戈一呼，群舰响应”的地步。雷州半岛与海南仅隔一道琼州半岛，所以，雷州地区的珍珠备受海寇青睐。明万历四十二年（1614）推官欧阳保《雷州府志》记：“雷三面阻海，倭奴东伺，交夷西窥，而盗珠之雄，高樯巨舶连骖衔尾，公然出没于鲛宫蠔室之内，少有不戒，肆行剽劫。”又记：“洪武二十七年，始命备倭。”海盗十分猖獗，开着浩浩荡荡的高樯巨舶公然在养珠池出没，进行疯狂的海盗掠夺。他们不但抢劫中国商船，还掠夺沿海居民，一些日本的倭寇甚至与当地的地主勾结，海盗掠夺已经到了相当疯狂的地步。

为了防止日益猖獗的海盗掠夺珍珠，宋神宗在万历年间重建乐民城，据《雷州府志》记载：“万历间奉禁改行台司。知县袁时选修。戊申，知县罗继宗重修。太监厂。县西一百五十里乐民所北城外。万历二十七年，因采珠，故建。”明万历四十年(1612)，雷州出现一名深受雷民爱戴的官员，史册上称之为雷公。“雷民熙熙歌公之德曰：‘时维昌哉，民日康哉，我公之庥，迎厥祥哉。’”雷民如此爱戴雷公，不仅仅因为雷公清廉，还因为他治理海盗有方，“善者旌，嚣者屏，骫发者按。他如振文教而多士蹶起，豁虚丁而泽及千八百户。禁游商略买，岁所留男女不下数十百人。清沿海之野，而珠贼遁去”。猖獗到肆无忌惮地进出珠池的珠贼，遇到雷公却得灰溜溜地逃走，可见雷公的确治理有方。

清朝屈大均所著《世说新语》中说：“谓珠比年皆他徙，即雷州之对乐池，高州石城之麻水池，旧多产珠，今亦无之。”屈大均认为，珍珠是神物，擅长迁徙，如果太守廉洁，珍珠贝就会归返。当然，这只是屈大均的个人猜测。清朝，以前盛产南珠的雷州对乐池和高州石城的麻水池无珠可采的主要原因是滥采南珠，南珠在原来的海域难以生存下去，就只有迁徙到其他地方了。

一方水土育一方人，自古以来，人们

都是靠山吃山，靠水吃水，雷州半岛人民临近北部湾，他们大多是靠打渔或者采珠为生。新中国成立后，以熊大仁教授为先驱的湛江水产专科学校一直在研究南珠海水养殖。湛江水产专科学校的研究成果“珍珠贝人工育苗与养殖的研究——缩短育珠期”获 1978 年全国科学大会奖。

在科学技术的推动下，雷州半岛人民利用流沙湾的天然优势，进行南珠养殖。雷州流沙村具有“中国珍珠第一村”的称号，在流沙村里，几乎家家户户都从事和珍珠有关的工作：养殖珍珠贝，办珍珠贝苗孵化场，从事珠宝首饰加工、珍珠贝壳加工，等等。广东雷州市是中国著名“南珠”生产基地，目前珍珠产量占全国海水珍珠总产量的2/3，荣获“中国珍珠第一市”的称号。

第二节　印象·海南

海口市是一座景色旖旎的海滨城市，街道两边的椰树整齐而高大，茂盛的叶子像一面面迎风飘扬的旗帜。市内高楼林立，交通方便，四通八达，公车的班次比较多，公交线路几乎遍布海口市的每个角落。在海南，笔者走访了海南的海润珍珠有限公司、美裕珠宝有限公司，重点采访了京润珍珠有限公司，希望借此了解海南的珍珠产业，进一步了解南珠。

一、渡过沧海之海南行

告别了湛江，笔者一行来到徐闻县海安候船厅，准备搭船去海口。一想到马上就可以渡过琼州海峡，从亚热带穿到热带了，大家的内心充满了期待。

终于登上了客轮，笔者一放下行李就去船头看海了。下午的阳光还是很强烈，阳光灼热地照射在皮肤上。远方的海一望无际，阳光太强烈，眼睛有点儿睁不开。海水上，波光迷离地跳动着，像无数舞动的精灵。

“轰轰隆隆”，船终于缓缓地驶出了海港，手扶着护栏，海风嗖嗖地从耳边吹过，头发飞扬，海风把疲惫都吹到了脑后。海安港口早已不见踪影，大海终于呈现在眼前了，极力远眺，想到达海的尽头。眼睛看得再远，也无法看尽苍穹。海水在流动着，一波波缓缓地推向远方，海水深处蕴藏着巨大的能量。海天相接处，巨大无比的水墙与天空的尽头连成了一线，抬头看天空，天空像海洋一样，无边无际，瞬间觉得，头顶上的天空是一个巨大无比的半圆。那一刻，真的很想张开双手去拥抱大海，似乎心胸也随着大海扩大了，人在此刻显得如此渺小，如天地中一蜉蝣，沧海中一粟。搭船过渡到海口，穿过琼州海峡，目之所及处都是茫茫大海。

客轮就是这样匀速地向前行进，刚开始，前方还是阳光明媚，海的对岸的海口市笼罩在一片金黄色中。大概一个小时后，太阳躲在了厚厚的云层后面，晴转阴，大海还是那样茫茫一片，海面上少了粼粼的波光，却还是能看到被客轮撞击开的白色波浪。偶尔回头一看，却发现客轮的后面竟然还是一片晴天，不过也已经是日薄西山。船头船尾两重天，奇景！客轮后的夕阳似乎是在用尽最后的力量把余下的光辉全部散落下来。在海天相接处，一个火红的圆球正在慢慢落下，那时候的阳光没有平时的强烈，却是橘红色的，把西面的天空都染红了。夕阳的光线慢慢变弱，似乎有一股巨大的力量拉着夕阳往下掉。天边由橘红色变成绛紫色，地平线上漂浮着几朵镶嵌着金边的乌云。在那乌云后面，有几抹轻得像纱一样的云，映照夕阳的余光。把视线转移回前方，天色更暗了，好像要下暴雨的样子。在阴霾笼罩下，对岸的海口一幢幢白色的高楼大厦显得很亮，那是一种清冷的白色，不刺眼，显得很干净。

隐隐约约，开始可以看见一条横跨海面的大桥了，那就是世纪大桥，海南的标志性建筑物。看到了世纪大桥，说明前方已经是海甸河了。世纪大桥位于海口市龙昆北路北延长线上，跨越海甸河入海处。它犹如一条卧龙横亘在海甸河上，两个呈钻石状的主塔矗立在河面上，从双主塔上伸出无数条斜拉索，远看，斜拉索组成了两个以双主塔为中心的巨大三角形，两个主塔像一个切面，从三角形的正中心横切而过。整座世纪大桥气势宏伟，具有现代化气息，与大桥后海口市的高楼大厦相互映衬。随着客轮的前进，世纪大桥渐渐清晰地呈现在眼前，甚至可以看到两个主塔中间的蓝色条纹。在客轮经过世纪大桥时，主塔上“世纪大桥”的字体慢慢后移。看着跨越天堑的世纪大桥，我不禁赞叹起人类的智慧。世纪大桥是海南省迄今为止规模最大、技术含量最高、施工难度最大的桥。当初修建大桥时，遇到了很多困难，大桥建设者跨越“抗风、抗震”两道坎，花了整整七年时间，终于在2003年8月1日竣工通车。如今，世纪大桥已经成为海南的标志性建筑，海南人也以此为骄傲。从桥底穿过，远方的建筑物也慢慢地变得清晰起来，海口就在眼前了，似乎触手可及。

海南珍珠属于著名的“南珠”中的一支，采珠业在秦朝时就已经相当兴盛。《正德琼台志》记载：“越处近海，多犀、象、玳瑁、珠玑、银、铜、果、布之凑，中国往商贾多取富焉，则秦有至者矣。”在秦代，海南岛属于南越，上文的珠玑就是珍珠。从公元前110年，汉武帝在海南岛设置“珠崖郡”始，海南珍珠就开始成为历代王朝的宫廷珍品。由于滥采南珠，海南的南珠资源到清代就已经枯竭了。新中国成立后，海南在国内最早开展了海水珍珠的养殖研究和探索工作。1985年，中国迄今为止最大的一颗海水养殖珍珠在中科院海南热带海洋生物实验站培育养殖出来。这颗珍珠大小为26毫米×15毫米，被誉为“海水珍珠王”。虽然中国海水珍珠养殖业在“文革”前取得了不少成就，但由于没有形成系统的产业化，海南乃至中国的珍珠养殖业，一直处于一种原始、粗放、无序化的状态。20世纪90年代，不少经营者以次充好，盲目追求短期利益，南珠市场一度处于混乱的状态。

如今，海南利用其得天独厚的旅游资源优势，在把海南岛建设成国际旅游岛的同时，把南珠打造成海南旅游的一张名片。海南珍珠行业异军突起，京润珍珠有限公司、海润珍珠有限公司、海南美裕珠宝有限公司等几家大规模的珍珠公司，努力把自己打造成南珠零售终端的名牌企业，还把三亚打造成中国南珠之都，海南敢于进取的精神和实际行动让笔者由衷佩服。

二、国境之南——海南

千百载间，琼州海峡看尽了来来往往的过渡人。波涛滚滚中，珍珠贝始终在聆听浪花的笑声，始终在用珍珠质包裹着沙粒，在珍珠贝承受痛苦的分分秒秒里，珍珠温润的光辉逐渐形成，待到千年韶华老，一颗美丽的珍珠在痛苦中诞生了。惯看秋月春风，琼州海峡依旧，只是海的对面位于南海之滨的海南，随着历史的推移变幻着它的容颜。青史上的海南，自为世人所知之日起，就与南珠结下了剪不断的渊源。公元前110年，汉武帝在海南岛设置了“珠崖郡”。据《汉书》记载：“郡在大海岸之边，出珍珠，故曰珠崖。”海南，一个美丽富饶的宝岛，如璀璨明珠般闪耀在国境之南。

先秦至西汉时期，海南岛上分布着黎族先民——骆越人。海南，海之南，至北向南，穿过琼州海峡时，遥望海南，它的确在海的南端。客轮乘风破浪，穿过沧海，远方水天一色云空明，电光石火间认定不远处的海南就是天之涯、海之角。览尽了海吐纳百

川的气势，海南也变得胸襟博大，具有巨大的包容性。至西汉齐，就有多个民族迁入海南。海南接纳了汉、黎、回等20多个民族，历史上的珠崖是多民族聚居地区。从汉代起，海南人就耕海采珠，如今还保留了当地人大规模采集珍珠的记载。

海南具有包容四海，吐纳百川的胸襟，接纳了华夏之地的少数民族，古代的“海上丝绸之路”也经过这里。汉代，就已经开辟了以海南为中心，向周围国家乃至欧洲、非洲等地区通商贸易的“海上丝绸之路”。海南岛与南海诸岛，特别是西沙群岛，就处于这条“海上丝绸之路”主航道的要冲。唐代，海南岛是途径“海上丝绸之路”商船的中转站。海南岛孤悬海外，交通闭塞，所以那时海南岛比较荒芜。但是，时称振州的三亚却是商贾云集，商业贸易蓬勃发展。三亚临近琼州海峡，是航线上的良港，行经的舟队，或补给，或交易，或避风，多在此停留，才使三亚成为“海上丝绸之路”的重要一环。那时，途经的阿拉伯珠宝商和波斯珠宝商利用行程之便，把中国的南珠辗转卖到欧洲。据史料记载，欧洲每年要从中国、印度、波斯进口大量的珍珠。海南以它的包容性，凭借着南珠，把它的影响力辐射到欧洲、非洲等国，南珠为唐代三亚商业的繁荣作出了巨大贡献。

唐代，朝廷规定，南珠主要产地的平民要采珠贡赋税。时人王建曾作诗形容唐代人的悲惨生活。《海人谣》：“海人无家海里住，采珠役象为岁赋。恶波横天山塞路，未央宫中常满庭。”南珠成了赋税的一种，平民百姓如果抗税，必然遭受严厉惩罚。皇令如山，海南珠民在如此高压政策下，又怎敢懈怠，只得终日潜入海底劳作，这时期，海南上贡的南珠十分可观。《隋书》记载：“崖州贡径寸珠。”古代一寸大概是现在的3.3厘米，如此大的珍珠，世上罕见，价值连城，怪不得青史留名了。琼人唐胄主持编修的《正德琼台志》记载：“唐贡崖州珠二斤。”说明海南在唐代进贡的珍珠不仅质优，而且量多。

明代，海南出产的小珍珠，质量甚高，通过“海上丝绸之路”，成为东南亚市场中的畅销品。质优南珠比白银更值钱，且携带方便，所以琼雷地区珍珠备受海寇青睐。李茂是海南“广东群盗所视为高下者”的巨魁，李茂“其党屡盗珠池”。其他海盗也常寇掠珠池，如成化七年（1471），鲛人驾驶双桅大船到雷琼二府偷捞珠池。李茂一伙在海南主要从事亦商亦盗的珍珠贸易，据《崖州志》所载：“三亚坡瘗（埋藏，掩埋）银累累，常为行人所得，相传为茂瘗云。”这可能是李茂在隆庆年间占据崖州后，因匆忙离去而埋下的大量白银。

清乾隆年间进士、奉政大夫、钦州人冯敏昌曾作《合浦采珠歌》五首，“白龙城外暮云行，珠母海南秋月明。明月渐圆珠渐好，好听船上疍歌声”是其中的第一首。诗中描写了一副宁静和谐的采珠图，“珠母海南秋月明”，南珠在月光的沐浴滋润下逐渐形成，所谓“蚌蛤食月之光以成珠，珠者月之光所凝”。如果没有朝廷的采珠令，没有采珠赋税，珠民就可以耕海采珠，过着自给自足的生活。但是，由于历代君王频繁的采珠令，已经严重破坏珍珠贝的生长，导致乾隆十七年，虽然颁布了采珠令，却无珠可采。然而，统治者不肯罢休，清朝乾隆年间，采珠变为掠夺式开采，不但在珠池捕杀珠贝，还远去深海滥捕母贝，导致“舟舟过去何舟得，待得珠来泪已枯”。

一颗由内而外散发温润光辉的南珠承载着海南千百年的青史，流转的荧光轻轻映射在史册上，目光随着记载着历史的文字轻轻转移。浪花淘尽国境之南的千年珠韶华，琼州海峡依旧。夜幕的蓝妆，衬托着深蓝的海水，史册里保留着往日的温度。蓦然回首，曾经的刀光剑影，曾经的辛酸血泪，一座城市的历史，在越来越浓的夜幕下疼痛。然而，海南，却具有包容四海、吐纳百川的胸襟，千年回眸，集更多前进的动力于一身。海南，因为包容，所以开阔；因为开阔，所以它的力量更柔韧、更长远。当它的力量足够柔韧长远的时候，它对整个中国的发展都会有重要的贡献。

三、点击国际旅游岛的南珠诉求

近年来，依托快速增长的度假旅游市场，海南成为国内最大的珍珠零售基地，数十个大大小小的珍珠品牌年销售额超过3亿元，成为国内最重要的珍珠零售市场之一（来源于海南在线网）。其实，当我们的脚步从湛江徐闻县出发，登上前往海南的“紫荆五号”客船漂洋过海时，就已经万千思绪。得天独厚的自然环境、源远流长的南珠文化、国际知名的美丽海岛，基于这些天时、地利、人和的条件，珠农们又会告诉我们什么呢？

到了海南之后，我们直奔三亚的凤凰村。在热情村民的介绍下，我们很快便找到了一些从事南珠养殖业的农户。

一位徐姓的农户对我们说：“南珠的养殖虽然很艰辛，但是随着三亚这个国际旅游点的开发，我们养的南珠也越来越赚钱了。”“一般都是哪些人前来买南珠呢？”“一般的话，我们的南珠加工后，大部分都是卖给游客。很多游客来这里都想带点纪念品回去嘛，南珠看上去高档但是价格又合理，因此很多游客首选的纪念品就是买南珠饰品啦。”说到这里，徐先生憨厚地笑了。他对我们说，他从小就对这里的大海情有独钟，他的性格也跟海的性格一样，看准了事情就干，一不做，二不休。

一般来说，像他们这样的小型养殖户，日升而作，日落而息。每天几乎都是与母贝一起度过。白天，当太阳刚刚升起来，他便跟妻子一起，划着小船，清理那些贝上的杂物，中午回来吃午饭，然后继续到养殖场作业。虽然只是小小的养殖场，但徐先生表示，日子过得还算可以，现在盖起了一座三层高的楼房。

紧接着，徐先生跟我们讲起了一个推动南珠产业发展的大背景。海南是中国唯一的热带海岛省份，而三亚早已是具有“东方夏威夷”之称的国内外著名旅游地。根据官方资料显示，单是2008年，海南接待的游客总量就突破了20 000 000人次，境外游客超过700 000人次。这些游客中有80%的目的地之一是三亚。另外，近年来三亚也举办了很多世界性的活动，比如，新丝路中国模特大赛、世界小姐总决赛、世界先生总决赛等大型赛事，在这些大赛中南珠饰品往往是指定的官方比赛饰品。正是依托这一庞大的旅游市场，三亚的南珠销售产业在这些年得以迅速发展。三亚以旅游业带动着南珠产业的发展，在旅游的同时宣传南珠文化和南珠品牌，逐步成为中国南珠的推广中心和基地。

笔者还进一步了解到，今年我国国内的南珠价格明显升温，市场一度出现缺口，其中优质的南珠价格相比2008年来说，明显高了十多倍。而中低档的南珠价格也有较大的浮动，上升率为25%。在我国，大部分珠农生产的南珠都是中低档质量，现在不少养殖户都按传统方法扩大生产。面对这一问题，徐先生先是思考了一下，接着说："说实话，我们现在跟法属波西尼利亚群岛所产的珍珠相比，还是不够竞争优势。大部分像我这样养海水珍珠的人，一来怕资金周转不过来，因为养殖的时候时间相对比较长；二来场地有些老化，技术更新不够，养出的那些南珠，质量参差不齐，也就是说难以养出质量很好的海水珍珠。另外，南珠的产量有限，远比不上淡水珍珠那么多，所以在有市场的情况下，我们往往都会扩大养殖，增加收入。"

"我希望有一天，我们国家能够向我们这些珠农推广一些更好的技术，把中国的海水珍珠养得像淡水珍珠一样多，像大溪地黑珍珠一样好。"

"像陵水今年就很好，国家的水科院，在黎安那里举办优质珍珠养殖技术培训班。我也听一些老朋友说了这件事，然后过去跟他们学习，主要是讲马氏珍珠贝和企鹅珍珠贝两个品种的优质养殖。我觉得以后还可以多举办一些这样的培训班，让我们多多学习，真正像五六十年代周总理说的那样，把南珠产业搞上去。"说到这里，我们都不禁哈哈地笑了，徐先生真是一位很爱学习的人啊。

徐先生总是说他自己没多少文化，但我们却能在与他的对话中感觉到他的多才多艺、见多识广，说话幽默、有条理且妙语连珠。尽管我们的对话时间只有一个小时，却让我们在释然之时也在忧虑。三亚发展了，旅游业繁盛了，但很多珠农目前仍是按传统方式养殖珍珠，技术并没有得到很好的更新。创新是一个产业发展的动力。三亚以旅游带动南珠产业的发展模式，事实证明是成功的。但是如果不注重技术更新，经营观念更新，提高南珠养殖的科技含量，那么我国的南珠养殖瓶颈将一样无法实现突破。

对话结束时，徐先生带我们参观了他的小养殖场。海风吹来，飘着椰香，青山翠绿，波光粼粼的海面上排列着一条条绳索，上面漂浮着五颜六色的塑料球，就像游泳池里的泳道水线。远处，一艘艘大船来回穿梭，整个养殖的湾口就是一道美丽的风景线。

第三节 印象·北海

北海市市区北面濒临海洋，故称北海市。北海处于山之口、地之角、海之门，纳百川而成海，含总江而为浦，是古代"海上丝绸之路"的始发港。如果您接触过南珠文化，肯定听过"合浦还珠"的故事。而北海，就是这个故事的发生地。这个孕育了千年南珠的故乡，又会是怎样的美丽迷人呢？

一、悠悠南珠北海景

曾经有一段时间，笔者对于南珠十分痴迷，以至于想了解它的一切。有着“中国最适宜居住城市”美称的北海，是一个海风习习、风光旖旎、浪软如毯、枝繁叶茂、花果飘香的浪漫之都。这是一座古色古香的城市，城市内保存着大量的历史古迹，比如，白龙珍珠城、合浦古汉墓、东坡亭、海角亭、文昌塔等等。实际上，古今文化、中西文化都在这里得到完美的融合——北海被辟为“通商口岸”后，形成大量西洋建筑群景观，其中北海市现存的英国领事馆、法国领事馆、德国领事馆、德国森宝洋行、北海海关大楼、涠洲天主教堂等15座具有典型欧洲建筑风格的“西洋建筑群”，山地文化与海洋文化、中原文化与岭南文化在这里交汇，使北海的文化兼收并蓄，内涵深厚。就是这样的土地孕育了南珠这样的瑰宝。

（一）历史的遐想——白龙珍珠城

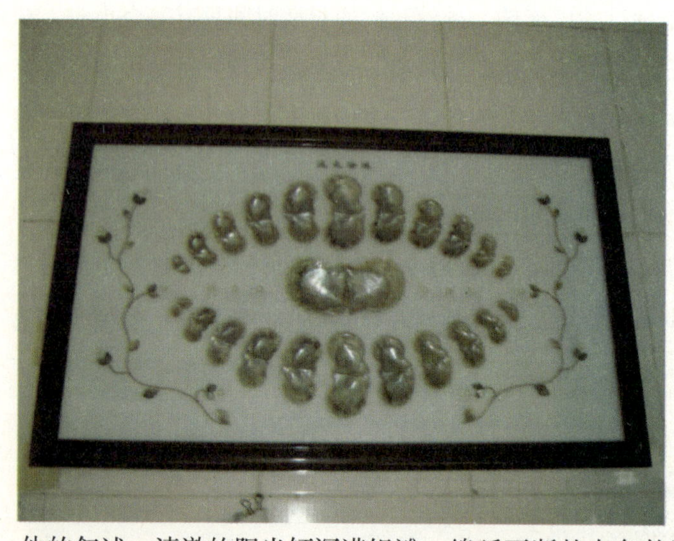

2010年8月9日，经过三个小时的汽车颠簸，脚踏着这一片土地的时候，我们竟然有热泪盈眶的冲动。

追寻着南珠的足迹，北海——我们来了！

刚下车的时候，有位憨厚的中年人迎面向我们走来，热情地拿出地图为我们介绍北海的著名旅游景点，伴着他的叙述，清澈的阳光倾泻满银滩、绵延不断的白色软滩、碧海蓝天相接一线的情景，在我眼前铺展开来……

由于此行的目的地是北部湾广场市区，距离很近，所以我们拒绝了各位车主北海市区一日游的盛情邀请。行者无疆，只有脚踏这片土地，才是亲近，才会更了解它。漫步于干净的大道上，我们这些过客兴奋不已，道路两旁种满高大整齐的榕树，开满五颜六色的“花儿”，细细看来，原来每棵树都挂满了灯饰，这种现代文明与自然的完美结合，堪称奇美。随着夜幕降临，一闪一闪的“花儿”给这片孕育了南珠的土地染上了神奇而美丽的色彩。据说，位于北海北部湾广场北侧有棵很大的古榕树，盘根错节、浓荫蔽日，常引得过往行人驻足观望，是北海的一大景观。在1984年北海被国务院定为全国首批的14个沿海对外开放城市之一后，为美化北海，表达全市人民建设新北海的强烈愿望，北海市委、市政府决定将这棵百年古榕从他处移至象征北海开放的城市“客厅”——北部湾广场。榕树可以独木成林，这棵古榕树，见证了北海那些风起云涌的峥嵘岁月，或许它还可以告诉我们曾经的南珠在这片土地上的故事。

2010年8月11日是北海国际南珠文化展览会暨南珠精品交易会，而我们8月9日来到北海，经过一夜的休息，8月10日，我们决定去白龙珍珠城那里看看，因为那里铭刻了南珠千年的印记。

白龙珍珠城，一个让人充满遐想的名字。关于白龙珍珠城名字的由来，有一个充满传奇色彩的故事。传说古时候，有一条巨大的白龙飞到这里的上空，盘旋在这里，它一边飞行，一边发出长啸声。突然，白龙头朝下，飞进了大地，不见了踪影。白龙自古就是祥瑞的象征，当地百姓认为这里曾经有白龙降临，乃吉祥之地，于是就在这里建城，称为白龙城。据史载，西汉时期官方在此采珠。白龙城濒临大海，近海处有多种珠池，白龙杨梅池是当时著名的珠池。白龙城历代生产珍珠，粒大珠圆，粉色嫩白，世称“南珠”，远近闻名。与东汉孟尝有关的成语故事“珠还合浦”就是发生在这里。

历史记载，白龙古城始建于明代洪武初年（1368），清康熙十二年（1673）曾重

白龙珍珠城

修。明朝雷琼海域附近倭寇、海盗作乱，常常骚扰当地民众，还经常盗取珍珠，而通过修建白龙城就可以加强海防。白龙城内外都是用青砖筑成，中间每隔一层黄土，就有一层珠贝，层层夯实。整座白龙城的城墙，都是由珍珠贝混合泥土堆砌而成的，可见明朝珠民对南珠的采集之多。白龙城有东、南、西三门，城内有楼可以眺望全城和海面，城内建有采珠太监公馆，珠场巡检署及盐厂大使衙门和宁海寺等建筑。明朝派遣到合浦来的采珠太监就住在城内的太监公馆，监督采珠的军队也驻扎在这里。可见当时白龙城官员兼有海防和镇守珠池的职责。因为明朝统治者频频颁布采珠令，所以白龙珍珠城长期有太监监采南珠以及有官兵把守。

明朝历代皇帝均有采珠令，仅明弘治十二年（1499），即采珠28 000两。嘉靖五年（1526）下诏采珠，因珠小而嫩，所得甚少。是年冬，合浦大雨雪，池水结冰，树木皆折断，民多冻死，而珠民仍被迫下海昼夜未停地采珠。次年廉州饥荒，民多饿死，然而第二年秋天，封建统治者仍继续下旨强迫珠民采珠。这次采珠因所得无几而罢。《庶物类廉州志》记载：“合浦县中，有杨梅青婴之池，蜑人每以长绳系腰，携篮入水，拾蚌入篮即振绳令舟人取之。”杨梅池就在白龙城附近。茫茫沧海，珠民撑着一个竹筏，在一望无际的海洋中上下浮沉。腰间系一条长绳，提着一个竹篮潜入海底，海底危机四伏，采珠人是生还是死，只能听天由命了。统治者以人易珠，珠乡在珠民的血泪中变得萧条冷清。后来，白龙城的海防功能渐渐消失，白龙城成为南珠生产和交易的集散地。

白龙珍珠城在经历了清康熙初年的“迁界”战乱浩劫后，遭惨重破坏，成了废城。康熙二十三年（1684）2月，钦差大臣杜臻与广东巡抚吴兴祚等人到白龙城考察，看到城内一片破败，城池荒废，杂草丛生。当年的巡检司、太监公馆等衙门已成废墟，城墙早已崩塌。钦差大臣一群人连落脚的地方都找不到，只得在城外搭帐篷居住。半夜，一只老虎来到他们过夜的地方，叼走了他们带来的一头小猪，并没有伤及人。钦差大臣觉得这是神明的暗示，于是重建白龙城，并且恢复原来的城建规模。后来，珠民陆续回到白龙城，古城重新繁华起来。直到民国初年，这座城池依旧人丁兴旺，城内有居民300多人，其中200多人以采珠为业。

抗日战争期间，白龙城大部分城墙及城门被摧毁。新中国成立前，曾经盛极一时的白龙珍珠城已是城墙坍圮，城内城外杂草丛生，仅剩下一段城基和南门城垣，四顾萧条，只剩蝉声阵阵。曾经远近闻名的宁海寺早已不知所终，只剩下两方碑记和碑记下沉重的石龟。两块碑石分别是高1.8米的《李爷德政碑》和0.6米的《黄公爷去思碑》。据考证，《黄公爷去思碑》是为了纪念镇守广东涠洲岛的游击将军黄公爷，因为他镇守有方，故立此碑。《李爷德政碑》记载李爷曾向皇上启奏，请求朝廷暂停采珠，惠及珠民，并弹劾了一批贪官污吏。珠民万分崇敬，便立碑以记其功德。

1958年“破四旧”时，剩下的一道城墙和南门也被毁了。同年，永安城居民在城东半公里的地方无意挖掘时，发现一座古墓，陪葬物有陶坐垫一个，枕头一副，古剑一柄，还有一些锈蚀斑斑的铁器。

1962年，著名作家、戏剧家田汉先生到白龙城访问，看着城内故物，缅怀历史，留下诗句：“南来初看还珠记，当日珠民重可悲。碧浪曾翻千斛泪，夜光能换几餐炊。方城有址堆残贝，古寺无踪剩断龟。访古喜逢歌剧队，布帷系幕白龙湄。”田汉看完戏剧《还珠记》，不禁为古代珠民的悲惨命运感到悲伤，他们在碧海翻腾中，只为了寻找南珠，无奈珠民尽管采到价值千金的南珠，还是始终生活在社会的最底层。看到昔日客商云集的白龙珍珠城只剩下倾覆的城墙和一只断头的乌龟，田汉不禁感慨万千。田汉访问白龙珍珠城时，恰逢有人在白龙城演戏，酷爱戏剧的他满心欢喜，在白龙城江边看起戏剧来。

1964年，相关人员对在1958年发现的古墓原址进行挖掘，并在3米深的地方发现一个圆拱如桶的墓室，墓室里有木鼓铜锣，工作人员敲击墓室的下面时，发现有回音，猜测下面可能还有空室，但为了保护文物，并没有再往下挖而封土。当地父老说那是万历七年病死在千户所衙门的采珠太监张公的墓。另一种说法是洪武年间的采珠太监墓，均无从稽查。

20世纪80年代末，合浦县在原址上修复了珍珠城，并在城内重建还珠阁，将残碑断龟置于阁内，以供考古和观赏之用。

白龙城城墙下，如今还能看到白闪闪的珍珠贝贝壳。这些七零八落的贝壳不仅见证了白龙珍珠城的盛衰，它们的背后也隐藏着珠民的辛酸和血泪。城东原城基之上，盘踞着一棵古榕树，树枝屈曲盘旋，盘根错节的老树根紧紧缠住两块城砖不放。如今，古榕树依旧守候在唯一保留着的古城南门部分遗迹旁边，斑驳的城墙零零星星地覆盖着青苔，低鸣的虫声似乎在诉说着白龙珍珠城的沧桑历史。

（二）悠悠北海南珠魂

北海市地处亚热带，气候炎热，雨水充足，城市绿化覆盖率很高。走在阳光斑驳的林荫路上，根本不用担心毒辣的阳光，因为层层的榕树叶就是最好的保护伞。人行道旁边是一些小商店和饭馆，用箩筐装满水果来售卖的小贩随处可见，有娇艳欲滴的水蜜桃，也有粒粒饱满的龙眼。虽然是炎炎的八月，一阵风吹过来，还是觉得很清爽，呼吸特别顺畅。原来北海空气的清新可谓全国之最，在全国各城市中居优级领先地位。

沿着林荫大道一直走，我们到了北部湾广场，同伴手指前方，大声惊呼："南珠魂！"笔者不由地顺着她指的方向望过去。"南珠魂"矗立在车如流水、人流如织的北部湾广场，是北海的标志性建筑，被誉为"广西第一城雕"。远看"南珠魂"，高大、雄浑、壮观。

据悉，"南珠魂"由四川美术学院院长叶毓山教授设计，整座雕塑占地600平方米，由水池、雕群、碑体三大部分组成。底座是一座直径为30米的喷水池，当中竖立着钢筋水泥制成的三面一体的"珍珠贝"。阳光下，巨大的"珍珠贝"闪耀着银色的光辉，"贝壳"向三面张开，三个花瓣状的大贝壳中间衔着一颗大南珠。三尊高大的青铜雕像环绕在"珍珠贝"周围。

第一尊雕像是一个长胡子的老渔翁，侧坐在一只海马上，高高举起的手里拿着一只蚌，蚌里面有一颗圆圆的南珠。老渔翁天庭饱满，目光炯炯有神，好像古代传说中的寿星公。老渔翁手拿代表着丰收的珍珠贝，眉宇间透露出一丝喜悦，神情安然，表现出老人特有的从容和睿智。这尊雕像象征着大海之父。

第二尊雕像是一个健壮的青年，他双膝跪在一只巨大的神龟上，青年正在尽全身的力量去吹响右手拿着的一只海螺，嘴巴鼓得圆圆的，左手放在与肩同高的地方，似乎在协助他用力。神龟昂着头，好像受到青年的号召，前面两条腿用力地向前滑行。这就是海洋之子，好像在号召人们努力地为生活奋斗，他矫健的身躯象征着力量。

而第三尊，则是一个婀娜多姿的女子躺在一条大鲤鱼上，女子右手轻轻地托着后脑勺，柔顺的长发直达腰际，右手握着一颗硕大的南珠，似乎刚从海底采珠归来。这尊雕像象征着海洋之母。“南珠魂”造型美观，设计新颖、寓意深刻。整个设计不仅体现出现代的气息，也融合了北海市的文化内涵。“南珠魂”与繁荣现代的北部湾广场融为一体。因为北海市是我国南方的一个海滨城市，而且南珠业的历史悠久，所以，“南珠魂”以南珠贝、南珠、海洋生物和人物作为素材，表现北海人勤劳勇敢、敢于开拓创新、对未来充满希望的精神。

喷水池周围种有 14 棵龙眼树，代表着北海市是被国家批准的第一批 14 个对外开放的沿海城市之一。1984 年 5 月 4 日，国务院批准的首批对外开放的城市有大连、秦皇岛、天津、烟台、青岛、连云港、南通、上海、宁波、温州、福州、广州、湛江、北海。这些城市自改革开放以来，发展迅速，日新月异，北海也成为一颗闪耀在中国南部的明珠。“南珠魂”周围是绿化带，鸟语花香，花团锦簇，蝴蝶在花丛间翩翩起舞，似乎在用特别的方式欢迎游客。绿化带上的树木高低起伏，有婆娑如车盖的大榕树，也有耸立天际的棕榈树，棕榈树的叶子像一把把大蒲葵扇，随着风轻轻摆动。因为是夏季，鸡蛋花开得特别灿烂，茂盛的鸡蛋花树上点缀着鹅黄色的鸡蛋花，一朵一朵，竞相开放，好像一群争先恐后的孩子，馥郁花香弥漫着整个绿化带。

夜的帷幕渐渐降下，北部湾广场被街灯照亮，璀璨的灯光映耀着夜幕的蓝妆。巨大的水流冲击声吓了我一跳，我转头一看，发现“南珠魂”水池里的喷水管一下子喷射出许多道冲天水柱，音乐从喷水池中传出，随着音乐的流动，涌动的水柱在街灯的映照下溢彩流光。喷水池底下的灯光五彩缤纷，红色热烈，紫色冷艳，黄色灿烂，绿色清幽，无数水流喷出来，有巨大的水柱，也有划着优美弧线的小水波，水流在七色灯光下显得神秘美丽。“南珠魂”三片巨大的“贝壳”被黄色的灯光照射着，在蓝色的天幕下显得干净而典雅，中间镶嵌的巨大南珠发出孔雀绿的光芒，这可能是世界上最大的黑珍珠了。黑珍珠在夜间闪烁，像个黑色的幽灵，诡异而冷艳。绿化带灯火通明，高高耸立的风车状的独特街灯透出桃红色的灯光，并且在不停地旋转，让人感觉置身于童话世界。北部湾广场街道两旁的大榕树都吊满了纤细长形的灯管，白色的灯光从上到下，又从下到上传递，如此往复，是一种有规律的忽明忽暗，很有动感。被榕树守护的街道似乎都在下流星雨，火树银花，唯美浪漫。流动的灯光就这样跳跃着，就在你担心它要落地的那一刻，光亮又传上去了，这调皮的灯光雨就像是无数跳动的萤火虫。恍惚中，目

光迷离，黑暗中的灯光化成了无数悬浮在半空的蜡烛，像是魔术师把它们定格在半空中。

站在“南珠魂”旁边眺望这火树银花不夜天的北海市，我感受到了这座城市的脉动，强壮而有力。北海市景色美丽，风光旖旎，拥有古老的南珠文化历史传统，人文底蕴深厚，是著名的旅游城市。合浦南珠，自古以来就是宫廷最高珍礼。新中国成立以来，北海市的南珠养殖业取得了不错的成绩。1992 年，时任中共中央政治局候补委员的温家宝为北海市合浦采珠节题词，“弘扬南珠文化，振兴合浦经济”。北海人因此更加努力地奋斗创新。2003 年 8 月，广西北海市珍源海洋生物有限公司利用珍珠贝成功培育出玫瑰色、翡翠色、海水蓝等颜色的直径为 5.5 ~ 8 毫米的海水珍珠，为中国海水珍珠养殖业翻开了崭新的一页。

（三）一珠一世界，世界大舞台——游北海南珠宫

南珠不像玉石那样，经得起人工雕琢，因为它天生完美。而且，南珠的魅力还在于每一颗南珠都是独一无二的，每一颗南珠都承载着一个奇幻的世界。北海合浦南珠自古以来闻名于世，北海南珠宫更是藏珠纳宝，在大大小小的南珠变幻的色彩中，都呈现着一个个不同的世界。

南珠宫坐落在北海市幽静的一隅，是去北海旅游的必到之处。据悉，南珠宫始创于 1958 年，是中国创办的最早的海水珍珠养殖企业。1958 年 12 月 19 日，中国第一颗人工海水养殖珍珠诞生于此。

一下车，我们就看到了南珠宫的标志性雕像。雕像的底座是橙色的，上面的主体部分是三条跳跃的海豚环抱着一颗硕大的南珠，海豚头向着南珠宫的上空，让人觉得好像听到直冲云霄的海豚音。雕像的设计新颖独特，既具有现代感，又能表现出南珠的文化底蕴。南珠宫名副其实，整栋建筑是宫殿式的设计。南珠宫大门上方是一壁如展开画卷的浮雕，厚重陈旧的雕像在缓缓地诉说着悠悠南珠史，从古代的天然南珠采集业到近代的南珠人工养殖业，三千年的南珠韶华，南珠经过痛苦的涅槃，最终实现华丽的变身。

南珠宫1 000多平方米的大厅内，展示着 900 多米长的“南珠春秋”壁画，除了再现历代皇朝采珠之盛和珠民沉重的血泪史，还诉说着流淌千年的南珠传奇。宫内大小不一的南珠大放异彩，巨型的珠贝让游人禁不住发出阵阵的赞叹声，这些珍稀之物都来自浩渺深邃的大海。有人说，南珠是神赐予女人的珍贵礼物，而神赐予女人最珍贵的礼物之一就是南珠宫的镇馆之宝——“南珠王”。它采自合浦的白龙珍珠池附近，是当今中国最大的天然海水珍珠，大如葡萄，重达 3.6 克，经过国际珍宝专家鉴定，价值百万。

1990 年，一名北海渔民如常外出打鱼，意外地从一颗大贝壳里得到这颗中国最大的天然南珠，当时官方以 130 万元的价格从渔民手中收购这颗南珠。

北海国发南珠宫首饰制造有限公司是集海水珍珠养殖、原珠供应、加工、销售于一体的产业化企业。南珠宫的珍珠及饰品以品质优异、款式独具特色而行销全国，并远销欧美、东南亚以及中国香港、澳门、台湾等国家和地区。数十年来，南珠宫一直致力于发展中国海水珍珠养殖事业，努力打造南珠品牌、弘扬南珠文化，为提升南珠品质作出了积极的贡献。现在，南珠宫发展成为展示南珠文化的一个窗口，是南珠养殖、加工、销售产业链的龙头企业，吸引无数中外客商前来参观访问、接洽业务，并受到了国内外人们的广泛关注。胡锦涛总书记和杨尚昆、吴邦国、吴仪等国家中央领导人及新加坡资政李光耀等其他国家的领导人、国际友人都曾到南珠宫视察参观，并给予支持和肯定。

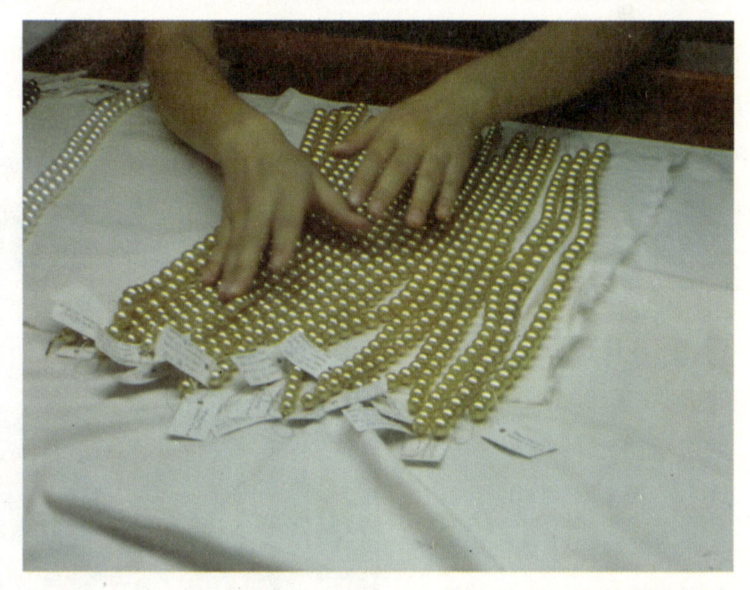

国家的关心和支持，给南珠宫的发展以巨大的动力。合浦南珠自古闻名世界，每颗晶莹温润的南珠都呈现着一个独特的世界。虽然近代以来中国天然南珠采集业走向了衰落，但是，新中国的成立迎来了南珠发展的新机遇。1957 年周恩来总理向合浦地委指示："要把南珠生产搞上去，要把几千年落后的自然采珠改为人工养殖。"中国南珠在涅槃中获得重生，逐步返回世界大舞台。2010 年，北海选送"珍珠神女"作为上海世博会的广西珍珠展品。"珍珠神女"一出现，便吸引了中外游客的眼球，各大媒体争相报道，广西馆"珍珠神女"贵气逼人，被赞名不虚传。"珍珠神女"的雕像由石膏制成，通体透白，容貌姣好，风姿绰约。"珍珠神女"踏着浪花翩然而至，头戴珍珠组成的"海之皇冠"，脖子上佩戴一串设计独特的珍珠项链，右手手心捧着一粒大而圆润的南珠，这颗达 1.12 厘米 ×1.55 厘米的南珠就是南珠宫的镇馆之宝，中国最大的天然海水珍珠——"南珠王"。皇冠由 228 颗耀眼的海水珍珠、1 880枚钻石和 18K 黄、铂金镶嵌而成，珍珠最小的为 6 毫米，最大的为 15 毫米，镶合而成的皇冠成为权力与智慧的象征。据工作人员透露，"珍珠神女"的总价值在 700 万元左右，而"神女"手心的那粒最大的天然海水

珍珠价值200万元。

北海南珠宫，以珠传情，向世人传播弘扬南珠文化，为南珠走上世界大舞台作出了重要贡献。

二、美丽盛会——北海珍珠节

广西北海，一个美丽而历史悠久的宝地，拥有得天独厚的碧波银滩、古色古香的百年南洋老街、独树一帜的风景胜地涠洲岛，更蕴涵着丰富的千年南珠文化，素有“南珠之乡”的美誉。现今，北海人将积极发扬继往开来的精神，延续“南珠之乡”的美丽神话。

（一）2010年北海国际南珠文化展览会暨南珠精品交易会开幕式

2010年8月11日，一个晴空万里、风和日丽的好日子。在上午9时，伴随着一声声清脆而猛烈的鞭炮声，一片片在空中自由飞舞的彩带，在位于北海市云南南路新落成的世界珍珠明城——源隆珍珠城，2010年北海国际南珠文化展览会暨南珠精品交易会正式隆重开幕。

本次活动是北海市一年一度的珍珠文化节主题活动，以及第五届北海国际海滩旅游文化节暨2010年世界比基尼小姐大赛总决赛三大主题活动之一，由广西壮族自治区旅游局和北海市人民政府主办，北海市经济委员会以及北海市源龙珍珠有限公司承办，北海市旅游局、北海市水产畜牧兽医局、北海市文化局、北海市工商行政管理局及北海市质量技术监督局协办，得到了社会各界人士的大力支持。

活动当天，北海市政府各部门领导和来自港、澳、台100多家的参展商，以及进入本届世界比基尼小姐大赛总决赛的40多名佳丽均应邀出席，现场还聚集了国内多家媒体记者朋友们，以及数百位慕名前来观看的群众和游客，可谓是盛况空前。其中，身穿海蓝色连衣裙各国佳丽不仅让人眼前一亮，更给大会增添了一份活力四射的青春魅力。

开幕仪式的地点设在源隆珍珠城正门前，会场中央是一幅设计简单、主题鲜明的巨大布景板，布景板的中心是一颗巨大且闪耀着美丽光芒的南珠，上面题有本次活动的主题名称、日期、主办单位、承办单位以及协办单位。在会场两旁矗立着两个五彩缤纷且充满节日气息的圆柱形气球，上面题有本次活动的主题“让美丽走进北海，让南珠走向世界”，仿佛在向世人展示着“南珠之乡”不可抗拒的魅力。

在开幕式上，北海市副市长梁丁丁致辞道：“我们举办2010年北海国际南珠文化展览会暨南珠精品交易会，既响应了我国实施新一轮的西部大开发以及广西北部湾经济区加快开放发展的政策，也有助于进一步提高‘南珠’这个国际品牌的声誉，向国内外所有人士展示北海开放、时尚、宜居、文明、美丽、和谐等新形象，进而推动北海经济社会更好更快发展。”

另外，源龙珍珠有限公司总经理石海成先生在接受记者采访时也有提到，源隆珍珠城的落成以及本次交易会的举办，除了展示和交易南珠精品，更重要的是为了宣传和弘扬北海深厚的南珠文化以及让世人了解美丽的南珠和北海。

大会还在开幕式现场给40多位参加世界比基尼小姐大赛总决赛的各国佳丽赠送极富北海特色的南珠项链，象征着南珠与美的完美结合。开幕仪式结束后，大会还安排了一场别开生面的走秀大赛，在宽大舒适的珍珠城内处处留有佳丽们美丽的倩影。除了留下美丽的倩影，佳丽们也对所展示的各种南珠饰品产生了浓厚的兴趣，纷纷购买自己喜欢的南珠。本次交易会除了展示了南珠项链、吊坠、胸花、耳钉、耳坠、手镯、手链等各式各样的南珠精品首饰外，还特别展出了10多种由本次交易会承办单位源龙珍珠有限公司所出产的、国内

首创且唯一的彩色珍珠精品。另外，大会还展出了各种精美的贝雕工艺，以及北海的四大名螺等大贝壳。珍珠城内各商家的售货服务获得了在场所有人士的一致好评，其中一位前来参观和选购南珠的游客更是不禁赞叹道：“这里的每一位售货员都非常热情，都很耐心地解答我们这些外行人的问题。”前来这里参观选购南珠的人络绎不绝，场面非常热闹。

截至2010年，北海市已经成功举办过四次国际性的珍珠文化节，而2010年的珍珠文化节更是在社会各界人士的鼎力支持下圆满结束。而本次为期三天的南珠文化展览会暨南珠精品交易会获得圆满成功，并在2010年8月13日这美好的一天，伴随着一片掌声与赞叹声完美地落下了帷幕。

（二）相关链接：北海前四届国际珍珠节

自古以来，以“南珠之乡”享誉国内外并作为海上丝绸之路始发港之一的北海，凭着得天独厚的环境与条件，历年来获得世人数不尽的赞誉。秉承着中国南珠优良的传统文化，同时为了弘扬这一宝贵的南珠文化，北海市政府自1991年起，便开始举办国际珍珠节，如今已成功举办了五届国际珍珠节，向来自世界各地的人们展示了南珠独特的美丽。

1991年10月10日至25日，第一届北海国际珍珠节以“友谊、合作、发展”为主旨，以“珍珠为媒介”为指导思想，积极开展北海文化、旅游、商贸等各项活动，务求达到“文化旅游搭台，经济商贸唱戏”的效果，对内加深人们对北海的了解，对外则充分展示出北海蓬勃发展的美好前景，进一步促进世界各地与北海的经济、文化交流，积极推动北海的经济建设发展。珍珠节期间，主办单位邀请了海内外著名的歌星与文化团体演出，举办海内外珠宝以及珍珠系列产品展览、展销、项目洽谈等经贸活动，吸引了来自10多个国家和地区以及国内的3 000多名嘉宾光临，场面可谓声势浩大，群众也纷纷表示了对这次珍珠节的支持与赞赏。

1993年10月28日至30日，第二届北海国际珍珠节于一片掌声喝彩中隆重举行。有了第一次举办珍珠节的成功经验，这次珍珠节的活动也进行得非常顺利，更有从美国、日本、法国等17个国家和地区远道而来的300多位客商齐聚于北海珍珠城，一共签订了164项合作项目，总投资额达22.2亿美元。此次珍珠节的圆满成功，不仅促进了北海与各个国家地区的文化交流，增进了彼此间的友谊，而且有效地推动了北海市与其他国家地区的经济合作与发展，更向国际友人展示了深厚的南珠文化，弘扬了中华民族优秀的传统文化。

1997年10月29日至31日，第三届北海国际珍珠节向世人集中展示了北海的美丽风貌。本次活动，主办单位邀请了来自世界各地以及国内20多个省市的嘉宾出席，共签订了43个项目，总投资折合人民币为71.12亿元。作为著名的“南珠之乡”，北海通过本届国际珍珠节与世界各地进行了一次真诚的经贸往来与文化交流，大力推动了彼此的经济发展，并扬播了中国南珠的美好文化。

2004年12月18日至20日，停办了七年的“北海国际珍珠节”再次举办。本次珍珠节以珠为媒，以珍珠为平台，以南珠文化为主题，致力于打造国际珍珠节节会品牌，更同时举行“同一首歌，走进北海”大型文艺晚会、第十七届世界模特小姐中国赛区总决赛暨南珠形象小姐颁奖晚会，以及“2004年中国北海国际珠宝交易会”，节目精彩纷呈，活动更是盛况空前，让中外嘉宾、各地的游客，以及当地市民充分感受到珍珠节热烈、欢乐、祥和的节日气氛，向世人展示北海独一无二的热情和魅力。

与以往三届国际珍珠节最不同的地方是，本届国际珍珠节打破了历届珍珠节由政府大包大揽的运作模式，采取了“政府主办、企业承办、社会参与”的全新办节和运作模式，极大地调动了北海全市人民以更大的热情投身于北海的改革开放与经济建设的事业中去。来自东盟国家及中国港、澳、台地区的代表，以及海内外知名企业家和华人华侨社团代表共1 000多名中外嘉宾云集北海，进行文化交流与经济合作，共同见证了本次盛事。本届北海国际珍珠节的成功举办，提供了广西与海内外交流合作的良好平台，有利于进一步加强广西与东盟各国的合作与交流，为北海带来了巨大的物流、人流、资金流和信息流，从而更深层次地扩大了广西各地的对外开放。

三、弘扬中国南珠，让南珠走向世界

产自北海的中国南珠，细腻凝重、圆润艳丽、瑰丽多彩。这些年来，南珠在北海走上了一个又一个台阶，中国南珠正逐步重振往日风采，扬名世界，成为北海的象征和信物。

国际珠宝展示交易会是为广大珠宝商搭建的产品展示、技术交流、经贸洽谈的平台，也为喜爱珠宝、玉器的顾客营造了一个购物天堂。伴随着2010年南珠文化节暨南珠精品交易会开幕式的一声声鞭炮声响，我们走进了交易会主会场——北海云南南路世界珍珠明城，亲身体验了置身珠光宝气中的奇妙感受。

（一）南珠荟萃，百珠绽放

跟随着世界比基尼小姐的走秀，我们也徐徐进入了这座宽敞明亮的珍珠明城。珍珠城分为两层，展厅总面积6 000多平方米，其中包括精品展示橱窗约50个，特色产品展示柜约200个，展厅内均摆满了大大小小的各色的南珠饰品及其他海水养殖工艺品。据悉，此次参展的商家有200多家。其中包括香港瑞淇珠宝有限公司、澳门远东天然钢玉珠宝有限公司、台湾德隆珠宝贸易有限公司等，参展企业规模较大。

一走进展厅，各式各样的珠宝、玉器便牢牢地吸引住人们的视线，尽管整个展

厅里站满了前来参观、购物的市民和客商，但丝毫没能掩盖住珠宝散发出的璀璨光芒。透过参展的玻璃柜，各式各样的南珠精品让人们爱不释手。灵巧的手链、映衬女人妩媚风情的项链、清纯如水的吊坠、别具一格的胸针……尽管顾客较多，但是各个专柜的销售人员还是很耐心地回答了我们的问题。源龙珍珠有限公司的一位柜台小姐热情地拿起一串彩色珍珠，“这是我们公司在国内外首创的，自己养的彩色珍珠。一直以来它都很吸引消费者的眼球，很多女性对它一见钟情”。而用南珠做的手链也是亲民化价格，20~30元便可以轻松把一串珍珠手链戴回家。不少顾客一听更是连续买了好几串，准备送给家人或亲戚朋友。此外，柜台小姐还特地向我们拿出了其他一些参展的商品，如天然牛角梳、玳瑁、珊瑚、淡水珍珠饰品、南珠化妆品、贝饰等。

据说，中国四大名螺除了凤尾螺之外，另外三种则为鹦鹉螺、万宝螺和唐冠螺。在专柜里，我们还看到不少淡水珍珠饰品。销售员告诉我们，淡水珍珠所含的氨基酸比南珠多，也比较容易被人吸收。

告别瑞祥，我们来到了渔人珠宝。在渔人珠宝处，我们见到了前所未见的贝雕。这是一只凤凰，每一笔、每一处，都巧夺天工，栩栩如生。据了解，这只贝雕主要由黑蝶贝雕刻而成，市场价大概为400元，由于今天是南珠精品展，所以搞特价288元。而在旁边的远洋珠宝专柜内，我们则看到了很多的贝珠，即贝壳和南珠所做成的新饰品。

宏福珠宝则带给我们另一种新鲜感。销售人员向我们展示了他们专柜特有的百合螺。“这种螺的肉可以当海鲜吃，比较出名的有甜桃百合螺片、排骨发菜淮山百合螺肉干，都蛮不错的，营养也容易被人吸收。”据了解，这是他们公司第一次参加南珠的展览会，来参展主要是为了做好宣传工作，使公司进一步“走出去”。

福玲珑珠宝商行内，老板娘亲自把关。当我们在顾客的休息椅上坐着欣赏柜台的珍珠饰品时，老板娘就大力向我们推荐他们专柜里的“宝贝”。据老板娘介绍，这也是他们第一次参加南珠展览会，准备长久在这个珍珠明城摆这个专柜。柜里的饰品，大部分是老板娘亲手设计的款式。自己养殖，自己设计，自己加工，自己销售，让我们不禁感到创业的艰难。但老板娘对此却是非常乐观，回顾这一路创业的历程，她面带微笑，“没什么的，过了这段时间就会好，养珍珠的谁没吃过苦呀”。

此次南珠精品交易会上，笔者还看到不少外国客商。尽管在交流时存在一些语言障碍，但这一点也不能阻止他们欣赏南珠饰品的热情。一位来自非洲的外国朋友非常热情地竖起大拇指评价中国南珠。

在北海源龙珍珠有限公司总经理助理石海成的介绍下，我们进一步了解到今天在这里展出的名牌产品。如用翡翠玉做的“聚百财”，一颗碧绿的“大白菜”含苞待放；彩色珍珠系列之“珍珠相亲”，大小、颜色各异的六颗彩色珍珠在相互的接触之中显得滑稽而可爱；红色铁珊瑚雕刻的“海花齐放”充分展示了海底世界的美丽与神奇；“珠手评宝”中，南珠的尾巴天然形成一只手，碰触着一颗圆润的金色南珠；此外还有“罗盘指南”、“亲密友好”、“天然珍品”、“海洋奇宝”、“珊瑚奇珠”、“千年宝石”等。

据悉，在这三天时间内，世界珍珠明城的交易总额2 000余万元，达成了2.5吨的珍珠交易意向。

（二）弘扬南珠文化，振兴南珠产业

柜台内的南珠及其他饰品琳琅满目，玲珑剔透。据笔者进一步的了解，90%的柜台销售员均表示这次展会既注重展会的交易额，也注重弘扬南珠文化。借这个盛大的展会，以南珠为媒，将中国南珠推广到世界，让世界了解南珠。

作为中国最大的海水珍珠产品集散地，南珠产业已经成为北海最具资源优势和历史文化品牌的特色优势产业。交易会期间，很多与会人士为北海南珠产业的发展建言献策，希望北海做大做强南珠产业。

与会的一位不愿透露姓名的现场客商表示，“虽然北海的南珠质量在国内可以说是最好的，但是知道的人并不多。应该通过多种渠道，广泛宣传，复兴中国南珠”。目前中国的海水珍珠网站还不完善，他希望能建立一个完善的海水珍珠网站，通过多种方式，广泛宣传南珠文化，让更多的人知道南珠，自觉地融入南珠这种宝石文化中。同时也可以利用这个网站作为南珠产业的一个发展点，给更多的南珠企业提供一个便捷的交流平台，有助于中国南珠更好地“走出去”。通过利用网络平台和海内外媒体，以及定

期举办的国际南珠精品交易会、贸易洽谈会、展销会、珍珠节、展示会、推介会、新品发布会、新闻发布会等形式，加大对中国南珠文化及产业的宣传，从而弘扬南珠文化，提升南珠在国内及国际上的地位，更好地振兴中国南珠产业。他认为，定期举办国际南珠精品交易会，一来可弘扬南珠文化，提高南珠的知名度和美誉度；二来也可以给国内外的企业家、专家等提供一个交流的平台，促进南珠产业发展。

另一位客商也表示，北海可以参照海南的发展模式，把南珠产业与旅游产业结合起来，互相促进，共同发展。北海是个旅游特色鲜明的城市，可以在搞海水珍珠养殖的同时，将一些珍珠基地与旅游景点相结合，实现和谐发展。他说，“比如涠洲岛珍珠养殖基地、山口乌坭珍珠养殖基地等，可以跟这里的旅游开发结合起来，向广大游客展示南珠的历史文化内涵，丰富旅游内容，提高景点档次。同时通过旅游这个窗口，还可以把北海珍珠品牌推向世界”。

据了解，仅在2010年上半年，北海全市接待国内游客4 580 000人次，相当于市区每个北海人接待10人次的游客；接待入境游客33 000人次，实现旅游收入30.6亿元。

而在笔者的走访中，各柜台销售员则表示，弘扬南珠文化、振兴南珠产业最重要的是做好宣传。如出版发行相关的南珠文集、诗歌等刊物；建设南珠博物馆，展示南珠生产发展历史、南珠系列产品的精品和南珠历史文化；创作南珠题材的歌曲、文学作品和影视作品；表演反映南珠历史的歌舞节目；在我国第一颗海水珍珠诞生地建造标志性建筑物“中国第一颗海水珍珠诞生地”等等，多方位宣传南珠文化。一位销售员说，“像今年中央电视台播出的《南珠涅槃》节目就是对中国南珠一个很好的宣传”。

自1958年中国第一颗海水人工养殖珍珠在北海市诞生以来，北海市南珠产业持续

健康发展。从人工育苗、养殖、插核、育珠、收获、加工、销售到副产品的综合开发利用已经形成一条完整的产业链，实现了产业化，在国内、国际市场上占有重要地位。据了解，在北海，目前从事珍珠养殖、珍珠首饰加工和综合开发利用的企业和个体工商户达450家，整个珍珠产业从业人员达2.5万人，有8万人直接或间接从珍珠产业中受益。北海作为海水珍珠及珍珠系列产品的主要集散地，如澳大利亚、印度尼西亚等生产的南洋珠，法属波利尼西亚等南太平洋岛国生产的大溪地珍珠（黑珍珠），日本和中国广东，甚至是本地产的马氏珍珠贝珍珠（阿科雅珍珠）都是通过广西北海推向国内市场，在这个小小的城市里，每年的珍珠交易总额均超过2亿元，占全国海水珍珠销售额的50%以上。南珠产业已成为北海市最具资源优势和历史文化品牌的特色优势产业。北海也因此成为我国最大的海水珍珠和珍珠系列产品的集散地，是名副其实的“珠城”。

目前，北海从事珍珠综合利用的企业有18家，产品包括药品、食品、护肤品、工艺品。其中药品类北海国发的“海宝”牌珍珠明目滴眼液产值达2 500多万元，珍珠末、珍珠层粉也分别有500多万元的产值。东方创美公司的“名门闺秀”系列护肤品、广西黑珍珠化妆品公司的“黑珍珠”系列护肤品、北海国发的“海宝”系列护肤品也分别达到上千万元的产值。北海以珍珠为原料开发生产的系列产品年产值达3亿多元，占全国海水珍珠综合开发利用产值的90%以上。可以说，通过这次的国际南珠精品交易会，中国南珠又上了一个新台阶。

（三）创新促进发展

据了解，多年来，北海市各级政府部门和驻市各科研机构、企业投入了大量的资金、人力、物力进行珍珠产业技术创新，在深水育珠、象形珍珠开发、天然牛磺酸提取、珍珠药物、化妆品、保健食品开发、无损快速测量珠层厚度等方面，取得了一批科技成果，为南珠产业的发展提供了较好的技术支撑。

彩色南珠

创新是发展的动力。由北海市珍源海洋生物有限责任公司完成的“海水彩色珍珠定向培育技术”项目获2006年度广西壮族自治区科学技术进步二等奖，由国家珍珠及珍珠制品质量监督检验（北海）中心完成的“光电珍珠检测仪研究与应用”项目获2009年度广西壮族自治区科学技术进步二等奖。

在此次的南珠精品交易会中，展厅内最引人注目的也是那些打破惯性思维模式、设计新颖的产品。

作为南珠中的珍品，海水彩色珍珠一摆上展台，便引来了众多顾客的围观。红的、绿的、蓝的……五颜六色的珍珠也让应邀参加交易会的外国嘉宾们赞不绝口。这种海水彩色珍珠是北海市珍源海洋生物有限公司应用ZC生物技术，以占世界珍珠贝源96%的合浦珍珠贝为贝体，定向培育养殖出来的海水彩色珍珠。该技术成果具有科学性、先进性和实用性，在合浦马氏珍珠贝彩色珍珠研究方面属国内外首创。该项技术将人类获取自然彩色珍珠的梦想变为现实。

而在另一处，象形佛光珍珠异常耀眼。据工作人员介绍，从1995年开始，经过6年近千例的摸索与试验，中国珍珠养殖专家尹超成功利用海水企鹅贝培养出了奇妙的七彩形状珍珠——象形佛光珍珠。这项发明改写了人类养殖海水珍珠的历史，宣告了艺术融入珍珠养殖。这一史无前例的创举，填补了世界珍珠养殖的空白，并获得了国家发明专利。

与那些璀璨夺目的珠宝相比，二楼展厅一角的千年宝石工艺品显得不那么引人注目，但是作为独具一格的产品，还是将不少细心的顾客吸引了过去。宝石将自然世界与现代艺术相融合，高贵而独特，是很有个性的时尚礼品、收藏品及家居摆设品。与珠宝相比，便宜的价格、独有的特色成了它们的“撒手锏”。

据北海市经济委员会的一位工作人员介绍，北海是著名的“南珠之乡”，近年来，政府也在不断地支持南珠产业的发展。如最近不少珠农反映的养殖用海缩小的问题，政府等相关部门一直在努力解决，希望南珠产业能够健康、快速发展。该工作人员透露，世界比基尼小姐的现场走秀，无疑为推广南珠文化、提高南珠的国际品牌和声誉、推动南珠产业又好又快发展起到了推动作用。

（四）你说我说话南珠

前面也提到，北海市政府分别于1991年、1993年、1997年、2004年、2010年先后成功举办了五届“北海国际珍珠节”，有效地提高了北海珍珠和珍珠市场在国际上的知名度。在第四届“北海国际珍珠节”期间，中央电视台《同一首歌》走进北海，同

时举办中国北海国际珠宝交易会、北海珍珠产业发展论坛等活动。2010 年 5 月，北海“珍珠神女”进驻上海世博会，成为广西馆的镇馆之宝。这次展会，让北海南珠走向世界，让世界通过南珠了解北海。

北海市目前比较集中的市场有位于云南路的中国珍珠城、四川路的北海珍珠城和外沙岛的珍珠批发零售市场。此外，红帆步行街、北海银滩、珠海路老街的珍珠商铺也比较集中。

“当前北海南珠产业发展急需一个完善的、科学合理的产业发展规划，以全面促进北海南珠产业持续健康发展。”会上，笔者随机采访的一名与会人员如是说。许多与会人士都认为，要依据北海社会经济文化发展的形势需要，站在更高的角度，重新审视北海南珠产业的地位和作用，明确北海南珠的商品定位和产业定位，提出产业发展目标、重大项目和政策措施，着重解决珍珠养殖海区布局，提高珍珠的质量以及一、二、三产业结构优化等关键问题。通过开展海区调查、样品分析、养殖试验等方法，在符合海洋功能总体规划的前提下，确保珍珠养殖海区布局的科学性和合法性。

“北海珍珠产业要做大做强，还必须要增加资金投入。”一位参加交易会的业内人士认为，增加对珍珠产业的投入，可以通过三个渠道解决。一是从每年市财政预算中安排一定比例的资金支持珍珠产业技术的研发；二是可以设立珍珠产业发展基金，基金可以从每年征收的海域使用金内安排，也可以由市、县水产和科技等相关部门、企业等共同筹集；三是申请政策性贷款。

珍珠产业发展基金主要用于扶持企业开拓新的养殖发展空间。如深水吊养育珠、陆上工厂化育珠、池塘育珠等；支持科研单位、珍珠企业开展新技术、新产品的研究开发，重点开展优质马氏珍珠贝品种培育和推广、开发优质珍珠养殖模式、开发大型优质珍珠养殖技术等；设立珍珠奖励基金，鼓励养殖优质珍珠。

“南珠产业要想取得长远的发展，应该建立南珠研发机构，聚集专业技术人才。”不少与会人士建议，整合北海珍珠的研究和产品开发推广资源，争取政府给予专项经费和人员编制支持，成立北海南珠保护研究中心。通过专业机构的工作，在总结、完善传统技术的基础上，开展高新技术的研究、开发、推广和应用。

与会人士一致建议，北海应积极引进世界一流的先进技术和先进经验，集中开展珍珠产业相关技术的攻关、示范和推广工作，使之成为北海珍珠产业发展的技术支撑平台和人才培养基地。并以南珠保护研究中心为平台，加强海内外珍珠产业信息和技术的交流合作，推动北海南珠产业发展。

“北海的珍珠市场还需进一步规范。”与会人士建议，应进一步优化珍珠市场。由政府牵头，经委、技术监督、工商、物价、旅游、水产等部门及珍珠行业协会参与，形成合力，严格按照自治区质量技术监督局颁布的《珍珠质量等级标准》的规定，对上市的珍珠产品按质量等级明码标价，严禁乱标价、乱打折、以淡水珠充海水珠的欺诈行为。同时，进一步完善质量检测中心职能，加强对上市的珍珠产品进行抽查，如有违反规定和欺诈行为的，严加惩处，维护消费者的合法权益和北海南珠的声誉。

第三章　千年回眸——印象南珠

天然南珠自发现之日起，就因其粒大、珠圆、珠层厚、粉色嫩、晶莹璀璨而成为宫廷最高珍礼。千年蚌精，感月生珠。南珠吸收天地灵气、日月精华而生成，因此灵动而美丽。在我国古代有很多关于南珠的传说、典故，传承千年的美造就了千年南珠史，南珠在战火硝烟中呻吟，在珠民撕心裂肺的痛哭声中黯然神伤，千年南珠史，万声叹息。

第一节　南珠的如烟往事

在钻石、黄金、白金、红蓝宝石争奇斗艳时，南珠从容大方地变幻着绮丽的光泽。它没有过分的张扬，只是于奢华中更显自然之美，这种美是经过痛苦的孕育后散发出的生命的光辉，美而不俗。《文心雕龙·情采》提到："贲象穷白，贵乎反本。"意思是贲卦的最终卦象主张以白为饰，其所以可贵就在于它的本色。而南珠的美的可贵之处在于其回归天然的本真。南珠得天独厚的自然美引起了古代劳动人民丰富的联想，由此创造出一系列美丽动人的神话传说。

一、千年传奇话南珠

风，吹过长长的海岸，一位女子从远方徐徐走来，在浅滩上留下一个个清晰的脚印。忽然，前方闪出一道耀眼的光芒。于是她加快步伐，走近一看，发现一扇古老的珍珠贝里面有一颗用生命凝结的宝石——天然南珠。女子立即被这种惊世骇俗的美震撼了，惊喜至极，如获至宝。下面让我们一起走进南珠的千年史，领略南珠这位美丽而神奇的南国女子的风采。

（一）鲛人泣珠

传说在南海深处，竖立着一扇古老的石门，门上刻着三个字：鲛人国。鲛人国是一个古老的国度，他们族中最长寿的鲛人是国王的母亲，族中人都叫她婆婆，婆婆是一个可以预测未来的巫师。国王膝下只有一个公主，名叫曼陀拉。曼陀拉刚生下来，还裹在气囊中时，婆婆就根据她的生辰八字为她占卜。然而，婆婆眉头一皱，神情变得严峻起来，似乎陷入深思。但是，当小孙女冲破了气囊，快乐地游到她身边时，她又忍不住欣慰地笑了。

公主长得灵巧可爱，在水中游泳时，长长的头发随着海水波动，上肢与身体两侧间半透明的皮翼和飘须，在水中显得漂亮飘逸。公主从小就喜欢到浅滩看平民鲛人捕鱼，眺望远方。海面上时而出现跃起的飞鱼，成群结队地在水面上滑翔，此起彼伏。有一次，她像往常那样去看别人捕鱼，突然，大部分的鲛人惊慌失措地往城内游去，曼陀拉不知道发生了什么事，就已经被卷入了人潮中。由于过分拥挤，她被撞倒了，四周都是飞快闪过的影子，她没有空间继续往前游，她很害怕，不知道后面有什么灾难在等着她。忽然，一双手把她拉起来，带着她飞快地往前游，她感到一种粗糙的温柔传到了她的手心。那是一个比她大几岁的青年，长得高大俊朗。他们终于跑到了安全地带，两个人气喘吁吁地歇息。青年叫齐，他告诉曼陀拉，他们逃走是因为人类要捕捉他们。人类利用鲛人的眼泪落下来就变成珍珠的特性来牟取暴利，如果被捕捉到，轻则成为他们赚钱的机器，重则可能被虐待致死。曼陀拉欷歔不已，她也知道，鲛人面临着严峻的考验，他们的同类数量已经越来越少了。从那以后，曼陀拉和齐成为好朋友。

时光如沙漏，在悄无声息中，曼陀拉 18 岁了。她发现自己越来越依赖齐了，齐也总是乐意陪伴在她左右。国人都认为，他们俩是天生一对。但是，婆婆对他们的关系不置可否，让她很迷惑。在曼陀拉成长过程中，人类对鲛人族的迫害不断加剧。鲛人泣珠，像是一个咒语，让鲛人族几乎蒙受灭顶之灾。一天夜里，婆婆忽然把曼陀拉叫到身旁，表情很凝重，好像刚刚做了一个重大而痛苦的决定。“曼陀拉，你已经长大成人了，你是鲛人国的公主，有些事情，你是应该知道的。”婆婆说。曼陀拉心里咯噔一下，觉得有什么事情要发生，关切地问：“婆婆，怎么了?”婆婆看着她，叹了一口气，继续缓缓地说：“我们鲛人族在很久以前受到诅咒，泣泪成珠，因此受到人类的迫害。眼看，我们鲛人族几乎快要灭亡了。只有一个人可以挽救我们全族，但是她必须做出牺牲。她如果爱上一个人，流出的眼泪是血红色的，虽美，但是有剧毒。只有让深爱她的人吃下一颗红色珍珠，我们鲛人族才能摆脱泣泪成珠的诅咒。而那个可以挽救全族的人，就是——你!”曼陀拉听完，仿佛遭受了晴天霹雳。她游到海中一块礁石上，坐在那儿，大哭，清冷的月光如冬季的寒霜飘洒下来，一弯残月挂在天际。她发现，自己的泪珠真的像婆婆说得那样，变成了血红色的。她面临着痛苦的抉择，是与心爱的人长相厮守，还是拯救她的子民。为什么偏偏是她流出血红色的眼泪呢？她宁愿流出血红色眼

泪的那个人是齐，而她是来尝这份剧毒的人。在她哭得心肺俱裂之时，齐来到了她身边，关切地询问她哭的原因，但是，她已经说不出话来了，只是伏在他宽厚的肩膀上。

第二天，齐来找她，告诉她，他已经知道了一切，他愿意牺牲自己来挽救全族。曼陀拉内心痛苦而纠结，她拼命想忍住眼泪，她知道，眼泪一掉下来，她就永远地失去心爱的人了。可是，眼泪已经盈满了眼眶，她还是拼命在忍，想把眼泪咽进肚子里，但眼泪还是掉下来了。她看见齐用双手去接她的眼泪，眼泪在空气中已经凝固成血红色的珍珠。他拿起其中的一颗，放进口里，含笑吞下了红得惊艳的珍珠，深情地看着她，渐渐倒在了一片苍茫的土地上。

沧海月明珠有泪，蓝田日暖玉生烟。此情只待成追忆，只是当时已惘然。

（二）珠还合浦

一个流传千年的典故——珠还合浦，让合浦在史册上留下浓重的一笔。据说，南珠不仅仅是珍珠贝带给人类的惊喜，而且是具有灵性的神物。

这个典故与东汉清官孟尝有关。孟尝字伯周，是一位遇到不平之事，便敢于挺身而出的清官。他在任合浦太守前，就曾经为被冤枉的东海孝妇伸张正义。东海孝妇因为受到小姑的诬陷，以毒害婆婆的罪名入狱，最后含冤而死。孟尝后来查明此事，终于还东海孝妇一个清白。

后来，孟尝迁任合浦太守。西汉时期，合浦郡是当时岭南地区的政治、经济、军事和文化重镇，合浦郡很少生产粮食，但附近的海域盛产珍珠。合浦郡与交趾毗邻，两地民众常常进行商业贸易，互通有无，合浦郡的民众用珍珠来换取粮食，以此来谋生。孟尝之前的郡守大多是贪污受贿之徒，官商勾结，奸商滥采珍珠，珠贝无法生存，都迁往交趾海域去了。久而久之，合浦郡的南珠业衰退，导致客商不来，百姓缺乏生活的基本物资，更有贫穷者饿死在路旁。孟尝到任后，革除前弊。不到一年，珠贝都回到了合浦附近的海域，百姓都回归到本业，合浦郡经济复苏，货物流通，百姓都称孟尝为神明。后来，孟尝因病向皇上上表，被皇帝征召回朝。官吏百姓闻此消息后，均拽住车请求孟尝不要离开。孟尝难以公开离去，最后唯有换上民众的衣服，搭上载有平民的船悄然离去。

前面说的就是“珠还合浦”的来源。如今，成语“珠还合浦”常用来比喻东西失而复得或人去而复回。1992 年 11 月，中共中央政治局常委、国务院总理李鹏亲自为北海市合浦采珠节题词：“珠还合浦。”

关于珠还合浦，还有另外一个传说。古代，在合浦白龙海湾不远处，有一个叫白龙村的小渔村，那里的人们世世代代以打鱼采珠为生。晚上，村里人总会看到白龙湾那里有一股神秘璀璨的光亮穿透夜幕传过来，村里的老人说，传出奇光的地方叫白龙宫，里面住着珍珠神女。白龙村里有个打鱼青年叫海生，英俊强壮、勤劳勇敢，是个打鱼能手。

一天，海生像平时一样出海打鱼。忽然，一阵奇怪的风吹过来，本来波澜不惊的海面变得波涛汹涌，海生的船在狂风骇浪里像一片叶子，随时都有可能打翻。危难之际，一只凶猛的海怪蹿到他的船上，张开血盆大口向他咬来，海生赤手空拳向海怪打去，海怪龇牙咧嘴，准备将海生撕咬成碎片。在这千钧一发之际，一道凛冽的寒光向海怪的眼睛射来，海怪立即被强光镇住，逃回海底去了。海生看到一个手里握着明珠的女子立在船头，诧异地说：“莫非刚刚那道强光是姑娘发出的?”姑娘点点头说：“刚刚见到你与海怪英勇搏斗，故携夜明珠来相助，刚刚的强光是夜明珠发出的。”海生双手抱拳向姑娘答谢：“姑娘出手相救，我得逃此一劫，海生感激不尽。”姑娘忙说不用客气。“请问姑娘尊姓大名，好让我有机会报答姑娘。”海生说。姑娘回答说：“我叫珍珠，报答就不用了，我也会织网打鱼，请让我做你的帮手吧。”海生欣然答应。打完鱼后，海生邀请珍珠姑娘到他家吃饭，珍珠姑娘答应了。珍珠到了海生家后，得知海生的母亲眼睛已经瞎了三年了，便借助自己学得的医术，用珍珠粉和海马、铁树枝等生长在大海里的药材治好了海生母亲的病。村里的人得知珍珠姑娘的医术如此高明后，纷纷向珍珠姑娘求助。珍珠姑娘热心地为村民治病，得到了村民的爱戴。珍珠姑娘不仅帮村子里面的人治病，还在天黑时，利用夜明珠的光为出海的渔民照明。

白色南珠项链

合浦郡的郡守知道了这件事后，想把夜明珠拿到手，进贡朝廷，讨好皇上。于是，郡守来到海生家，强迫珍珠姑娘交出夜明珠，海生知道夜明珠是珍珠姑娘的护身宝物，坚决不给。郡守便命令手下的人把海生绑住，接着，所有的官吏围住珍珠姑娘，一步步向她逼近。在危急之际，夜明珠突然变大，载着珍珠姑娘离去了，回到了珍珠姑娘原来居住的白龙海湾的白龙珠宫。郡守不死心，强迫海生和其他民众去海里找寻夜明珠，民

众只能捞一些蚌上来，但还是找不到夜明珠。郡守很生气，于是下令：第二天午时，将海生斩首示众。珍珠姑娘自从回到白龙珠宫后，每天担忧着海生的安危。后来，终于熬不住思念忧虑之苦，经过一番乔装打扮回到白龙村打听消息。当她听到郡守将要处死海生的消息后，一时悲痛得说不出话来，经过一番心里的挣扎，她决定献出夜明珠，既是为了救海生，也是为了让白龙村的百姓免受折磨。郡守得到夜明珠后，马上用九层上等的丝绸把它包住，并锁进一个木匣子里面。接着，写了一封信递交朝廷，说自己有稀世珍宝上贡给朝廷。于是，朝廷便派来两个太监护送夜明珠回去，但是当护送队伍行至合浦县边界梅岭，翻上九重岭坳之时，夜明珠却不翼而飞。原来，夜明珠飞回了合浦郡。两个太监惊恐地回到合浦郡，有人献计道："夜明珠是稀世珍宝，用寻常的方法是带不出合浦郡的，只能割肉藏珠。"两个太监无计可施，唯有忍痛将自己的大腿割开，把珍珠藏入其内。这就是成语"割股藏珠"的来源。但是，当他们再次去到梅岭之时，夜明珠还是破肉而出，飞回了合浦郡。两个太监认为空手回去，肯定是死路一条的，于是，两人都刎颈自杀了。后来，人们为了纪念这件事，把梅岭命名为"还珠岭"，这座岭至今还以此为名。

典故中的夜明珠，其实不是珍珠，夜明珠发光发热是因为含有一种名为丁云母的矿物质，吸收热能或光能后，会发出绿色荧光。人们为什么会误以为夜明珠就是珍珠呢？因为珍珠拥有变幻莫测的色泽，那么珍珠的光晕为什么如此缤纷多变呢？这是由珍珠的结构决定的。如果我们把一颗珍珠切成两半，或者磨制成薄片，在显微镜下观察，就可见到一层层同心的圈状结构，这就是能使珍珠发出光芒的霰石矿物层——珍珠层。其中，含有各种色素团和金属元素与卟啉形成的本体色，加上外界光线通过珍珠表层和内部各层发生反射和折射，这些光线互相干涉，使珍珠发出美丽的光芒。

（三）至孝采珠女——廉锦枫

清代学者李汝珍的小说《镜花缘》里有这么一个小故事，是有关孝顺的采珠姑娘廉锦枫的事迹。

在君子国的水仙村里，有一户姓廉的人家，原本是一户显赫的世家。后来，因男主人廉礼受奸人所害，廉家从此一落千丈，廉礼也从此染上重病，家中的钱财都用来治病了。家财尽散后，没过多久，廉礼就病死了。他去世后，家中留下夫人良氏和一个女儿廉锦枫。廉锦枫年方十六，长得明眸皓齿，袅娜多姿。良氏一直以来都患有阴虚症，吃药就吐，饮食难进。廉锦枫日夜侍奉母亲，请来大夫为母诊治，大夫让良氏连续服用海参。良氏服用了海参，果然见效。因为海参是贵重的药材，自从父亲去世后，家中已经没有多少积蓄了，母病女弱，生活日趋艰苦，根本拿不出钱来买海参。看着卧病在床的母亲，孝顺的廉锦枫急得不知如何是好。她听闻海参长于深海，于是，她下决心学习潜水本领，下海捞取海参，为母亲治病。她买来一口大缸，在里面装满清水，每天潜入缸底练习潜水换气。久而久之，廉锦枫终于练成了潜水的本领。她来到海边，腰间系着一把家传宝剑，毅然地潜入海底，皇天不负苦心人，廉锦枫在海底四处找寻，终于采得了海参。母亲长期吃海参，身体慢慢好转。因为要经常潜入海底采参，海底又很冷，所以廉锦枫自己做了一套皮衣皮裤，方便采参之用。

有一天，她又佩戴着护身宝剑，身穿皮衣皮裤，告别了母亲，到海底采参。青邱国渔民夫妇刚好来到君子国附近的海域捕鱼捞虾，放下一网，过了一会儿，收网时觉得很重，心想今天肯定大丰收了。于是两夫妇用尽全力把鱼捞上来，网到的竟然是一个年轻美貌的女子。他们两个觉得真是晦气到顶了，但是转念一想，歹心起了。反正都是我们网到的，为什么不能把她当奇怪的大鱼卖掉，好多天没收入了，今天终于有补偿了。于是，渔民夫妇用一条绳索将女子套在桅杆上，准备把这大活人像渔货那样卖个好价钱。

原来这被捕的女子即是廉锦枫，她不停地向渔民夫妇解释，自己是为了到海底捞海参给母亲治病，才误被当做大鱼给捞上来的，请求对方不要把自己卖掉。但是，渔民夫妇唯利是图，他们当什么也没听到。廉锦枫见四面无人，正在孤苦无助、危难之时，忽然看见海边有条大船渐渐驶近，于是大声连呼救命。

白、黄、黑珍珠项链

大船上是一群来自大唐国的文人墨客，秀才唐敖因为考取科举落第，和好朋友林之洋、多九公游历海外各国。经过这里之时，忽然听到远处有人连呼“救命”，便将船急驶过去看看。廉锦枫见是大唐的人民来到，像是见了救星般，急忙向他们求救。廉锦枫告诉他们自己的曾祖父本也是大唐岭南人氏，因为躲避战乱，才迁徙到海外君子国居住。她从小跟随父母习文识字，今日下海采参为母亲治病，不慎被误作大鱼捞上来了，眼见就要被渔人卖掉，希望远方贵客能出手相救。唐敖听了她的经历，觉得有点儿离奇，不由问道：“你既是自幼读诗念书，且将名字写来一看。”说完便将纸笔放在她面前。廉锦枫提笔略想了片刻，提笔写下一首七言诗歌：“不是波臣暂水居，竟同涸鲋困行车；愿开一面仁人网，可念儿鱼是孝鱼。”

唐敖看完，暗自点头：我本来觉得这女子的话语过于离奇，所以叫她写几个字试探她是否真的念过书，谁知她提笔成文，看来潜入大海为母捞参，并非假话。于是付给渔民夫妇一百两银子，要求渔民夫妇放了廉锦枫。渔民夫妇收钱后，连忙把廉锦枫推向唐敖他们。

林之洋帮廉锦枫解开绳索，两个人跳到这边船上，廉锦枫在船头跪下，拜谢他们的救命之恩，邀请大家去家里小坐休息，众人答应。廉锦枫先让大家稍等片刻，入海采些参回家侍奉母亲。说完纵身跳入茫茫大海，众人称奇。唐敖等人在船上闲聊多时，还不见廉锦枫上岸，非常担心。原来廉锦枫带着感谢唐敖等人救命之恩的心情潜入了深海，正不知如何相报。在采参时，发现眼前发出阵阵令人目眩的光亮，照亮了海底。原来，水草中藏着一只大蚌开合放光，廉锦枫想到，正好可以把此宝物送给恩人。于是，拔出宝剑，要刺开蚌壳取珠。无奈，这千年老蚌誓死保护自己，坚决与廉锦枫战斗到底。廉锦枫挥舞着宝剑与蚌争斗，你来我往，大蚌终究敌不过她的一把利剑，被廉锦枫一剑刺中要害而死。廉锦枫割下蚌中的珍珠，满心欢喜地浮游出水面，脱去皮衣皮裤，双手奉上一颗珍珠，跪着向唐敖说："小女子承蒙恩人救命之恩，无以为报，刚刚在深海捕取得明珠一颗，望恩人笑纳。"众人见到晶莹华丽、璀璨玲珑的珍珠不禁赞叹万分。唐敖见女子至真至诚，便将明珠收下，和众人一起扬帆开船，向廉锦枫所住的水仙村开去。

廉锦枫虽然只是清代作家李汝珍笔下的一个故事人物，但是作者本人曾在苏北滨海的海州生活过，有关潜水海女采珍珠的描写，也是有事实根据的。廉锦枫这位潜水技术了得的孝顺姑娘，可以说是古代采集珍珠海女中的典型形象。

二、人文南珠

"芰荷以为衣兮，集芙蓉以为裳"，香草和花朵是屈原奋发自励、苏轼独立人格的隐喻。南珠独具淡雅青莲的美，皎洁纯净，犹如留名青史的文人的气质。南珠与苏轼以及历代廉州的清官留下了动人的佳话，人文南珠，清高却不傲气，在南珠文化史中闪耀着永恒的光芒。

（一）苏东坡的合浦情结

晚年苏轼谪居岭南前后七年，经历人生最痛苦的生离死别，家中亲人纷纷离他而去。他用被贬的三个地方来概括自己的生平功业，"心似已灰之木，身如不系之舟。问汝平生功业，黄州、惠州、儋州"。他政治生涯遭受挫折，被贬谪于江湖之远，却还心系天下。被贬谪期间，他为政清廉，造福当地百姓，黄州、惠州、儋州三地都有很多与苏东坡有关的景点。元符三年（1100），65岁的苏东坡才获赦北归。途经合浦时，在合浦居住了三个月。合浦成了安抚苏东坡心灵的港湾，合浦的人文山水包容了遭遇巨大人生变故的东坡，由此引出了一段历史佳话。其中，苏东坡与合浦珍珠酒的传奇，体现了苏轼对老百姓的关心和体恤。

苏东坡到了合浦后，合浦太守张左藏、名士刘几仲和邓拟在邓氏园林热情地接待了苏东坡，当地百姓更是纷纷邀请苏东坡到自己家做客。有一次，苏轼应邀到盛产珍珠的白龙村的陈大爷家做客，陈大爷久来仰慕苏东坡的大名，高兴地与苏东坡边喝酒边闲聊

起来。苏东坡也很关心陈大爷家的情况，耐心地听他讲述当地官兵是如何压迫百姓，苛捐杂税又是如何让百姓喘不过气来的。接着，陈大爷便拿出两颗合浦南珠，要送给苏东坡。就在此时，门外响起了官兵的吆喝声和脚步声，眼看南珠就要被官兵霸占。在官兵破门而入之际，苏东坡急中生智，把南珠偷偷地放进了酒壶。官兵搜不到什么值钱的东西，只好悻悻地走了。

两个人继续喝酒聊天，却发现酒变得比刚刚香醇了好多。纳闷之际，陈大爷问苏东坡："刚刚送给您的南珠去哪儿了？"苏东坡打开酒瓶盖子让陈大爷看，接着苏东坡笑着说："这是陈家精酿的珍珠酒，怪不得如此香醇！"陈大爷才如梦方醒，莫非是南珠让酒变得香醇？陈大爷又拿出一坛子酒，把南珠放进去。过了一会儿，两人再次品尝，酒真的变香醇了，两人相望而笑。从此，珍珠酒的美名随着苏东坡的名望在合浦流传开来。

苏轼在合浦的两个月里，游览东山寺、还珠亭、海角亭，并在品尝地方龙眼之际，偶遇老友欧阳晦夫。有感于张左藏及合浦人的热情，他创作了不少有关合浦的诗词文。

《廉州龙眼质味殊可敌荔枝》便是其中具代表性的诗之一："坐疑星殒空，又恐珠还浦。独使皴皮生，弄色映雕俎。蛮荒非汝辱，幸免妃子污。"坐在茂盛如帐篷的龙眼树下，品尝着流膏乳般的龙眼，苏东坡抬头望向星空，这时恰巧一颗流星拖着长长的尾巴划过天际，令他联想起了以往朝廷曾三番五次颁布采珠令，导致珠农不得不为官府采珠。采珠过滥，恐怕珍珠贝又要再次迁徙了。手上的龙眼，表皮粗糙，里面的果肉却凝脂洁白，让人不禁拿它和荔枝相比。"一骑红尘妃子笑，无人知是荔枝来"，为了让杨贵妃吃上新鲜的荔枝，官兵们马不停蹄地从岭南向京都运去新鲜的荔枝，劳民伤财，实在让人痛心。幸亏龙眼产地偏远，当时的达官贵人还没有发现它的鲜美，不然，龙眼也要重蹈荔枝的覆辙了。苏轼曾在《题冯通直明月湖诗后一首》说："闻道徉江空抱珥，年来合浦自还珠。"居庙堂之高则忧其民，处江湖之远则忧其君，苏东坡虽然被贬到偏远的地区，但一直以天下为己任，为朝廷百姓担忧。

苏东坡虽然只在合浦待了3个月，但是对合浦的文化却产生了深远的影响。为了怀念苏东坡，合浦人修建了东坡亭。合浦东坡亭，成了对苏轼怀念的寄托。亭子不大，也并非气势雄伟，那整齐排列着琉璃瓦的亭子就像一把伞，古老的墙上那红色的墙漆依然完好。亭子旁边有一尊东坡石雕，东坡的胡子又长又白又密，身着宋朝仕服，左手拿本卷起来的书，右手靠背，头上戴着布帽，昂首挺胸地目视远方。东坡亭内有题碑，到此游玩的文人墨客在此题诗无数。宋代郭功甫的《寄苏子瞻自珠崖移合浦》诗：“君恩浩荡似阳春，海外移来住海滨。莫向沙边弄明月，夜深无数采珠人。”珠民采珠均是徒手作业，倘若在海底采珠的时间过长，采珠人有可能会窒息而死。另外，珠农还要面对台风、鲨鱼或者其他凶狠的海洋生物等种种威胁。历史上，因采珠而丧生的珠民无数。宋代的郭功甫对此有感而发，“莫向沙边弄明月，夜深无数采珠人”。

合浦师范学校内的东坡亭，刻有一副对联：“沧海遗珠品重南国，雪泥旧迹人仰东坡。”尽管苏东坡一生曲折，但他从来没有放弃自己的抱负和理想，真诚地关心贫困百姓，积极乐观地面对生活。他以天下为己任的胸怀，爱民如子的品质，犹如沧海明珠般纯洁美丽。

（二）廉州官吏之南珠佳话

明朝自洪武二十九年（1396）开始派遣内官监督珠民采集南珠，内官就是采珠太监，他们依仗着手中的权力，横行霸道，中饱私囊。更甚者勾结贪官横征暴敛，搜刮珠宝，名义上为朝廷征税，实质是中饱私囊，所以采珠的太监被称为“皇爪牙”，他们只会“上承天子，下积私贿”。

最初，内官的权力仅局限于管理珠池事务，而到成化年间，太监的权力竟然发展到凌驾于地方官之上。此后，正德、嘉靖和万历年间均任命太监监采。明朝雷州司欧阳保

云："明阉竖肆虐雷廉，公私科敛，敲骨吸髓百余年。"景泰年间，合浦珠池太监谭纪仗势欺人，扰乱法纲，危害百姓。谭纪不择手段驱赶珠民到深海采珠，百姓苦不堪言，甚至造成"以人易珠"的惨剧。

谭纪手下的爪牙们更是狗仗人势，借珍珠之名，行奸盗之实。太监谭纪在廉州任职期间，竟然前后杖杀多名百姓，强占民宅良田，巧取豪夺，百姓受尽煎熬。

幸而时年，正直的李逊任廉州知府。他仰慕东汉孟尝的德政，在廉州任职时模仿孟尝施行仁政。他依照朝廷法律施政，为官清廉，体恤百姓，受到当地百姓的爱戴。同时，他十分痛恨如谭纪等太监狐假虎威，欺压百姓，因此，他对谭纪等人的行为加以阻挠。当李逊看到谭纪驱使珠民到深海采珠时，一想到深海里凶猛残忍的鲨鱼和冰冷的深海，他便感到痛心疾首。但是，因为内官谭纪仗着皇命在身，很多官员敢怒而不敢言。

李逊为人正直，不畏权贵，敢于和坏法乱纲的太监作斗争，因而偷偷放走无故被谭纪扣押的珠民。谭纪便把李逊视为眼中钉，认为李逊处处与自己作对，心里更是欲除之而后快。于是，他秘密向英宗告状，诬陷李逊纵容珠民盗取珠池。明英宗轻信谭纪一面之词，不分青红皂白，派人将李逊逮捕回京，并将其投入了锦衣卫的牢狱之中。李逊蒙冤在狱，他"为政取法于孟君"，尝试改变合浦太监作乱的现状，不畏强权、为民请命，却遭奸人所害，不禁回首前人事迹：孟尝革除弊政，整顿吏治，最终珠还合浦，让百姓重返故业，受到民众爱戴。而自己一心为百姓谋福，怎奈皇帝昏庸，轻信太监谭纪的谗言。而现在，合浦的百姓正处于水深火热之中，太监流毒一日不除，百姓定无法过上安稳的生活。一想到这里，李逊不禁悲从中来，挥笔写下一副对联："孟尝何处去了？珍珠几时飞回？"要成为像孟尝那样受人爱戴的父母官，这个理想还没有实现，自己又怎能轻言放弃？

于是，他便在狱中慷慨陈词地向明英宗指控谭纪在合浦搜刮民脂民膏、杖杀多名百姓、强占百姓良田和房宅等种种罪行。明英宗只得命太监谭纪速从合浦回京，与李逊当面对质。李逊据理力争，将谭纪的种种罪行公之于众。事情暴露了，谭纪理屈词穷，只得俯首认罪，最终李逊官复原职。李逊为民请命，不惜以身犯险，忠直爱民。他官复合浦后，整顿廉州政治，打击太监谭纪的余党，廉州经济复苏，百姓生活得到改善。廉州百姓喜欢把这位“不畏强暴，一意爱民”的府官与“古之遗直”的孟尝同日而语。李逊离任后，廉州合浦民众在白龙城外立碑表彰他的功绩。

与李逊同朝代的嘉靖年间廉州知府徐柏，为官清廉，被称为“一肩一仆太守”。明朝时，雷琼海域海盗猖獗，以李茂为首的海盗和日本的倭寇更是经常盗窃珠池，抢夺海边民众的钱财，危害不浅。徐柏到任后，深入沿海一带充分准备防务，并率领民众修建城墙，防止海盗和倭寇侵扰。

另外，徐柏很重视文章教化，在当地兴办书院，积极推广知识文化的传播。他还大力发展当地农业，兴修水利，鼓励民众开荒垦田。徐柏自知当地珠民生活艰难，于是上书朝廷，力求开珠禁，让珠民能够在固定时间内自由采珠。此外，为了促进当地农业商贸的发展，徐柏开设商埠珠市，不久，廉州便出现“阜市东来接海涯，市中烟火起楼台，几家竣宇相高下，无数征商处去来”的繁荣景象。据史料记载，徐柏离任时，下属官吏和民众为了表达对其的爱戴之情，赠其用南珠编结成的扇。但徐柏拒绝道：“吾一肩来也，一肩去也，别无余物。来守是邦应与廉州名相符也。”徐柏认为既然自己以两袖清风之态上任廉州知府，离任时，也应当坚持两袖清风，在廉州当太守，也应当与廉州的名字相符——廉洁勤政。

张岳也是廉州以清廉著称的知府之一，有很多关于他在任期间的口碑史料以及传诵后世的事迹，其中“不持一珠”之事最为人们津津乐道。话说张岳任廉州知府之际，正是明朝廉州合浦采珠政策最严酷之时。朝廷颁布严厉法令，禁止民间私采南珠，违者则要受到严惩。除此之外，当地官员与采珠太监同流合污，不但私吞好珠，还搜刮百姓钱财。加上当时倭寇海盗时常骚扰民众，地方治安极为混乱。珠民为了谋生，只好冒险到珠池去“偷采”南珠，有甚者加入到海盗行列。当地史料曾称这段时期为“无吏不弊”，“廉民多盗珠池”。张岳到任后，做的第一件事便是整顿吏治，严禁官吏到民间索求南珠。接下来，广贴告示，招抚盗贼。很多被逼沦为海盗的珠民见此良机，立即改邪归正，重为良民。官府还用高价收购珠民私入珠池所采到的南珠，而且对他们盗珠的行为不再追究。唯独对那些屡禁不止、专以偷采南珠为业的人，处以严厉惩罚。通过以上措施的实行，地方治安状况迅速得到好转。此外，张岳时常告诫亲人，不得私收别人赠送的南珠，也不得过问合浦南珠业的事宜。

“必先去所以痛民者，二讲求利术以休养之”是张岳的为政理念。合浦土地贫瘠，百姓多数是以耕海采珠为生的珠民。但由于当时明朝实行珠禁，合浦珠民的生计受到影

响。张岳为了解决这个问题，亲自深入民间去考察农耕，了解到：由于长期以来水利不修，粮食歉收，继而导致民众丢荒农田，甚至是到了无田可耕的地步。因此，张岳一方面劝说珠民复耕种田；另一方面，兴修水利，兴建沟渠，亲自教授珠民改进灌溉的技术，扩大农田的灌溉面积，提高了粮食产量，促进农业生产的发展。珠民可以在朝廷开放珠池时，以采珠为业；在实行珠禁时，便可耕田种地，安居乐业。据《廉州府志》记载：“（张岳）督民垦弃地，教以桔槔运水”，“公莅其地，广为陂池，教民耕稼。当时田畴之利，开于公者十常八九”。廉州府的水利农耕基础设施，90%是张岳在位期间修建的，由此可见其为政的功德。张岳还在廉州府辖区大办圩场，发展当地的农贸商业。让珠民在珠禁时可以通过农耕来谋生，就是所谓的“去所以痛民者”。至于“求利术以休养之”，则体现在张岳大办圩场，以商补农的休养政策。

张岳还提出治政“必使吏常劳而民常逸”，要通过执政者的勤政有为，去为老百姓创造安居乐业的生活环境。张岳“用民一钱，如针刺吾体血，吾不忍也”，足见其为官清廉。张岳任廉州知府时，政绩突出，得以升迁。在他们一家将要离开廉州之际，他的夫人向他请求道：在廉州住了四年，还不知道何谓合浦南珠，想在离开前见识一下。于是，张岳向府库借出合浦南珠给夫人看，看完后，便马上还给了府库。《明史》记载：“岳居四年，未尝入一珠。”他总结自己在廉州任上的经历时写道：“召莅廉三年，不持一珠，仿汉吏教民耕读，庶几无愧。”张岳廉洁勤政的高风亮节值得后人学习。

张岳在离开廉州之后，当地的百姓为纪念他，兴建了两处“张岳公生祠”，建惠田亭碑以颂德。张岳的事迹也被广记于《明史》、《福建通史》、《泉州府志》、《廉州府志》中。

廉州历史悠久，人杰地灵，有“南珠故郡，海角名区”之称。廉州的名字更是鞭劄历代官吏要廉洁为政，不愧州名。李逊、徐柏、张岳，他们的廉洁勤政与廉州的名字相衬，他们的事迹为千年廉州南珠文化增添了光彩。

第二节　千年南珠史

天苍苍，野茫茫。时间的无涯之处，没有早一步，也没有晚一步，在珍珠蚌张开口呼吸时，一颗灰尘进入它的体内，开始了漫长痛苦然而神秘的南珠孕育。珍珠蚌用珍珠质将异物一层层包裹起来，沧海变成了桑田，高山变成了汪洋，南珠也逐渐生成。南珠在历史中汇成了一条长河，锻造出千年南珠史。

一、千年珠韶华

据地质学和考古学研究表明，在两亿年前，地球上已经有了珍珠。古代先民把雍容华贵、荧光流转的珍珠当做稀世珍宝，连产珍珠的贝壳也被用作货币，充当一般等价物，可见珍珠在先民心目中的重要地位。《格致镜原·妆台记》记载，周文王曾用珍珠装饰发髻。足见，珍珠在距今两千多年的周朝已经开始用作装饰品了。儒家典籍《尚书·禹贡》记载："珠贡，惟土五色，羽畎夏翟，峄阳孤桐，泗滨浮磬，淮夷蠙珠，暨鱼。"关于《尚书·禹贡》的成书年代，虽有争议，但最迟在战国末到汉初已成书。由此推断，最迟在战国末年到汉初，淮水夷水的珍珠已成为贡品。淮水夷水的珍珠指的是淡水珍珠。淡水珍珠主要产自我国五大湖区域，而我国海水珍珠的产地则主要分布于南海北部湾一带，包括广东、广西和海南的沿海地区。海水珍珠，在我国一般被称为"南珠"。南珠颗硕圆润，宝光晶莹，自发现之日起，就以浑然天成的美震惊世人。

《庄子·让王》："今且有人于此，以隋侯之珠，弹千仞之雀，世必笑之。是何也？则其所用者重，而所要者轻也。"庄子援用隋侯之珠来弹千仞之雀的事例来比喻大材小用。隋侯之珠与和氏之璧历来是古代帝王必争的两件稀世珍宝。《韩非子》记载："和氏之璧，不饰以五彩；隋侯之珠，不饰以银黄，其质其美，物不足以饰。"春秋战国时期的典籍，很多都引用隋侯之珠来论述自己的观点。由此可见，在先秦时期，天然珍珠已是人人皆知的宝物，并成为宫廷的贡品。秦国丞相李斯在《谏逐客书》中也提到了隋侯之珠，"今陛下致昆山之玉，有隋、和之宝，垂明月之珠，服太阿之剑，乘纤离之马，建翠凤之旗，树灵鼍之鼓"。李斯提到的八件秦始皇喜爱的珍宝中，就包括了隋侯之珠和明月之珠，足见，珍珠在古代是权威和财富的象征。汉代淮南王刘安著的《淮

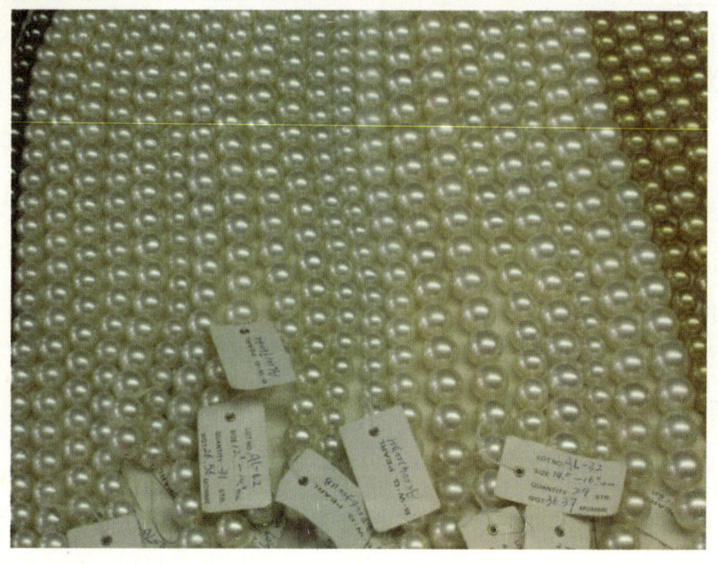

南子·览冥训》也写道："譬如隋侯之珠，和氏之璧，得之者富，失之者贫。"自秦代起，南珠就被历代封建王朝列为进献皇帝的贡赋。雷廉地区自古以来是我国南珠的产地。据《淮南子》和《雷州府志》记载：秦汉以来，历代帝王都颁布采珠令，在南珠主要产地进行采珠，且要定期进贡。

中国南珠享誉全球，当中更以产自雷廉合浦的南珠为冠。"光、重、圆、大"是合浦南珠的四大特色，"七珍八宝"这个成语则源自合浦南珠。古籍载："合浦珠名曰南珠，其出西洋者曰西珠，出东洋者曰东珠。'东珠豆青白色，其光润不如西珠，西珠又不如南珠。南珠自雷、廉至交趾，千里间六池，出断望者上，次竹林，次杨梅，次平山，至汗泥为下，然皆美于洋珠'。"自古便有"东珠不如西珠，西珠不如南珠"的说法，中国南珠驰名国际，其分布在雷、廉至交趾两地，珠池主要有六个，其中，断望珠池水最深，风浪最大，所产的南珠最佳。除了按照产地来分珍珠的等级，《越绝书》说"珠有九品"，直径五分至一寸上下的为"大品"，"珰珠"亦属珍品，还有"走盘珠"、"滑珠"、"精珠"、"八百子"、"正千"、"糙珠"、"药珠"……

大汉一统天下，通过休养生息政策，国力逐渐增强，至汉武帝时期，社会经济得到恢复和发展，并开始进入繁荣时代，国力相当强盛。但那时汉朝边防却受到匈奴的威胁，为了联合曾在敦煌、祁连一带居住的一个游牧民族大月氏抗击匈奴，汉武帝派遣张骞两次出使西域，从而开通了陆上丝绸之路。在张骞开拓"陆上丝绸之路”的同时，“海上丝绸之路”也逐渐被打开。自汉武帝以来至汉平帝中期，汉朝均派遣使者从海路访问印度、印度尼西亚等东南亚国家，其始发港便是徐闻和合浦。据《汉书·地理志》记载，“自日南障塞，徐闻、合浦船行可五月，有都元国……有译长，属黄门，与应募者俱入海，市明珠、璧琉璃、奇石、异物，斋黄金、杂缯而往……自黄支船行可八月，到皮宗；船行可二月，到日南象林界云，黄支之南，有已程不国，汉之译使自此还矣”。史料记载，在与东南亚等国进行互通有无的贸易过程中，中国南珠是重要的商品之一，“海上丝绸之路”在一定程度上也可被称为“海上南珠之路”。早在公元前111年，汉武帝在合浦设郡，历史上“珠还合浦”的故事就发生在此。汉成帝时，王章在长安求学时，因为贫穷，只得与妻子对泣牛衣。后来，王章当了官，却因直言进谏得罪权贵而被赐死，家产被充公，他的家眷全被发配到合浦。王章的妻子到了合浦后，开始经营南珠生意，慢慢积累了财富。而王章最后也得以遇赦归乡，王章的妻子便用积累的财富赎回了原本的田宅，与王章一起安享晚年。从这个侧面可看出，合浦的南珠业在西汉时期已经相当兴旺。

221年，三国鼎立，魏蜀吴纷纷招兵买马，各想一统天下。三国时期，合浦归属吴国，孙权把合浦珍珠产业作为他重要的抗敌财源，因而这个时期也是合浦史上珠禁最厉害的时期。《晋书·陶璜传》：“而吴时珠禁甚严，虑百姓私散好珠，禁绝来去，人以饥困。”另外，在晋太康三年，为了确保皇室的珍珠供应，晋武帝特别下诏，派兵守护廉州珠池，禁止庶民自行入海采珠，由官府统一部署一切采珠事宜。土地贫瘠的合浦珠民无以为生，陶璜上书给晋武帝司马炎，建议把珍珠定为三个等级，分别处理；并且在非采珠季节即每年十月到次年二月，允许商旅自由往来，进行商业贸易。陶璜的建议可谓是一举两得，不仅考虑到朝廷的利益，也为百姓的生活找到了出路，最终晋武帝采取了这个建议，合浦南珠产业得以复兴。

唐代马总在《意林》中写道，“必须南国之珠而后珍”，只有南国之境产的珍珠才显得珍贵。南珠在唐代早已声名远扬，成为达官贵人的珍爱之物。从唐朝开始，合浦珠池正式由官员监督采珠进贡，并且允许民间自由开采。据《越南志》记载：“国步清，合浦珠生，此实国家宝瑞，其他无敕封禁，臣称采进。”南珠雍容华贵，历代帝王均视它为祥瑞的象征。

宋代周去非在《岭外代答》中云：“合浦产珠之池，名曰望断池，在海中孤岛下，去岸数十里。池深不十丈，蜑人没而得珠蚌，剖而得珠。”这是对合浦珠民在望断池采珠的描述。与周去非同时代的黄震所著的《黄氏日钞》中记载：“珠，有池在合浦海中孤岛下，名望断池。去岸数千里，望岛如一拳。池深可十丈，四周如城郭，纤细零溢生城郭外者，乃可采。岁有丰耗，多得谓之珠熟。”这段描述指明了珠池的位置，还描写

了珠池的形状。“望断”是合浦七大古珠池之一，海中孤岛指的是涠洲岛。看来，在宋代，涠洲岛有珠池已为大多数人所知。在宋代已经有我国人工养殖珍珠的详细记载，庞元英曾在《文昌杂录》（1082）中记录：“礼部侍郎谢景温云：有一养珠法，以今所作假珠，择光泽圆润者，取稍大蚌蛤，以清水浸之，伺其开口，急以珠投之，频换清水，夜置月中，蚌蛤采玩月华，此景两球即成珠矣。”这就是我国关于珍珠养殖的最早记录。

元代，对南珠的开采近乎是杀鸡取卵式。至元三年（1337），建立广州采珠提举司，且以采珠户4万赏赐巴延（即伯颜）。据《元史·张珪传》称：“泰定元年（1324）中书平章政事张等奏，东莞县（含香港）及惠州珠池……疍户七百余家……入水为虫鱼伤死甚众，遂罢采珠户为民。”元代至元三年，疍户（珠民）被当做封赏赐给巴延，珠民地位低下。后来，张珪进谏朝廷，痛陈珠民的悲惨生活，最终得以罢采南珠，珠民职业也不必世袭，可以自由择业。

明朝是中国历史上采珠业最为鼎盛的一个时期，既是采得的天然珍珠最多的一个时代，也是对珠民压迫最严重的一个时代。明朝弘治十二年（1499），明孝宗朱祐樘下诏征集雷州、琼州、廉州等府船800艘，征集8 000人，费银万两，采珠28 000两。然而，在这次大采中，在海上病死的军士水手有300余名，溺死军士水手有280名，被风浪打坏船70艘，30余条船成了无人的空船。《明史》载云：“广东珠池，率数十年一采，天顺间尝采之，至弘治十二年，得珠最多，费银万两，获珠28 000两。”另外，明朝关于珠池的记述中，珠池的名字及分布很明确。明代宋应星的《天工开物》就记载道：“凡廉州池自乌泥、独揽沙至于青莺，可百八十里，雷州池自对乐岛斜望石城界，可百五十里。”

中国采珠业历史悠久，采珠过程危险而艰难，珠民随时有可能因此而丢命。但是为了生活，他们又不得不铤而走险。一般来说，为了祈求采珠过程顺顺利利，在采珠前，珠民会举行一些仪式，统称为“采珠道”。在南珠主要产地，雷州、合浦、海南等地，每逢农历二月十六，珠民都要集聚在一起，杀猪宰羊来祭拜海神河仙，进行祷告，这时候采珠女还要沐浴洁身。珠民认为如果过程稍有不虔诚，或者沐浴不够洁净，采珠时就有可能会遇到风暴，又或者有鲨鱼等守在蚌蛤旁边，导致不能成功采到南珠。另外，采来珠蚌不能随便处理，整个剖蚌取珠过程非常讲究。屈大均《广东新语》云：“凡采生珠，以二月之望为始，珠户人招集赢夫，割五大牲以祷，稍不虔洁，则大风翻搅海水，或有大鱼在蚌蛤左右，珠不可得。”《天工开物·珠》也有“采珠道”的相关记载，“疍户采珠，每岁必以三月，时牲杀祭海神，极其虔”。“采珠道”，严肃而神圣，寄托着珠民淳朴美好的生活愿望，是无数珠民默默相传的盛典。

由于历代皇朝滥采南珠，并无节制，乃至到了清朝，南珠资源受到严重破坏，采珠业逐渐走向衰落。

封建统治的结束，天然南珠资源的衰竭，几千年来采珠贡赋税的日子一去不复返。“东珠不如西珠，西珠不如南珠”，却像浩渺的鸣笛声，萦绕于古老的中国采珠史。千年南珠史，回眸更惊动，已逝的喜与悲触动着我们心中最柔软的角落，集更多感动于一身。未来，我们将继续探索中国南珠的发展道路。

1958 年 12 月 19 日，北海市南沥成功培育了我国第一颗海水珍珠。从此，我国南珠养殖业开始起步，中国南珠史由此翻开了崭新的一页。

二、千万珠民泪

中国历代帝王都把南珠定为进贡的上品，除了因为南珠由内而外散发出雍容华贵的虹光吸引人外，还因为南珠象征着财富和权力。龙是中国皇权的象征，皇帝自称是“真龙天子”。仔细观察，会发现龙常常与南珠相伴相随，有关龙的雕刻和刺绣品中常常出现南珠图样，又或者直接用南珠来装饰刺绣品。所以，南珠与皇权有着千丝万缕的联系，换句话说，这是中国特有的南珠文化。南珠与皇权的联系，与历代皇帝唯我独尊的心理有关。在古代，南珠的采集过程非常艰辛，也许在他们看来，只有南珠这种稀有的珍品才能够衬托出皇权的高高在上、唯我独尊。古代采取徒手的作业方式来采摘南珠，珠民稍有不慎随时就会葬身海底，此外还要面临大风大浪和

凶猛海洋生物的考验。在历代南珠采集史背后的，是千千万万珠民的血与泪。

宋代范成大的《桂海虞衡志·志蛮》有云："珠民有称'珠人'、'疍户'。"疍家以舟楫为家，以捕鱼采珠为业。疍家主要分布在广东、广西和海南沿海一带，他们以海为家，以舟为室，世居水上，过着漂泊不定的生活，被称为"海上吉普赛人"。南宋周去非撰写的《岭外代答》也有关于珠民的记载，曰："以舟为室，视水为陆，浮生江海者，疍也。"历史记载，汉武帝在元鼎五年（前112）平定南越后，在岭南设置"南海、苍梧、郁林、合浦、交趾、九真、日南、珠崖、儋耳郡"。（《汉书》卷六《武帝纪》）珠崖郡设在今天的海南，合浦郡则设在徐闻。汉代的徐闻县辖境雷州半岛大部分地区，即今天遂溪、雷州（旧称海康县）、徐闻三县。也就是说，今天的雷州半岛、海南、北海市民众大多是南越族的后裔。

关于疍家名字的来源，有多种说法，较为古老的一种说法是，因为他们居住的舟楫外形酷似蛋壳漂浮于水面，故称疍家。也有另外一种说法，据北海的疍家后裔说，他们祖先常年与海浪搏斗，面临鲨鱼的考验，生命难以得到保障，如同蛋壳般脆弱，所以自称为疍家。疍家文化影响深远，现在广西还有很多以疍家命名的饭店，比如，"丽水疍家饭店"。位于北海市云南路的"疍家港口"，其招牌更是十分醒目，给路人留下深刻的印象。据当地人称，他们现在还保留着一些疍家的习俗，比如在饭吃得差不多时，会吃粥和咸鱼。

疍家在饮食方面以食粥著名。除了咸鱼稀饭外，尤以艇仔粥出名。疍家人在性格、语言、服饰、居所、婚俗、饮食等方面都有着自己的习惯，久而久之便形成了独特的疍家文化。

疍家文化，历史悠久。广东省珠江文化研究会会长黄伟宗教授在实地考察过后经论证得出结论："早在3 000年前，广东高要金利一带就已出现水上居民。"经过千百年的衍化和发展后，"水上居民"成为疍家人。现在还可看到在金利镇茅岗村存有广东近江河最大一处先秦时期水上木结构建筑遗址。

1987年，广东省博物馆考古专家在进行实地考证时，在112平方米内挖出了大量古遗物。除了有木器、石器、骨器等工具以及一些动物骨头和牙齿外，还出土了一批渔猎工具和一面40多米长的贝、蚌、蚝壳堆积层墙。专家认定，茅岗遗址是广东近江河先秦时期最大的一处水上木结构建筑遗址。茅岗木结构建筑遗址充分地展现了南越原住民村民生活方式。根据出土遗物，以及历代关于疍户的文献资料记载，比如，宋代周去非在《岭外代答·延蛮》中论述，"浮生江海者，也。钦之有三：一为鱼疍，善伐举网垂纶；二为蚝疍，善没水取蚝；三为木疍，善伐山取材"。经过多方面的推断考证，茅岗遗址原居民便是古代疍家。也就说，早在3 000年前，很有可能就出现了以采珠和捕鱼为生的珠民。

《越绝书》记载越人能“水行而山处，以舟为车，以楫为马，行若飘风，去则难从”，至春秋末年到战国时期，越人在驾船技术方面已经十分高超，舟行海中，如履平地，这对他们打鱼和采珠有很大的帮助。

汉代，合浦的南珠采集已经较为普遍。但历代王朝以来，均出现禁止民众私采只许官采等现象，导致了古代中国采珠业的畸形发展。据《合浦县志》记载：“合浦南部地瘠人贫，不种粮食，耕海采珠，以珠易米。”合浦是地处我国南部的边陲古郡，土地贫瘠，当地百姓绝大多数是通过采珠为生。在王命和生计的逼使下，合浦百姓在与大海、鲨鱼作斗争，九死一生的情况下所采得的南珠，不是作为贡赋或监采上交官府，就是以珠易米，赖以苟活。为了学会谋生技巧，珠民一般是“年十余岁使教入水”。

据统计，在汉代，合浦就有数千人以采珠为生。在一望无际的大海中采珠作业不是一件容易的事，汉代的珠民通常是徒手作业，采珠人的生命安全毫无保障。在深海，珠民没有任何保护设备，时间长了会有窒息或者被冻死的危险。万一不幸遇到鲨鱼或其他凶猛的海洋动物，假如躲避不及，船上的人就会看到一缕缕鲜血浮上水面，水下人已葬身鱼腹便是不言而喻的事实。东汉杨孚的《异物志》记载：“官禁民采珠，巧盗者蹲水底刮蚌，得好珠吞而出。”东汉，珠民采珠时，为了防止大珠散失，整个过程不仅有珠池太监监督，而且还有官兵把守，珠民为了生活，不得不采取“吞而出”来获得南珠，这种近乎自虐式的方法虽然可以巧妙地钻法律空子，但也是要冒很大风险。

在唐朝，珠民要通过采珠来贡赋税，这几乎是一种暴政。难怪唐代诗人王建在《海人谣》中直呼道：“海人无家海里住，采珠役象为岁赋。恶波横天山塞路，未央宫

中常满庭。”“海人”也就是珠民，他们没有属于自己的家，长期进行水下作业，大部分时间浸泡在又咸又涩的海水里。“海人”所采到的南珠从来不是属于自己的，而是缴纳赋税之物，是属于朝廷的，可见当时珠民赋税之重。采珠时常常风大浪大，波涛蔽日，运珠之途常常是山路陡峭，坎坷不平。“海人”无家，但未央宫里的珠宝却常常堆满库房，“海人”终年辛苦劳作却贫困潦倒到“无家”的地步，而满库房的珠宝不能吃不能喝，只是用来装饰，简直是“朱门酒肉臭，路有冻死骨”。

唐代元稹也曾作《采珠行》来控诉唐朝严苛的采珠政策，揭露珠民被采珠役压迫得几乎喘不过气来的惨状。“海波无底珠沉海，采珠之人判死采。万人判死一得珠，斛量买婢人何在？年年采珠珠避人，今年采珠由海神。海神采珠珠尽死，死尽明珠空海水……十万壮丁半生死，死者常葬鱼腹间。蛟鳄磨牙竟相向，积水化为海水丹。”滔滔河水深千仞，南珠存在于冰冷黑暗的海底，珠民冒死采珠，只是为了缴纳赋税。沉重的赋税压得珠民透不过气来，然而南珠资源日渐枯竭了，只留下深不见底的大海。“十万壮丁半生死”，不是为了立战功而奋战沙场，却是为了采珠而葬身鱼腹，采珠的惨烈程度几乎可以与战争相比。珠民面对着磨牙霍霍的蛟鳄的挑战，总是非死即伤。珠民即使最后没有葬身鱼腹，也难免会终生残疾。

珠民不仅时刻面临着严峻的生命威胁，而且在政治上也没有得到与普通民众一样的地位。从五代南汉刘鋹时期开始，珠池成为禁区，由朝廷派兵把守，珠民成为终生不能改业的疍籍贱民。刘鋹独爱南珠，其所得珠宝，充积内府，所居之殿宇，梁栋廉箔，都是用南珠装饰。刘鋹荒淫无度，穷奢极欲，为了得到好南珠，他草菅人命，石垂珠民至7百尺深海中，珠民溺死无数。如此不择手段采得的南珠，每一颗都沾满了珠民的血泪。刘鋹败降以后，珠殿被焚毁，但瓦砾堆中尚存上好的南珠四十六箱。

为了提高南珠的进贡量，宋太祖赵匡胤于962年在合浦设置媚川郡。宋代范成大所著的《桂海虞衡志·志蛮》有专门对珠民的介绍：“疍，海上水居蛮也。以舟楫为家。

采海物为生，且生食之。入水能视。合浦珠池蚌蛤，惟疍没水探取。”

范成大视疍家为蛮夷一族，并将其与一般民众区分开来，但同时他也不得不佩服疍家的采珠技术。合浦珠池的蚌蛤，只有疍家能够采到。范成大的《桂海虞衡志》记载了原始采珠法的惨烈场面：“榜人以绳系其腰，绳动摇则引而上。先煮毳衲极热，出水急覆之。不然则寒栗而死。或遇大鱼蛟鼍诸海怪……为须所触，往往溃腹折支。如见血一缕浮水面，知疍死矣。”这段话的意思是：采珠人下海前，先在腰间绑一条绳子，如果海水下的人拉动绳子，岸上的人就把采珠人拉上来。待采珠人上船后，马上用事先烫好的极热毳衲覆盖他，不然他就会寒栗而死。如果不幸遇到鲨鱼或者其他凶猛的海洋生物，海水浮上来的缕缕血迹便是死亡的征兆。如果遭受袭击的采珠人幸运没有丧命，但也只能终生残疾了。

历史记载，广西合浦地区有七个著名的天然珠池，其中有一个叫“望断池”，里面所产珍珠皆为南珠中的上品。据说因为这个池波涛蔽日，恶鲨众多，珠民下海采珠大多葬身鱼腹，珠民家属常常站在岸边企盼亲人归来，往往失望而归，故曰“望断池”。南珠作为一种商品，它不像黄金有一套固定的定价标准，所以有些经营南珠的商人总是压低价格来收购南珠。珠民生活贫穷，即使卖不到好价钱，也得无奈出售，来解决生活上的问题。

宋代周去非在《岭外代答》中云：“珠熟之年，疍家不善为价，冒死得之，尽为黠民以升酒斗粟一易数两。既入其手，即分为品等铢两而卖之城中。又经数手乃至都下，其价递相倍徙，至于不赀。”珠民手握价值千金的南珠，却卖不到好价钱，只能在贫困线上苦苦挣扎。据《天工开物》记载，宋代已经开始用网兜法来采珠。“宋朝李招讨（指曾在986年任关系、融宜、柳州的‘招安捉贼使’的李重海）设法以铁为耩，最后木柱扳口，两角坠石，用麻绳作兜如囊状，绳系两旁，乘风扬帆而兜取之。然亦有飘溺之患”，网兜法虽然可以避免珠民下海采珠，但是网兜容易缠在礁石上而遗失。由于使用此种方法难以到达深海，所以很少能采到好珠，而且容易把一些石头等无用的物品一并捞上来。

元代的张惟寅有一次在家乡东莞看到一户疍家的船挂满白布，于是上前询问正在烧纸钱的老妇女，老妇女告诉他，他们一家以采珠为生，她的丈夫在采珠时被鲨鱼袭击，两个儿子为了救父亲也丧失了生命。张惟寅听后，感慨良多，回到家后，写下一篇文章《陈采珠不便状》，献给宣慰司。张惟寅在文中力陈定额采珠的弊端，痛诉有些珠民为了生计，被迫沦为盗贼抢劫过路船商的惨状，建议朝廷取消与南珠相关的赋税。宣慰司认为张惟寅的建议不错，就呈给皇帝。皇帝也认为珠患的确危害不浅，于是采纳张惟寅的建议，下令解散珠场，声明不采珠的疍户可以上岸为民，并且可以免除一年的赋税。

清代屈大均的《广东新语》对此事有明确记载："元时张惟寅上状言：珠蚌生在数十丈水中，取之必以绳引而縋人而下，气欲绝，则掣动其绳，舟中人疾引而出，稍迟则七窍流血而死，或为恶鱼所噬。蚌逾百十，得珠仅能一二，乞申罢之。"

明朝是历代皇朝中采珠的鼎盛时期，明初建白龙城，内有采珠太监公馆、珠场司巡检等机构。明初不仅有太监驻扎合浦，并且有官兵把守珠池，白龙城实际上是太监对合浦珠池实行军事控制的地方。正统年间，已经有太监长期驻扎监督采珠民众。采珠太监依仗皇帝作后盾，在合浦胡作非为，权力之大，竟然凌驾于地方官之上。明朝知府林兆珂的《采珠行》诗云："内使自称'皇爪牙'，怒目恣睢限严勒。"明朝雷州司欧阳保云："明阉竖肆虐雷廉，公私科敛，敲骨吸髓百余年。"高、廉、雷、琼等府珠民，在太监的监督下，采捕珍珠，可谓"驱无辜之民，蹈不测之渊"。

不仅如此，采珠太监还在采珠地横征暴敛，横行霸道。据两广巡抚林富的《乞罢内臣疏》说："逆阉肆虐，流毒海滨……"又云："内臣依势为奸，专权滋事，害有不可胜言……"《明史》载云："广东珠池，率数十年一采，天顺间采之，至弘历十二年，岁久珠老，得珠最多，费银万两，获珠28 000两。"采珠太监暴行累累，草菅人命。正德十四年（1519），雷州珠池太监赵兰，打死良民陈应魁；嘉靖年间，内官处理所谓"盗珠案"，随便把无辜群众用棍棒打死（杖毙）。

景泰年间，太监谭纪在廉时前后杖杀群众多人，并抢占民房，豪夺钱财。珠池太监在廉州强迫珠民在海上采珠，"忍饥饿，涉风涛，苦寒恕堪"。顾梦圭《珠池叹》序云："每次（采珠）费舟筏兵，击以万计，死亡无数，沿海骚扰，今雷廉凋敝已极。"《采珠行》说："诏书南下大征珠，岁发金银三百万……十万壮丁半生死，死者常葬鱼腹间。"明嘉靖时巡抚都御史林富上《乞罢采珠疏》谓："嘉靖五年采珠之役，死者万计，而得珠仅80两，天下谓以人易珠，恐今日虽以人易珠，亦不可得。"为了获得大量的珍珠，统治者在"死尽明珠空海水"的情况下，还不断地压迫珠民，珠民只好起来反抗。但是珠民的反抗却往往以悲剧告终，万历十年，官吏派兵杀害苏官升等128名珠民，并抛尸示众。因为生活所逼，有些珠民在海上进行走私和海盗活动。明朝曾经征珠民为水兵，一方面增加水军，另一方面釜底抽薪，试图把易于为乱的疍民改造成防乱治乱的力量。明朝广东都指挥同知花茂上书言：“广州地方若东莞、香山等县逋逃疍户，附居海岛，遇官兵则称捕鱼，遇番贼则同为寇。不时出没，劫掠人民，殊难管辖，请徙其人为兵，庶革前患。”

初刊于1637年（明崇祯十年）的《天工开物》记载了一种采珠方法：“凡采珠舶，其制视他舟横阔而圆，多载草荐于上，经过水漩，则掷荐投之，舟乃无恙。舟中以长绳系没人腰，携篮投水。凡没人以锡造弯环空管，其本缺处，对掩没人口鼻，令舒透吸于中，别以熟皮包络耳项之际。极深者至四五百尺，拾蚌篮中，气逼则撼绳，其上急提引上，无命者或葬鱼腹。凡没人出水，煮热毳急覆之，缓则寒栗死。”和宋代范成大在《桂海虞衡志》中描述的一致，采珠人把绳子绑在腰间，手提篮子而没。《天工开物》记载的这种采珠方法有改进的地方，采珠人把一个锡制的弯形空管扣在口和鼻上，可以在水中换几口气，延长了采珠的时间。另一个改进是增加了防护设备，用熟牛皮包住耳朵和项的部分，以此来抵挡水压。珠民最深可以潜到四五百尺的地方，把蚌拾到篮子中，如果气不够时，就拉动绳子，船上的人把他拉上去。由于海底的温度很低，采珠人上船后，要马上取暖，如果取暖不及时，就会寒栗而死。

随着采珠人经验的积累，采珠法也在不断进步。据《广东新语》记载：“采珠之法，以黄藤、丝棕及人发纽合为缆，大径三四寸，以铁为耙，以二铁轮绞之。缆之收放，以数十人司之。每船耙二，缆二，轮二，帆五六，其缆系舶两旁以垂筐，筐中置珠媒引珠。乘风张帆，筐重则船不动，乃落帆收耙而上，剖蚌出珠。”这个方法和之前的网兜法相比有了改进，利用简单的机械采珠，更加方便和省力，筐内放置珠媒吸引珍珠，可以减少杂物进入网内。等到筐够重了，就停下来，剖开蚌取出南珠。但是这种方法也有缺陷，如果海底地形复杂，遇到礁石或其他障碍物就容易刮破网兜。清人吴震方在《岭南杂记》中记载：“珠池在廉州海中，取珠人泊舟海港数十联络，乘天气晴爽，万里无云，同开至池处，以铁物坠网海底，用铁拨拨蚌，满网举而入舟，舟满登岸取而

剖之，皆凡珠也。”虽然网兜法可以让珠民避免潜入深海，但是所采珍珠质量却不高。清朝，雍正皇帝在1729年发出的一个关于“疍”的上谕也有以下的描述：“粤东地方。四民之外，另有一种，名曰疍户，即瑶蛮之类。以船为家，以捕鱼为业，通省河路，俱有疍船。生齿繁多，不可数计。”疍家是四民之外的一种，主要生活在粤东地区。《广东新语》认为疍家性凶善盗，多为水乡祸患，把靠采珠为生的渔民、珠民，与打劫为业的海盗相提并论。

历史沉重的脚步声从遥远的海边传来，珠民的一生在海里浮沉，大海时而平静如镜，时而波浪滔天。珠民每次采珠都好像到鬼门关走一遭，南珠凝聚着珠民的血与泪。在统治者的压迫下，南珠在血与泪中呻吟。但是，南珠不是罪恶的，它的美也不妖娆，南珠是海的精灵，它具有灵性。它像一个仙女，体恤珠民的艰辛，在统治者把珠民压迫得喘不过气时，它会迁徙，以此来表现它对珠民的同情和对统治者的不满。

第四章　魅力南珠

南珠全身都是宝。我国天然南珠在很早以前就为人所知，最早可以追溯到战国时期，并自秦汉起，南珠就开始被列为历代封建王朝进献给最高统治者的贡品之一。几千年以来，地方官员将被视为尊贵象征的南珠，源源不断地送进中原地区，南珠成为中国独特珍珠文化的重要角色。魅力南珠，在中国的舞台上演绎着活色生香的品位。

第一节　品鉴南珠

南珠是一种具有多层结构和半透明性质的有机宝石，它的光泽是经过表面和内层多界面光的反射、折射、干涉叠加后而产生的，即南珠的光泽是由内透出来的，其光芒是随着珠面的圆浑度、珠层的均匀性和含杂质的数量而变化的。因此，质量上乘的南珠，光泽自然丰富，具有多彩美丽的光芒，并且由内而发，使人一看，倍感其生命力。任何真品都有等级优劣之分，更何况是素有“北部湾瑰宝”之称的南珠，这种美丽的有机宝石呢？

一、露似真珠月似弓——南珠品质的评定

我国古人对珍珠十分重视，可想而知，古人早就制定了一套苛细烦琐的鉴定珍珠的系统，来划分珍珠的品级。古书《南越志》记载：珍珠有九品，直径五分至一寸左右的为“大品”；一边扁平，一边如倒置铁锅（覆釜）状的为“珰珠”，也是珍品；走珠、滑珠则是等外品。我国古代经典之作《天工开物》中也有提及关于珍珠品级的评定：直径五分至一寸又五分的为“大品”，有光泽略呈镀金状的为“珰珠”，价值一粒千金。到了清朝，屈大均在《广东新语》里关于珍珠的评定则可以说是“莫能尽辨”了：珰珠“大而稍扁”的“南珠之明珰”，等级仅次于径寸大珠，珠形圆满、色泽银白、光莹无丝络的为精珠。其档次以重量来分，每颗“重一分者银六倒，二分者银十倒”。光泽不佳的肉珠，“二分重者值银仅四倒”，八百颗重一两的称为“八百子”，值

银十倒；一千颗重一两的称为“正千”，值银仅八倒。

到了现代，假若要评定一颗真品南珠的质量级别，则主要是根据以下几方面来进行评定：

白色南珠

第一是南珠的光泽。中唐诗人白居易在《暮江吟》一诗中有这么一句：“露似真珠月似弓。”意思是：晚露在月夜里，像珍珠般焕发晶莹剔透的光芒。换句话说，也只有真品南珠，才有露珠般的圆润，才能在夜里焕发耀眼的光泽。所谓的“珠光”、“宝光”也就是指珍珠即使被置于阴暗处，也能散发出的那种美丽光泽。所以，光泽是否强烈也就成为评定南珠质量的最重要标准之一，而南珠的光泽则是取决于珍珠层的厚度、细腻程度以及透明度。

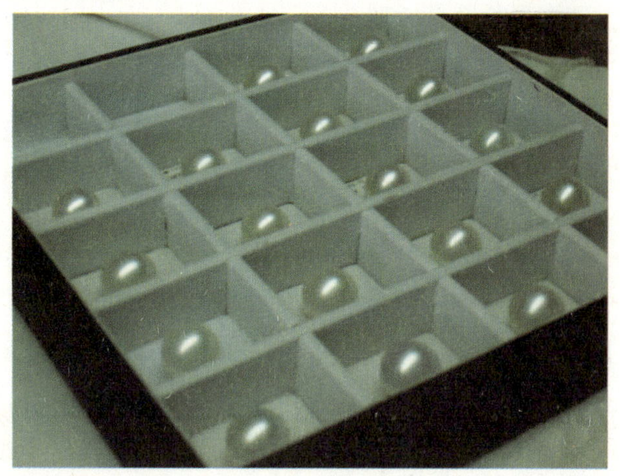

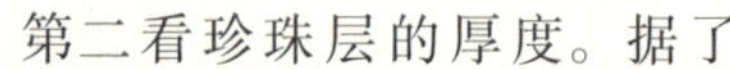

第二看珍珠层的厚度。据了解，一颗南珠的珍珠层厚度，直接影响着这颗南珠的耐用性、美观性和价格。据京润珍珠公司的王经理介绍，越高品质的南珠，其珍珠层就越厚。珍珠层厚度取决于养殖南珠时间的长短，珍珠层越厚，就表示南珠的孕育期越长，其本身的品质也就越高。一般来说，南珠的孕育期为 3 ~4 年。珍珠层如果不够厚，珠层就有可能在佩戴时脱落，甚至在灯光充足的情况下可以看到南珠内部的核。

第三是南珠的形状。市场上流行一种说法：南珠越大、越圆，就越值钱。这个观点在我们看来不无道理。因为越接近完美精圆球体的南珠，评价相对较高，南珠的价格也自然相对较高。俗话说“珠圆玉润”，可见从古代开始，人们就已经达成了“越圆的南珠就越贵重”这个共识。不过，天然的南珠很少是接近正圆的，譬如清朝慈禧太后曾拥有的宝贝——“亚洲之珠”，它长径为 10 厘米，短径为 6 ~7 厘米，重量 121 克，为世界第二大的天然珍珠，其价值更是不言而喻。然而，这颗稀有而宝贵的天然珍珠，其形状却不是精圆，甚至称不上是圆状。由此可见，一些形状奇异或者是不规则形状的天

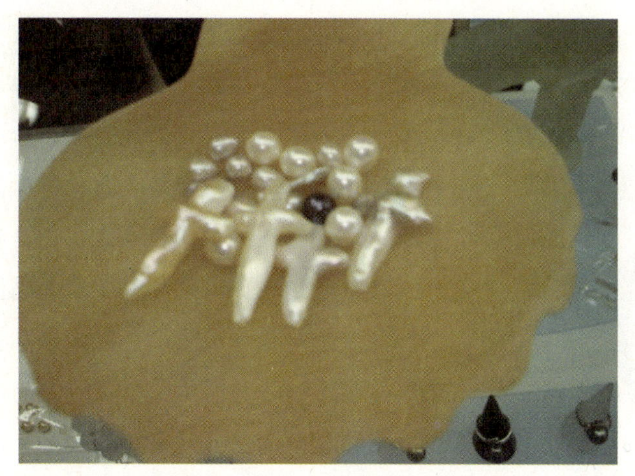

然南珠，经过设计师们精心的“打扮”，也可以达到很高的价值。在这次的走访中，笔者亲临了不少珍珠公司，其中每款南珠首饰都各有特色，别有韵味。因此，无论是什么形状的南珠，都可以在各自的舞台上绽放出最迷人的魅力。

第四看南珠的颜色与伴色。南珠的颜色一般是指其体色、伴色以及晕彩的综合特征。天然南珠的体色主要是白色、粉红色、浅玫瑰色、淡紫红、紫色、金黄色、橙黄色、蓝黑色、灰黑色、紫黑色、棕黑色、黑色等，其一般伴有玫瑰色、蓝色、绿色等不同的绚丽晕彩。红、橙、黄、绿、青、蓝、紫等彩虹的颜色均属于变彩的颜色，其中最为珍贵的就是拥有变彩为伴色的南珠。因而，一颗南珠的颜色和伴色，也是评价南珠质量的重要因素。一般来说，南珠颜色是根据个人的品位喜好来选择的。龙之珍珠公司的蔡总说，中国人大多偏好白色和粉红色的南珠，中东及南美洲人则偏爱黄色海水珠，而欧美人则喜欢黑色珍珠以及彩色的海水珍珠。就目前的市场流行趋势看，黑色海水珍珠的价值是最高的。黑珍珠目前主要的产地是位于南太平洋中部的法属波利尼西亚小岛——大溪地，由于其产量少，质量高，因而价值不菲。相对来说，我国所养殖的南珠，大多数是以白色为主体颜色，同时伴有美丽的晕彩以及粉红伴色，也同样深受女士们的喜爱。

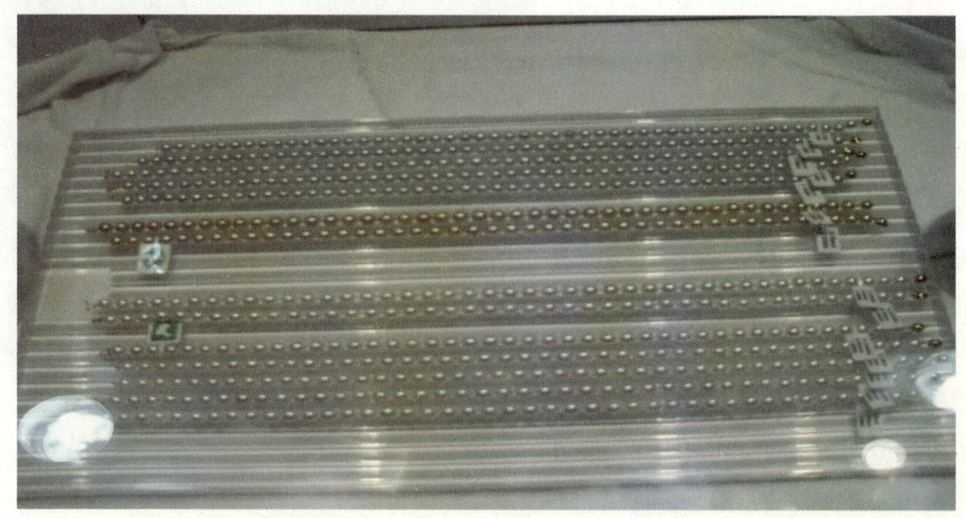

第五看南珠的体积。古语有云“七分珠，八分宝”，就是说，假如一颗珍珠有八分重，那么它就是“宝”了，按现在海水珍珠的大小计算大约是直径为9毫米的圆形海水珍珠。一般来说，当两颗品质相近的南珠摆在眼前的时候，体积较大的那颗相对来说价值就较高。然而，最直接影响海水珍珠体积大小的还是珍珠贝的种类。目前，我国养殖的南珠珍珠贝的品种主要是马氏珠母贝，而马氏珠母贝产出的南珠颗粒直径一般是6~9毫米。颗粒越大的南珠，产量就越少，其价格相对越高。在相同条件下（光泽、颜色、形状等），南珠颗粒越大，其价值就越高。

第六看南珠是否有瑕疵。都说“人无完人”，同理，珠也无完珠。一般来说，南珠珠面常见的瑕疵种类有：腰线、隆起（丘疹、尾巴）、凹陷（平头）、皱纹（沟纹）、破损、缺口、斑点（黑点）、针夹、划痕、剥落痕、裂纹及珍珠疤等。而诸如“给你一颗完美无瑕的南珠”类的广告，里面多少掺有虚假的成分。越高质量的南珠，其表面就越少瑕疵，越光滑。换言之，南珠表面的瑕疵直接影响了它的价值及价格。一般来说，如果一颗南珠表面的瑕疵可以用肉眼观察到，并且数量多的话，那么这颗南珠便属于次品。在大多数情况下，我们需要借助放大镜才能看清南珠表面的瑕疵。其实，只要不影响南珠的美观，表面些许的瑕疵也能为南珠增添一种浑然天成的美感与真实感。

事物总是有着矛盾的两个方面，南珠也不例外。虽然些许微小的瑕疵给南珠的价值没有带来多大的影响，然而，有些瑕疵却对南珠本身的美感及耐用性影响巨大。如缺口（即南珠表面的小洞，在南珠钻孔的部分能经常见到），通常珠层薄的南珠会有较多的缺口在其表面，不但令其美感下降，而且容易积藏污垢。再如珠层的裂纹，小的就像皱纹，大的相当于一根头发，但是这些裂纹却可以令南珠珠层破裂，缩短其使用期。至于晦暗点，如果只是由于南珠本身珠层的不均衡内分泌而令珠面某些地方的光泽较差，就不会影响南珠的耐用性。但倘若是由于佩戴者的人体汗液分泌，或者是南珠长期接触佩戴者所使用的化妆

品或喷雾剂等，那么南珠的珠层就有可能因此而褪色，甚至脱落，其耐用性也就大大降低。珠面质量对于一颗南珠来说也是很重要的，天然的瑕疵我们无能为力，但如果是人为的瑕疵，就应该能免则免。

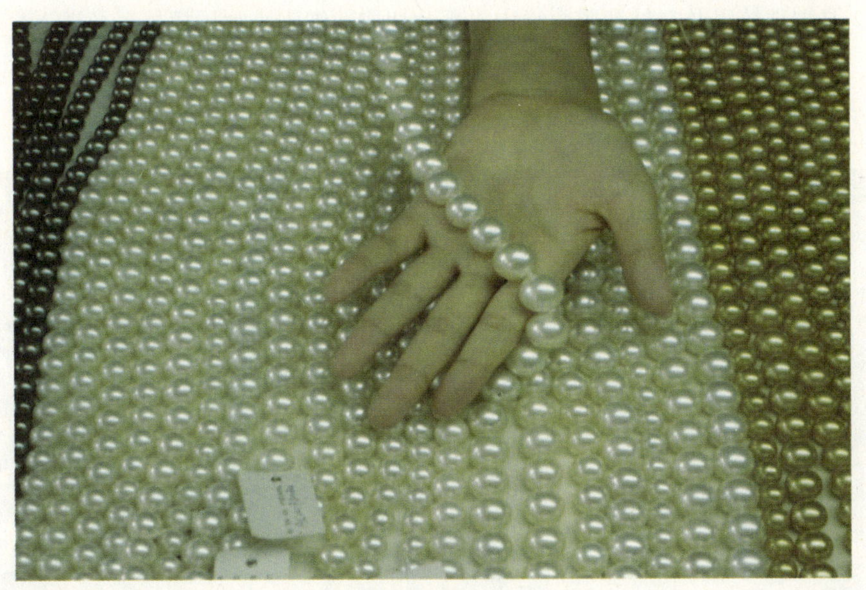

人们常说，好茶要配好茶具，那么好南珠当然是要配好的镶嵌手工。品鉴南珠，最后要看搭配。在品评一款加工好的首饰的时候，其手工是很重要的一环，甚至可以从中看出专业生产者的镶嵌水平。设计南珠首饰的款式时，应注重创新，务求设计新颖独到，讲究做工精致，以最好的姿态表现出南珠温润迷人的气质。除讲究加工技术之外，南珠与配饰的搭配和组合，对其价值也有显著的影响。南珠首饰种类繁多，有项链、手链、耳环、胸针、戒指等。如果要鉴定一件由多颗南珠组成的首饰的价值，那么关于它的品质评定就不能仅仅取决于其中的一颗，而是这件首饰全部南珠的光泽、体积、形状、颜色等因素是否和谐，以及南珠的排列是否对称、协调。因此，无论是在设计加工还是镶嵌方面，工作人员都要谨记南珠的审美原则，充分发挥南珠在组合中的美学特征。

二、一枝和露珍珠贯—— 天然南珠与养殖南珠

“南珠，又称合浦珠，总的来说分为两大类，天然南珠与人工养殖南珠。天然南珠是指那些贝类，不经人为因素，在自然环境下受到偶尔进入体内气泡或沙粒等外来物的刺激，不断地分泌出一层又一层包裹外来物质的珍珠质，久而久之形成一种具有光泽的固体颗粒——珍珠。在古代，封建统治者对天然南珠的渴求可以说是到了病态的地步，

他们过度地开发南珠资源，无节制地采集南珠，最终导致天然南珠资源枯竭。到了现代，天然南珠的产量十分稀少，几乎很少能在市场上看到它的踪影，远远不能满足人们对天然南珠的需求，于是，在现今市场的需求下，人工养殖南珠应运而生。人工养殖的南珠，是把珠核以及在外套膜腹缘中央部分切取的细胞小片用植核工具送入育珠贝生殖腺内，小片边缘与育珠贝组织愈合，逐步增殖形成珍珠囊，然后经珍珠囊内一系列的生理生化变化，而产生出一粒具有特定有序结构的晶体即珍珠。”

在购买南珠的时候，如果想简单地识别天然南珠和养殖南珠，可以使用以下几种简易的识别方法：①天然南珠由于其内核是细小的沙粒或者其他微小的物质，在通常情况下，用肉眼观察不到它的内核；而海水养殖的南珠由于是通过“插核技术”来植入珠核，植入的内核一般较大，在灯光充足的情况下，人们用肉眼就能观察到它的内核。②在形状上，天然南珠由于内核小，而且在蚌、贝体内很少滚动，大部分圆度较差或者是异形珠，很少正圆珠；而养殖南珠由于被植入的是较大的圆形珠核，故其形状大多接近正圆或圆度较好。③天然南珠毕竟是纯天然的出品，成珠所需要的时间较长，且表面具有美丽的彩色光泽，质地细腻柔滑；养殖的南珠由于是植入珠核，成珠所需的时间比天然南珠短，因此其表面光泽较弱，质地也相对较为粗糙。

另外，随着人工养殖南珠技术的日益改进，南珠产量不但有较大幅度的提高，质量方面也在不断进步，天然南珠与养殖南珠的外在特征日益相似。如果想较准确地区分出天然南珠与养殖南珠，则可以用内窥镜法、X 射线衍射法、X 射线照相法、荧光法等这些可靠性极高的专业方法。

三、真珠不怕红炉火——真假南珠

真真假假，假亦真。行内人士凭借多年的经验与眼光，很快就能辨别出南珠的真伪。那么作为行外人的我们，在选购南珠的时候应该如何去辨别其真伪呢？

我们先了解一下假南珠。据北海黑白金珍珠有限公司的庞总表示，现今市面上流通的假珠大致分为两类：一是由玻璃或者塑料制成的，二是由贝壳磨成的。其制作过程首先是将玻璃、塑料或者贝壳磨成球状，然后再在表层涂上一层“珍珠液”，或将其浸泡在用银粉、鱼鳞制成的“上光液”里，让假珠表面拥有类似南珠表面的光泽。按照这些步骤，一般可以制成塑料仿珠、贝壳仿珠、玻璃仿珠和覆膜仿珠等一系列假南珠。

了解假南珠后，我们要充分运用触觉、嗅觉、视觉去鉴别真假南珠。

（1）触觉。南珠在冰凉的天然大海里长期孕育而成，属于有机宝石，是有生命的东西，因此当我们用手去触摸南珠之时，会自然感觉到一种沁人心脾的清凉。假如只感觉到油腻又或者一丝温感，并没有所谓的冰凉，那么它们就是假南珠。此外，用力咬南珠也是一种鉴别的方法。咬下去之时，假如牙齿有涩的感觉，并且在咬完后发现珠层表面无凹陷的痕迹以及局部脱落，那么这便是真的南珠。相反，假如咬的时候牙齿有打滑

的感觉，而且珠层表面出现凹陷的痕迹，甚至有局部脱落的迹象，那即为假南珠。除此以外，据湛江荣辉珍珠有限公司尹董介绍，辨别南珠比较简单而且可靠的方法是：拿起两颗南珠互相摩擦（南珠含有丰富的钙，这是由于珍珠贝本身会分泌出一种调钙素），真的南珠在摩擦时不但不会打滑，而且还会有种磨砂般的“涩”感，另外其表层会在互相摩擦后掉些许粉末，并且抹去表层的粉末后，南珠珠面依然完好无缺；至于假南珠，由于是玻璃、塑胶或者贝壳制造，因此在摩擦过后不但不会掉粉，而且在摩擦的时候会打滑，且摩擦过后其珠面会有不同程度的损坏。

（2）嗅觉。将南珠稍微加热，若闻到一股异味或臭味，或对着这颗南珠呼气之后，其珠面立即形成了一层水汽，那么这便是一颗假南珠；与之相反，真正的南珠加热后，不仅不会散发出异味，而且在对其呼气后，珠面形成的是气雾。

（3）视觉。其实，最直观的判断方法还是要从视觉上入手，只要留心观察，就会很容易地发现真南珠与假南珠之间的明显差别。首先是直接观察南珠的外观，真南珠拥有圆润柔和的天然色泽，而且每一颗都具有与别颗不同的美丽彩光，即使被置于阴暗处，也能散发出晶莹剔透的光芒。即使是同一串项链，各颗南珠的色泽以及形状大小也各不相同，每一颗都是独一无二的；而假南珠只是在表面涂上一层层的“珍珠液”或者“上光液”，因此其只是具备单调刺眼的光芒，毫无彩光可言，且它们的大小形状几乎一致，由假南珠串成的项链，其颜色、光泽、形状、大小等都非常均等统一。另外，真南珠的表面可以看到或多或少的瑕疵，而假南珠表面却“光洁无瑕”，几乎看不到任何瑕疵。在显微镜的帮助下，我们可以清晰地看到真南珠表面的纹理，有的呈阶级状，有的呈“等高线”状；相反，假南珠的表面只有类似蛋壳般的涂层，甚至会看到一些斑点和脱落的部分。另外，也可以通过放大镜观察南珠的钻孔处，真南珠的洞孔十分清晰而且周围没有凸起或凹陷，然而假南珠的表面是厚厚的涂层，因此其洞孔不鲜明，而且在洞孔的周围会看到有凸起的涂料积聚物。或许很多人都不知道，其实真南珠是具有弹性的，假如在65～75厘米高度的地方，让南珠落在普通玻璃上，其会反弹至30～35厘米的高度。相较之下，假南珠的弹性却差得多，反弹的高度小。最后，在这里向大家介绍一种鉴别南珠的传统方法，俗话说“真金不怕红炉火”，同样“真珠”也是不怕红炉火的。把南珠放在打火机上烧一下，如果珍珠表面变黑，而且在清洗过后发现珠面有局部脱落，那么就是假南珠；真南珠在火烧过后，珍珠表面依然完好，并且珠层没有局部脱落。

随着社会科学技术的不断发展，除了依靠上述的方法去鉴别南珠之外，还可以借助科技文明的力量。据广西壮族自治区北海市黑白金珍珠有限公司的庞总经理介绍，现今广西的北海市就有一台专门检测南珠真伪的电子仪器，并且操作起来十分简便。消费者可以要求商家拿自己所选中的南珠首饰到那里去检测，每一件南珠饰物的检测费是20元，而且在检测完毕之后还附带一份详尽的鉴定书。目前除了广西北海之外，上海也同样拥有这么一台检测仪器，另外广东深圳也准备添置这种检测仪器。待这种检测仪器普及之后，人们检测南珠真伪也就更方便、快捷了。

四、南珠粉质量的鉴别

金黄色珍珠

珍珠粉，顾名思义就是由珍珠研磨成的粉末，有海水珍珠粉与淡水珍珠粉之分。由于人工养殖的海水珍珠内有被植入的珠核，因而海水珍珠粉通常是指去掉了珠核后加工成的珍珠粉。同时，因为淡水珍珠的产量多且无核，海水珍珠的产量少且有核，并且加工的成本高，所以海水珍珠粉的价格要比淡水珍珠粉高很多。可是无论是海水珍珠粉，还是淡水珍珠粉，都对人们养颜保健等有着神奇的功效。由于我国南珠长期在南海一带的海域里养殖，大海里的环境污染比较少，而且富含众多对人体有益的矿物质，其中有些矿物质是淡水珍珠无法具备的，因此在美容、药用、保健方面，南珠要比淡水珍珠具有更显著的效果。由南珠研磨而成的南珠粉在市面上深受人们的欢迎，特别是爱美的女士们。但是也正因为南珠粉在市面上相当受欢迎，一些被利润吸引的不法商人也趁机制造假的南珠粉，鱼目混珠，欺骗顾客。那么，我们又应该怎样去辨别出真假南珠粉，避免上当受骗呢？

首先可以从南珠粉的气味入手，真正的南珠粉含有丰富的蛋白质、碳酸钙、维生素B以及多种微量元素，而且由于蚌、贝等软体动物长期生活在大海或咸水湖里，因而南珠粉本身会自然而然地散发着一股淡淡的腥味；相反，假南珠粉的主要成分是蚌壳等物质，是没有腥味的。

其次可以用我们的舌尖去感受，真正的南珠粉一般味道较淡，余味中略带点微咸的腥味，但是没有任何异味，而优质的纳米南珠粉通常是入口即溶的。而假南珠粉含有异味，且不带半点腥味，把它放进口中明显能感觉到有如沙粒般粗糙。此外，除了由蚌壳

制成的假南珠粉，还有一种由南珠钻孔残粉为主要成分的假南珠粉，此类假南珠粉含有在珍珠钻孔时留下的乌钢针碎片，长期服用这类假南珠粉极有可能会导致人体慢性金属中毒，因此，消费者在购买南珠粉的时候，要格外小心。

再次看南珠粉的质地。真正的南珠在使用一般的研磨方法研磨成粉状之后，呈现出均匀的洁白色，且不掺有杂质。此外，用纳米技术研磨的南珠粉则在光的照射下会呈现浅灰色。换言之，真正南珠粉的颜色只有两种，一种是洁白色，另一种是浅灰色。然而，用蚌壳制成的假南珠粉，其颜色会比真南珠粉更为偏白，在光的照射下还会闪闪发光；另一种由钻孔残粉制成的假南珠粉则由于含有乌钢针的碎片，一般会呈偏黄或者偏乌色，且质地粗糙。

最后看价格。如果用几元或几十元就能买到200克以上的南珠粉，那么这类南珠粉有可能是假南珠粉。因为一般可药用的优质南珠粉成本价为每千克60元以上，再加上外观包装、交通运输等费用，其价格便可想而知。总的来说，消费者还是应该到正规的药店或者知名品牌的珍珠店铺里选购南珠粉，切忌贪小便宜，谨防上当受骗。

五、南珠首饰的佩戴

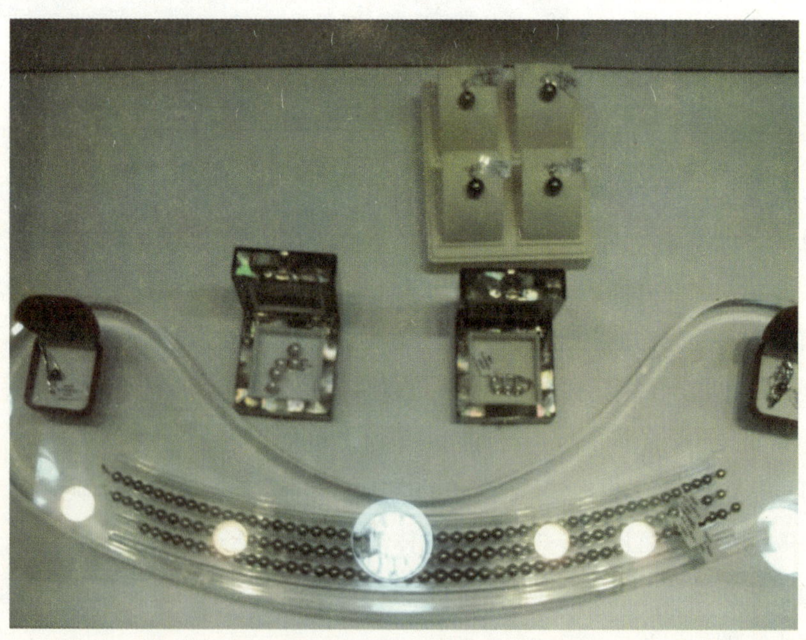

由圆润光亮的南珠所做成的首饰，是赠送给女士们的最好礼物。假如南珠首饰佩戴得当的话，则可以尽显女性独特的魅力；相反，假如佩戴不当，则有可能削减女性的魅力。因此，女士们应该学会结合服饰、肤色、脸形、年龄、场合等因素，巧妙地佩戴南珠首饰，展现自己最具魅力的一面。

南珠首饰的样式通常有以下几种：项链、手链、耳环、胸针、戒指等。其中，由南珠串成的项链根据其不同的长度，可以分为轻松款珍珠项链（35～41 厘米）、公主款珍珠项链（43～48 厘米）、休闲款珍珠项链（51～63 厘米）、歌剧款珍珠项链（66～91 厘米）、超长款珍珠项链（94 厘米以上）。轻松款珍珠项链可搭配任何领子样式的衣服；公主款珍珠项链比较适合搭配圆领和高领、低领和低胸的衣服；休闲款珍珠项链最适合搭配休闲的服饰与商务的职业装，跟高领衣、背心裙、长外衣也能搭配出理想的效果；歌剧款珍珠项链适宜搭配高领衣、晚装以及休闲装，可以尽显复古或前卫之风；超长款珍珠项链则可以系在腰间或戴在肩膀上突显流行的气息。另外，南珠耳环分为耳钉式和吊垂式，耳钉式的南珠耳环能为职场女性增添一份柔美与含羞感；吊垂式的南珠耳环则适合搭配晚装，突显女性的妩媚与美感。而南珠戒指就实属参加晚会或者派对时的不二之选。至于同样由南珠串成的手链以及镶嵌着南珠的胸针，就通常在日常生活中与亲戚朋友相聚见面佩戴，于平凡的服装里透露出一丝与众不同。

除了看服饰，也要看脸形。由于每个人的脸形各有不同，但总的来说可以分为以下四种脸形：圆形、方形、尖形、椭圆形。假如你的脸形是圆形，而多数南珠也是属于圆形，那么这时便比较适宜佩戴吊垂式的南珠耳环，或者较长的南珠项链，这样能在视觉上适度地增加脸蛋的长度；如果你的脸形是方形，那么就要选择 V 形或者是中长度的项链，单颗圆或椭圆的南珠耳环来佩戴，以便让脸蛋看起来更修长些；假如你的脸形是尖形，便需要佩戴圆边的南珠耳环，以及短的南珠串珠项链或者 V 形南珠吊坠项链，这样会令面部的线条变得更加柔和；最后，椭圆形的脸形是最完美的，适合佩戴任何款式的南珠耳环和项链，唯一要注意的，就是要令南珠首饰与你的身材达到一种和谐的效果。

另外，不同年龄阶段的女性也应当有选择性地佩戴不同大小的南珠。12～16 岁的少女适宜佩戴直径小于 6.5 毫米的南珠；20 岁左右的女性则比较适合佩戴直径为 6.5～7.0 毫米的南珠；30 岁出头的女士佩戴直径为 7.0～7.5 毫米的南珠最为理想；30～35 岁的女士佩戴 7.5～8.0 毫米的南珠较为合适；最后，35 岁以上的女士适合在正式场合佩戴直径为 8.0～9.0 毫米的南珠。

在肤色方面，有专家将人的肤色分为春、夏、秋、冬四个季节，不同肤色的人应选择不同的南珠首饰来佩戴。从这一点可以反映出，肤色对南珠首饰的佩戴有着很重要的影响。大部分的专家学者认为，皮肤较为嫩白的女性比较适合佩戴鲜艳色彩或者深色系列的南珠首饰，皮肤偏黑的女性则适宜佩戴浅色系列的南珠首饰。黄种人和黑种人的皮肤适合佩戴白色、蓝色、黄色、红色、粉红色等清凉颜色的南珠首饰，白种人则比较适宜佩戴杏色、橙色、米色等暖和颜色的南珠首饰。

佩戴南珠，还需要看场合。可能有很多人都不知道有哪些场合适宜佩戴南珠首饰。正常情况之下，下面的这些场合里均可选择适当的南珠饰品进行佩戴：政务、商务洽谈，职场工作或管理、出席社交活动的时候，拍摄毕业照片，举行或参加婚礼庆典的时候，等等。

在美国经典电影《穿普拉提的女王》或者是由徐静蕾执导的国产电影《杜拉拉升职记》中，我们可以看到里面的职场佳人经常以南珠首饰搭配着衣服来突显出个人的品位、时尚。与此同时，电影里职场佳人的办公室装束打扮也引起了人们的纷纷效仿，并一度成为全城最热门的话题。

的确，在职场里，女士们的首饰配搭应注重品位与格调。这时，简约大方的南珠首饰便成了她们珠宝首饰中的首选。身为一名职位不高的女性员工，假若想给你的上司留下精明能干又成熟稳健的印象，可以在职场女性经常穿的翻领白衬衣上搭配一条浅色系列的南珠项链，并戴上一对耳钉式的南珠耳环。如果是职位较高的管理层女性，则可以挑选一套简约洁白的南珠首饰来佩戴，可以展现出平易近人、通情达理、富有品位修养的

形象。而像是出席政务、商务洽谈等重要场合的时候，适当地搭配上一条南珠项链可以给女士们的形象增添一种端庄典雅感。

至于在社交聚会这些场合里，佩戴南珠首饰能够展示女士优雅、大方的一面。另外，在婚宴场合，如果你是一名宾客的话，尽量不要佩戴那些设计奢华隆重的南珠首饰，避免锋芒太露、有喧宾夺主之嫌，应当选择一两件淡雅简约的南珠首饰来佩戴。假若你是婚礼上的新娘，那么就要根据所穿的婚纱款式来选择南珠首饰的款式。通常露背式的婚纱，建议用长型南珠串项链像围巾那样披挂，以显出新娘背部的曲线美；而罩杯式、肩带式、斜露肩式、一字领式的婚纱，则需要用中短长度的南珠项链来点缀新娘颈部的优美线条。如果新娘身穿的婚纱款式较为花哨，就要选择款式简单的南珠首饰来搭配；如果婚纱的样式较为淡雅朴素，则可以选择款式较为华丽的南珠首饰，这样可以给人一种素雅之中又带点不平凡的感觉。

最后，南珠本身的颜色与服饰颜色的搭配也是很重要的。通常绝佳的颜色搭配便是黑与白，无论是白色的南珠搭配黑色的衣服，又或是染黑色的南珠搭配白色的衣服，都能充分展现出佩戴者的个性。而在出席晚宴或者重要场合的时候，染黑色的南珠配搭红色的服装是个很不错的选择，既显隆重，又不失女性的韵味。米色的衣服通常只能搭配白色的南珠首饰，可以传达出佩戴者一种干练、优雅的感觉。由此可见，南珠首饰在佩戴方面十分讲究，女士们应该学会如何适当地佩戴南珠首饰，以便更好地展现出独特的个人魅力。

六、南珠首饰的保养

南珠，是蚌、贝等软体动物长年累月的眼泪结晶，是得天独厚的有机宝石，是大海里一个美丽的传奇，由生命孕育出来，散发出夺目的生命力之光。中国有句古话叫“人老珠黄”，这里面的“珠黄”，有人认为那是指人体吸收了南珠中对身体有益的微量元素和氨基酸之后，致使原本洁白的南珠慢慢变黄，失去原有的美丽光泽与色彩。实验证明，由于南珠本身的主要成分为碳酸钙（俗称石灰石），碳酸钙的化学性质极不稳定，遇到稀醋酸、稀盐酸以及稀硝酸等酸性物就会溶解；而人体的汗液里含有少量的乳酸、脂肪酸等，有可能腐蚀到南珠表面的碳酸钙，令其珠面的光泽变弱，因此不适宜在出汗多的时候佩戴南珠。另外，碳酸钙的硬度比玻璃还要低，其珠面很容易被其他硬物划花。也正是因为上述南珠的这些特性，所以我们需要在南珠首饰的保养上花更多的心思，用心呵护这美丽的宝物。南珠就好比是一位“娇气”的千金小姐，需要我们更好地去爱护它、珍惜它。

首先，为了防止酸性物质腐蚀南珠，应该尽量避免南珠与酸性的化学品、香水、油烟、化妆品、头发定型水等物品接触，所以最好不要在佩戴着南珠首饰的同时去厨房这些油烟酸醋多的地方，并且应该在化好妆或者弄完头发之后才佩戴南珠首饰。另外，每次佩戴完南珠首饰之后，应检查珠子表面是否保持干燥，仔细观察洞孔里面以及周围是否有残留水分，因为如果一旦水分进入洞孔里，而又没被发现的话，那么经过一段时间的发酵之后，洞孔里的珠线就会变成绿色，严重影响到南珠的外观。所以，每次佩戴完南珠首饰之后，最好用细腻的羊绒布擦拭干净南珠表面，切勿用粗糙的面纸去擦拭，以免磨损南珠。

其次，为了避免南珠与其他较硬的珠宝首饰碰撞，应单独存放南珠首饰，但不宜长期放在像保险箱、密封胶盒之类的地方，南珠是有生命的宝石，它需要依靠空气中的水分来保持滋润，因此应该把南珠摆放在干爽透气的地方。假如你所拥有的南珠首饰因太过贵重而不得不放进保险箱等地方，那么就要同时在保险箱里放上一杯清水来保持箱里面的空气湿度，又或者隔一定时间取出南珠，让它们“呼吸”一下空气，但要避免猛烈阳光的照射，否则南珠里面的水分就会有所流失。与此同时，在摆放南珠首饰方面也应格外留意。假如是一串南珠项链的话，应尽量平放，切勿长时间挂起，否则时间一长珠线就会变松而且容易打结。如果是一枚南珠戒指的话，摘下来的时候应抓住戒指的柄部，而非抓住珠子，这样一来可以避免珠子接触到手上的油脂，二来也可以避免珠子松脱。

有些时候，尽管你已经很小心地去爱护南珠，却仍然无可避免地令南珠表面沾上了油脂等斑点污渍。如果污渍不是很严重的话，可以用小软毛刷子沾上中性的肥皂液来小心清洗干净，然后再用清水冲走珠面的肥皂液，最后用绒布擦干南珠表面的水迹就可以了。另外，南珠首饰的珠线，用长时间之后会容易变松，因此每隔一年左右，我们就要到信誉好的珍珠专柜或者店铺，定期给首饰做详细的检查，检查珠线的松垮程度，并且视情况而决定是否更换珠线。

说南珠是“娇气”十足的千金小姐，可一点也不假，不过仔细想一想，也只有如此宝贵且具有生命力的南珠才值得我们如此用心去呵护。这世上美丽的宝贝有很多，但拥有像南珠一样灵气的宝贝又有多少呢？

第二节　南珠的内在美

中国南珠长时间在浩瀚的大海里养殖，且海水富含各种对人体有益的矿物质，因此南珠本身含有丰富的碳酸钙、蛋白质、水分、20 多种微量元素和 10 多种氨基酸，能有效地促进皮肤新陈代谢，刺激皮肤组织里蛋白质等分子的合成，促使皮肤里多种细胞的分裂、增殖以及生长，为皮肤补充营养，改善肌肤血液循环，调节中和酸碱度，令皮肤焕发幼嫩光滑的光泽。南珠对美容的作用，又何尝不是一种内在美呢？

一、南珠无价玉无瑕——南珠与美容

中国关于珍珠美容养颜的历史大概可以追溯到两千年之前。在古代许多著名的中医药典籍上都有着对珍珠具有美容养颜功效的记载，如三国时期的《名医别录》、南北朝梁代的《本草经集》、唐代的《海药本草》、宋代的《开宝本草》、明代的《本草纲目》、清代的《雷公药性赋》等珍贵的医药典籍。而其中，明代药圣李时珍撰写的医学巨著《本草纲目》更是明确地记载道："珍珠味咸甘寒无毒。镇心点目。涂面，令人润泽好颜色。涂手足，去皮肤逆胪，坠痰，除面斑。"现今的《中国医学大辞典》也有提到，珍珠能"镇心明目，涂面令人润泽，好颜色"。另外，在日本的《厚生新篇》中也有这样的记载："珍珠可起心气，强精神，令妇人美白。"

的确，南珠不仅外观魅力无限，而且具有强大的美容功效。南珠所含的角蛋白和角质细胞的脂质有助于构成天然保湿因子的细胞膜，让肌肤保持一定的天然保湿因子，时刻保持水嫩般的滋润。此外，南珠还含有丰富的活性成分，可以有效地减少并改善皮肤内的黑色素和有色细胞的含量，继而起到美白、祛斑、恢复皮肤细胞弹性的功效。值得一提的是，南珠具备了种类齐全并且均为人体所需的微量元素。就目前而言，南珠是最佳的天然微量元素供应物。

一般来说，南珠在作美容护肤用途的时候，需要被研磨成粉末状，也就是我们经常说的南珠粉。从古时到现在，研磨南珠粉的方法大概有以下几种：第一种是直接研磨法，过程大致是：取南珠原珠→除杂质→洗净晾干→机械捣碎→成细粉。第二种是水飞研磨法：取净碎的南珠→加上清水搅拌→静置之后取沉淀物→晒干后研散。第三种是豆腐制后研磨法（最传统的做法）：将南珠固于布袋内→加水熬煮→取出南珠清洗干净→干燥→研成粉状→用水浸淘洗→去除悬浮物质。第四种是火煅后研磨法，其操作方法是：将清洗干净的南珠按大小分别置于不同的铁锅内→用中火加热至爆裂→取出待其变凉→再用水飞法或者直接研磨法研磨。第五种是烘焙后研磨法：将南珠放置于铁丝网上→离火源 3 厘米左右加热→冒烟后取出被加热的南珠→捣碎研磨。第六种则为远红外线烤研磨法：将南珠清洗干净后晾干→置于容器内后，连同容器一起放进远红外线烘烤箱内→烘烤至传出爆裂声→取出，待自然冷却后研磨成粉。除了以上的六种方法之外，目前比较先进的南珠粉研磨方法还有气流粉碎法、震动混练粉碎法、纳米化粉碎法等。

早在元朝的时候，就有商人或者妇人将南珠研磨成粉末，并将其溶于水中再混入蜂蜜饮用，认为滋补之余又能防暑。元好问在他的《续夷坚志》中这样记载道："洮水冬日结小冰，圆洁如珠，盛夏以蜜水调之，加珍珠粉。"一般优质的纳米南珠粉可以用作内服和外用，具有美白、控油、祛痘、去黑头、淡斑、生肌等显著的美容养颜功效。

一般而言，人体面部的色斑主要是由于精神压力大、神经紧张、紫外线照射、工作环境恶劣、睡眠质量下降、不注意保养皮肤、护肤化妆品质量差等多种因素，刺激不正常黑色素的生成及聚集，继而长久在面部沉积之后形成的。从传统的中医学以及现代医学的角度来看，可以充分利用南珠粉中的有益成分进行内外调养，采取内服外用的方法，淡化人体面部的色斑。内服南珠粉（这里指的是经检测证明可作口服的南珠粉）可排毒养颜，加速排除人体内变异受损的黑色素细胞所产生的黑色素，并有助于对人体分泌的调节，促进血液循环；外用南珠粉则能有效抑制黑色素细胞的生长，减少黑色素的产生。在内服外用南珠粉的共同作用下，能轻松达到美白、淡斑的目的。

青春痘是由于人体内分泌功能失调，分泌油脂量过多，再加上不注意个人行为（卫生、饮食、睡眠等）等因素而形成的。南珠粉具有清热解毒、清洁皮肤、控制油脂分泌等功效，并能促进受损皮肤组织再生和恢复。通过内服南珠粉，可以排除身体内部的毒素，清除人体内热，减缓青春痘的生成。外用南珠粉的方法很多，可直接在青春痘处涂上；可以在临睡前将南珠粉加上适量清水，混合后敷在青春痘处，轻轻按摩一段时间后，再清洗干净；也可以将南珠粉混入保湿乳液，再在青春痘处涂上掺有南珠粉的保湿乳液，滋润皮肤之余又能达到祛痘的目的。

由于南珠粉的美容护肤功效十分显著，并且对身体的益处众多，因而在目前市面上，具有南珠粉成分的护肤品和化妆品也越来越普遍，特别是彩妆类以及毛发类的化妆品。如添加了优质纳米南珠粉的粉底乳液，在达到很好的控油美白效果的同时，使面部呈现自然红润的光泽；假如将南珠粉添加到唇膏里，则既能滋润双唇，又能保持唇部的光泽；而南珠中所含的微量元素铜能改善发质，因此具有南珠粉成分的化妆水、啫喱水、弹力素等毛发类化妆品，具有防止脱发、补充头发营养或水分等功效，能保持头发的健康生长。

据说在唐代，南珠粉是优伶的必备护肤之物，并且一直是作为化妆品使用。相传名伶庞三娘青春常驻的美丽秘诀便在于南珠粉。据说她每天都会使用由南珠粉与云母石粉、绿豆粉、麝香、冰片、蜂蜜等调配而成的面膏，一直持之以恒，乃至人到老年仍然风姿不减、扮相俊俏，拥有如妙龄少女般的青春美颜。

相传庞三娘有过这么一段有趣的小故事：有一年，庞三娘到汴州演出的时候，有一位戏迷非常喜欢看其演出，因此在庞三娘结束表演之后，这位戏迷便慕名登门拜访。这时的庞三娘早已卸下妆容，但由于这位戏迷的拜访十分突然，所以庞三娘便顾不上化妆，直接以素颜的状态去迎接客人。可是，这位戏迷竟认不出素颜的庞三娘，反而误认她为庞三娘的长辈，于是很有礼貌地称她为“姨婆”。庞三娘对此称呼不但没有丝毫的

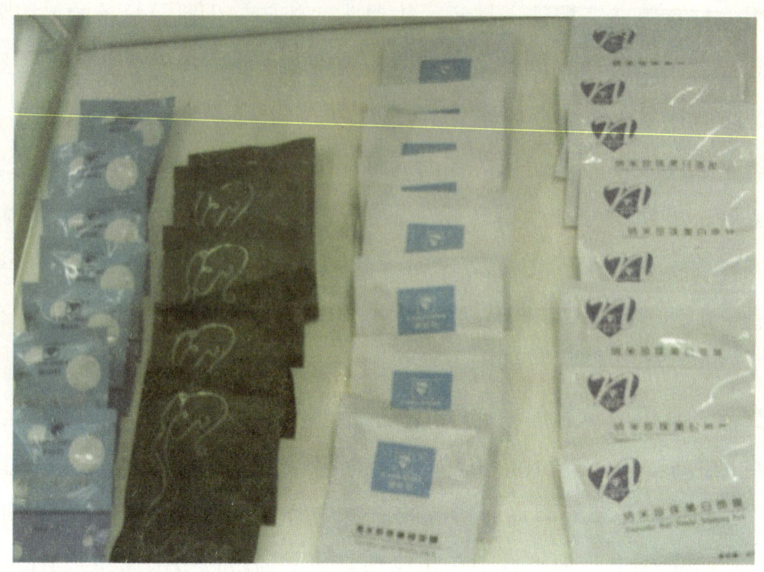

介怀，反而暗自觉得有趣，于是，将计就计对客人这样说道：“吾乃三娘之母，三娘今日不在家，明日才回。”这位戏迷听后对此深信不疑，然后隔日又再登门拜访。一进门就看到早已化好妆在等待他的三娘，化妆后的三娘貌美如花、神采飞扬，众人皆为之倾倒。与三娘相谈甚欢过后，这位戏迷便准备动身告辞，在离开之前，戏迷还不忘请三娘谢过其母。三娘听后忍不住笑道：“君子昨日所见者并不是吾母，乃是吾。”听罢，戏迷竟惊讶得一时说不出话来。

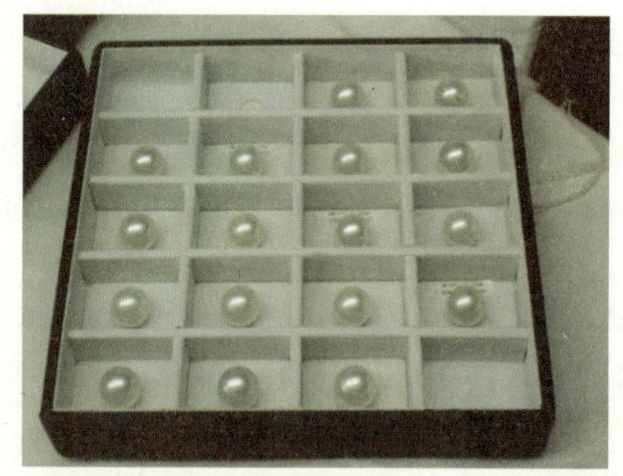

由此可见，古人对南珠的美容作用早已深有所知。就连以武则天、慈禧等为代表的皇室贵族都对南珠粉的养颜功效赞不绝口，且在当时上至皇室贵族、下至平民百姓的美容养颜用品主要用的都是南珠粉。元朝的“御院药方”更是有一套这样的“南珠粉方”：将南珠研为极细粉末，以人乳或牛奶和匀，每日敷面，可润肤白面，治疗面部黑斑。

古人有诗道：“昔日王谢堂前燕，飞入寻常百姓家。”昔日，贵为古代皇室美颜养肤的南珠粉，现在已成为普罗大众能消费得起的美容护肤品。而关于如何使用珍珠粉美容的方法竟然有几十种，一众著名女明星诸如台湾性感女神天心、香港家喻户晓的女演员陈松伶、美容大王徐熙媛等，更是各自拥有一套关于南珠粉的美容心得。下面就来简单地介绍一下现在几种比较流行且功效颇为显著的南珠粉美容方法，同时要提醒一点，鉴于各人的肤质特点都不一样，适合的护肤品、化妆品也不尽相同，因而在使用下列方法之前，应首先清楚了解自己的肤质特征，并且注意不同分量的调配，结合自身皮肤的实际情况有选择性地使用下列几种南珠粉的美容方法。

第一，南珠粉加上面霜就变成了美白营养霜。清洁面部后，将适合自己肤质的面霜混入少量纳米南珠粉，充分调和后，均匀地涂在脸上，并轻轻用手按摩，其便会在脸部形成一层具有保护皮肤性质的滋润层。一方面可以美白滋润皮肤，给予皮肤补充一定的营养；另一方面也可以作为粉底，有效地减少外界因素（如紫外线）对皮肤的刺激。

第二，南珠粉加上润肤水等同于柔肤水/爽肤水。临睡之前，将纳米南珠粉与适合自己皮肤性质的润肤水彻底调和，再像平时一样把它们轻拍在脸上，直到皮肤完全吸收。南珠粉具有宁神、生肌的功效，这样一来不但可以令肌肤处于放松休息的状态，而且还能给皮肤补充一定的营养。

第三，南珠粉加上芦荟汁、蜂蜜、牛奶、黄瓜汁就变成了美白面膜。根据个人不同的肤质，将适量纳米南珠粉混入预先调配好的含有芦荟汁、牛奶、蜂蜜、黄瓜汁等配方的液体里，搅拌成膏状后，同使用面膜膏的方法一样，首先将它们均匀地抹在脸上，待20分钟过后便把脸部清洗干净，持之以恒地使用，有助于皮肤变得白皙可人、细腻光滑。

第四，南珠粉加上氯霉素眼药水就等同于祛痘霜。在清洗干净脸部之后，先除去青春痘的脓头，接着将南珠粉与氯霉素眼药水调制成糊状，再抹于长青春痘的地方，30分钟过后用温水清洗干净。最好早晚各一次，持之以恒，很快就能看见成效。使用这个方法既能祛痘，又不会留下痘痕、痘印。不过要注意的是，在祛痘见效之后要立即停止使用。此美容方法据说是由上面提及的香港著名女星陈松伶小姐所发明的。

第五，南珠粉加上牛奶、蜂蜜/维生素E就变成了淡斑面膜。临睡之前，取适量的

纳米南珠粉加之少量牛奶均匀调和，另外再混合些许蜂蜜或者维生素 E（医学证明维生素 E 具有非常良好的抗氧化作用，能滋润肌肤并且补充肌肤所需的营养）。混合好之后均匀地敷在已清洁干净的脸上，色斑或雀斑多的部分则需要长时间的按摩，大概 20 分钟之后便把它们清洗掉。坚持使用数月之后，能促进皮肤底下的血液循环，以及促使皮肤更多更好地吸收营养。脸上的色斑和雀斑将得到有效的淡化，皮肤将变得白皙且有光泽。

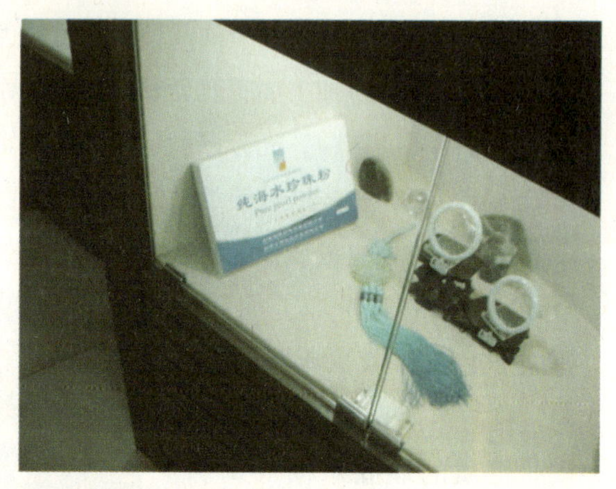

第六，南珠粉加维生素 E 就等同于滋润眼霜。拿出在药房所购买到的维生素 E 胶囊，大概挤破两颗，与适量的纳米南珠粉混合在一起，涂在眼部周围，特别是眼袋或黑眼圈较为严重的地方。其用法犹如使用一般的眼霜那样，不需要清洗掉。每周大概进行一次或两次就可以了，不需要每天都进行。待数月过去后，能有效地去除或淡化眼袋和黑眼圈，并为眼部周围的肌肤补充营养。

第七，南珠粉加上水分晚霜就相当于嫩白晚霜。晚上睡觉之前，清洗干净脸部，取一茶匙的纳米南珠粉加上适合自己肌肤且平日惯用的水分晚霜，使之混合在一起，接着用两根手指沿着下巴到脸部两侧的颧骨部位逐渐往上涂抹、按摩，使皮肤均匀吸收营养和水分。坚持使用一两个星期后，可使皮肤恢复白皙嫩滑的光彩。

第八，南珠粉加上清水就变成了去角质面霜。取适量的纳米南珠粉，放进一个小碗里，加入清水调和成膏状，然后把它均匀地抹在脸上，直至其变干为止，最后用清水洗掉即可。一个星期大概要进行两次，持之以恒，能有效去除老化的角质和黑头，并保持肌肤嫩滑细致。记得之前看过一本书，书名叫做“水是最好的良药”，还真的不假，要知道人体内百分之七十的物质都是水，而水对于人类生存来说更是必不可少的东西。其实，水是最好的良药，同样也是最好的护肤品之一。

第九，南珠粉加上日常护理乳液就等同于滋润型粉底。将适量的纳米南珠粉与日常惯用的乳液护肤品很好地混合在一起，然后均匀地抹于脸部，轻轻按摩，使之与肌肤贴合。这种掺有南珠粉成分的粉底，既有利于妆容帖服持久，也能有效地舒缓彩妆类化妆品对皮肤的刺激，给予肌肤滋润般的保护。

第十，南珠粉加上香蕉等于去皱面膜。取一根香蕉并将其捣烂，再加入适量的南珠粉以及浓茶、奶油，混合调制后，均匀地涂于面部，约 20 分钟之后，再用清水洗净。

持续数月使用，能有效地消除脸上的皱纹，保持肌肤嫩滑光泽。

假如想要充分地发挥出南珠粉的美容功效，就必须将南珠粉与其他的一些美容产品结合使用。在这过程中，南珠粉扮演着“载体”的重要角色，而美容产品就需要通过这个“载体”，顺利地把一些营养物质输送到人体各处的肌肤，并且将一些体内的杂质导出肌肤，真正实现南珠粉的美容功效。

南珠粉还具有安神、改善睡眠质量的功效，经常外敷可以促进睡眠。正所谓，充足的睡眠才是保持肌肤健康滋润的根本，因此除了使用上述关于南珠粉的美容方法保养肌肤之外，也要确保自己的睡眠充足，做一位光彩照人的“睡美人”。最重要的是：只有真正优质的南珠粉才有这么神奇的美容养颜功效。因此在购买南珠粉的时候要仔细鉴别珍珠粉的真伪，建议大家选择信誉好的大药房或正规的珍珠专门店选购南珠粉，避免买到假冒伪劣的南珠粉，造成金钱上的损失之余，还可能对皮肤造成不同程度的伤害，甚至会遭“毁容”。

二、南珠与药用

我国的中医药学历史悠久且博大精深，而南珠作为一种名贵药材来使用已经有2 000多年的历史了，其有关记载则可以追溯到1 600多年前东晋著名医学家葛洪《抱朴子·内篇》一书中的《仙药篇》：“珍珠，径一寸以上可服，服之可以长久。”而梁代陶弘景也在《本草经集》中说，珍珠“有治目肤翳，止泄”等药用价值。到了明代，医圣李时珍更是在《本草纲目》中总结出有关珍珠的药用功效：“珍珠味咸甘寒无毒，镇心点目……涂手足，去皮肤逆胪；坠痰，除面斑，止泻；除小儿惊热，安魂魄；止遗精白浊，解痘疔毒。”此外，《本草纲目》还记载了多种珍珠药用的方法。到了现代，《中华人民共和国药典》及《中药大辞典》结合古代众多医学和中药典籍以及前人的医学实践理论，将珍珠的药用功能归纳为：止咳化痰、镇惊安神、清热解毒、杀菌消毒（对金黄色葡萄球菌杀灭力最大）、止血生肌、明目去翳（眼科圣药）等。

大自然不仅赐予南珠美丽动人的外表，更赐予它神奇的药用功效，使它成为人们强身健体、预防疾病的名贵药材。南珠本身主要含有丰富的碳酸钙和有机物，并且可以在生物酶的作用下，分解出十几种氨基酸（其中有 8 种为人体必需的氨基酸），如天门冬氨酸、苏氨酸、丝氨酸、谷氨酸、甘氨酸、丙氨酸、缬氨酸、甲氨酸、异亮氨酸、亮氨酸、酪氨酸、苯丙氨酸、赖氨酸、组氨酸、精氨酸、脯氨酸等，以及珍贵的牛磺酸，还有镁、锰、铜、碘、磷、铁、硅、锂、锶、钠、钪、硒、钾等 30 多种微量元素。

碳酸钙有助于中和人体胃液、调节人体血液酸碱度、促进身体新陈代谢。氨基酸则

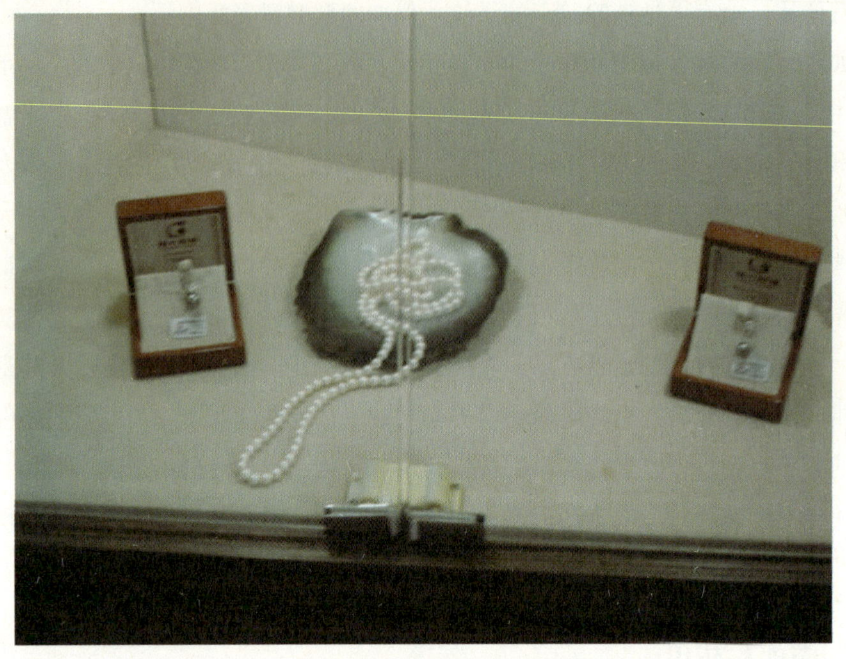

是构成人体的最基本物质之一，是生命代谢的物质基础，南珠含有的众多种类的氨基酸，除了种类不同之外，其功能作用也各有不同。譬如：苏氨酸是一种营养强化剂兼铁质的整合剂，对人体皮肤有持水的作用，能促进磷脂合成和脂肪酸氧化，并且能有效地治疗缺铁性贫血；缬氨酸是人体必需氨基酸之一，能有效治疗肝功能衰竭等疾病，以及加快伤口的愈合；组氨酸对于治疗十二指肠溃疡、关节炎也有相当良好的功效；天门冬氨酸在医药方面有着相当广泛的用途，可促进肝脏功能，对肝脏病、心脏病、高血压均有显著的疗效，并具有防止疲劳和恢复体力的作用；亮氨酸对人体的发育生长、肾液分泌具有促进的作用；赖氨酸是人体必需氨基酸之一，具有提高中枢神经组织功能的作用，能增强免疫力以及促进人体发育，并且能治疗贫血和血氨症；脯氨酸对治疗慢性肝炎以及愈合伤口均有良好的作用，并有助于促进牙釉质健康；酪氨酸能减轻白癜风症状，可转化成甲状腺素和肾上腺素的前体；甘氨酸在医药学上可用作氨基酸营养输液，以及医学微生物和生物化学氨基酸代谢研究的用药，能有效抑制胃酸分泌过多，治疗肌肉衰弱。

此外，由于南珠本身富含与人体健康和生命有关的 18 种必需微量元素（即铁、铜、锌、钴、锰、铬、硒、碘、镍、氟、钼、钒、锡、硅、锶、硼、铷、砷等），因而被视为目前最理想的天然微量元素供应物。微量元素与人的生存和健康息息相关，对人的生命起至关重要的作用。南珠成分中众多微量元素之一的镁元素，对中枢神经具有镇定的作用，能舒缓女性在经期中的紧张情绪，减轻心理压力；锌元素能促进儿童大脑的发育，增强记忆力和促进智力，有助于儿童形成健康的心理素质；铁元素对人体呼吸系统有着重要的作用，能防治贫血；碘元素有助于消除疲劳和帮助睡眠，舒缓心理紧张情绪，保持精力充沛，有助于人类智力的发展；硒元素能调节情绪，缓解抑郁症状，提高精神生活的质量。而南珠中的天然牛磺酸作为一种特殊的氨基酸以及人体必不可少的一种营养元素，不仅是目前人体最理想的镇静剂，其对神经细胞以及大脑也有着十分重要的作用，而且能促进各种神经细胞的蛋白质合成，更有助于大脑的发育和活化，增强人体的免疫力和血液的循环，同时具有抗疲劳与平衡健康的奇妙功效。

经过古今一代又一代杰出医学者长时间的理论研究与实践，我国对南珠药用价值有了很深的认识和了解。作为一种名贵的药材，晚唐著名药物学家在《海药本草》中明确指出："珍珠为药，须久研如粉面，方堪服饵。研之不细，伤人脏腑。"换句话就是说，南珠倘若要作入药或内服，则必须经过一定的加工——认真按照传统或现代的方法将其研磨成极细的粉末，以避免对脾胃造成伤害，且便于促进肠胃对其营养成分的吸收。研制出来的南珠粉（其中以纳米珍珠粉为最佳），在《本草纲目》里也有记载：南珠粉内服可医治惊悸、癫痫、惊风、失眠、头痛等症状；而且对上呼吸道充血、口腔炎症、肺病咯血等病症也有显著的疗效；外敷可治疗烧伤、烫伤、创伤、疮疡等；用作眼药水成分则可治疗角膜云翳。经现代医学专家以及临床试验证明，坚持服用南珠粉，可以给人体补充所需的钙质，防止骨质疏松以及骨质增生；调节肠胃吸收，防治肠癌，抑制人体对有毒重金属物质的吸收，清除体内热毒；有助于心律失常患者的康复，增强心脏功能；防治肾结石，促进肾脏的回收正常化；降低血糖，防治糖尿病；有利于改善贫血症状，减轻女性痛经；防治高血压；治疗神经衰弱以及失眠；抑制癌细胞生长。

此外，南珠粉还具有天然的生肌作用，能有效地修复和再生人体受伤的组织，对人体胶原细胞增生有着促进作用，能有效地愈合伤口，并且消除伤口留下的疤痕。在南珠对人体这些有益的作用之中，南珠最可贵之处便在于其抗癌的功效。在致癌因素的作用下，癌细胞无限制、无止境地增生，致使患者体内的营养物质被大量消耗，而南珠中所具有的锗、硒微量元素就是很好的抗癌物质，能有效促进人体血液干扰素生长，改变癌细胞分裂生殖机能，从而抑制癌细胞增生。

当南珠作为药品成分的时候，可制成六神丸、牛黄丸、鸡骨草丸、眼药水、消炎片、镇安丹、六应丸、珍珠散、珍珠膏等几十种药物产品。而作中药处方服用的时候，根据与其搭配的药材不同，可具有医治癫痫抽搐、小儿惊风、赤脉贯睛、目生花翳、痈疽溃疡、湿疹瘙痒等症状的功效。比较常见与南珠配成中药处方的药材有黄连、人参、当归、全蝎、琥珀、牛黄、山栀子、朱砂、冰片、硼砂、炉甘石等等。

"南珠粉具有下火的功效，很多孕妇都会食用。因为据说，孕妇吃了珍珠粉之后，

其生下来的小孩的皮肤会变得白皙，而且小孩将来还不容易生疮。另外，据购买南珠项链的客人反映，长期佩戴由南珠串成的首饰对治疗咳嗽有明显的疗效。”这是我们在湛江市龙之珍珠有限公司采访的时候，跟店中一位店员聊天时得知的。根据专家研究表示，孕妇在妊娠期间需要补充大概比常人多一倍的钙质，以确保胎儿吸收充足的钙质，保证胎儿的健康生长。而且在分娩的时候，钙质是孕妇顺利分娩的保护神，此时的孕妇更需要充足的钙质去迎接新生命的诞生。相反如果孕妇缺钙，其心脏就得不到有力的收缩和舒张，骨盆也不够强健，那么会容易导致难产情况的发生。而南珠粉的主要成分碳酸钙本身就含有丰富的钙质，孕妇可以通过定时定量服食优质的南珠粉来补充钙质，促进胎儿健康成长之余还可以美白肌肤。由于在怀孕期间身体的雌性激素以及黄体激素的分泌会大大增加，因此容易刺激皮肤黑色素的分泌，身体的不同部位也就跟着出现变黑的迹象，此时服用南珠粉能有助于降低身体黑色素的分泌，同时也有利于胎儿生成白皙嫩滑的肌肤。另外，南珠粉具有镇心安神的功效，有助于孕妇在怀孕期间保持稳定的情绪以及健康的心境，也有助于减少孕妇产前或产后抑郁症的发作。

在古装电视剧里，我们都能见到演员们穿上古代装束之余，还不忘在身上带着一两个装有中药的香囊，据说香囊除能令人身上散发出一阵阵宜人的香气之外，还具有宁神安心的作用。从我国中医学角度来说，一个人的身体总共具有400多个穴位，而且每个穴位与身体各个部位甚至整个身体都有着紧密的联系，且具有重要影响，适当的穴位按摩有利于我们身体的健康。而在身体不同的部位佩戴饰物，如同穴位按摩的原理一样，对身体也会有着不同程度的作用与影响。就以佩戴南珠项链为例，佩戴项链对于便秘、失眠、颈部的僵硬酸痛、胸部不适等，都有着不同程度的缓解和减轻作用，且有助于人体血液循环。而经常佩戴由南珠串成的项链，除了如上述那位店员所讲具有治疗咳嗽的作用之外，还具有预防甲状腺功能亢进症和咽喉炎的功效。

笔者前几年曾经在一本杂志上看到过这样一个小故事：一天，有一位以养殖南珠为生的妇人不幸被确诊出颈部有一个肿块，需要动手术切除。但由于该妇人家境比较困难，一时之间根本付不起庞大的手术费以及医药费，因而动手术一事也就被搁置了下来。而妇人本身是靠养殖南珠维持生计的，她深知南珠具有解毒消肿的药用功效，于是在手术一事被搁置下来之后，她每天都坚持定时定量服食由自己养殖出来的南珠所研磨成的粉末，并每天佩戴着自己亲手串成的南珠项链。经过一段时间之后，妇人一家千辛万苦终于筹够了手术费以及医药费，并到医院去准备动手术。意想不到的是，在做手术前的检查中，医生发现妇人颈部的肿块竟然神奇地消失了，然后妇人便把自己每天服用

南珠的情况一五一十地告诉了医生。南珠本来就具有很高的药用价值，由南珠研磨成的南珠粉以及串成的珍珠项链，如果能坚持长期服用南珠粉以及佩戴珍珠项链的话，就能有效地消除肿块以及解除身体内的毒素。上面这个故事的真实性究竟有多少，我们已经无法得知，但可以肯定的是，南珠身上确实具有很多神奇的药用功效，或许还存在着一些未被我们发现的药用价值，在南珠身上确实还有很多值得我们去探究的东西。

长期佩戴南珠项链具有宁神安心、保持头脑清醒和思维反应敏捷的功效。难怪众多商界的女强人以及职场里的女白领似乎都对南珠项链情有独钟，看来南珠除了能提升她们着装打扮的品位之外，还能让她们时刻保持清醒的头脑、敏捷的思维，更重要的是能稳定心神，提高工作的质量。在职场或办公室，女职员之中都流行着这么一句话：南珠项链能带给你的不只是美丽，还有高效率的工作以及珍贵的健康。

也许有很多人都不知道这一点，那就是除了南珠具有宝贵的药用价值之外，南珠珠贝肉同样拥有良好的药用功效。根据湛江市嘉辉珍珠有限公司的总经理陈先生介绍，“除了南珠以及南珠粉具有不错的药用价值之外，南珠珠贝肉也具有清热下火、解酒等药用功效，用南珠珠贝肉熬出来的汤汁，味道鲜美，而珍珠贝肉则鲜嫩爽口”。

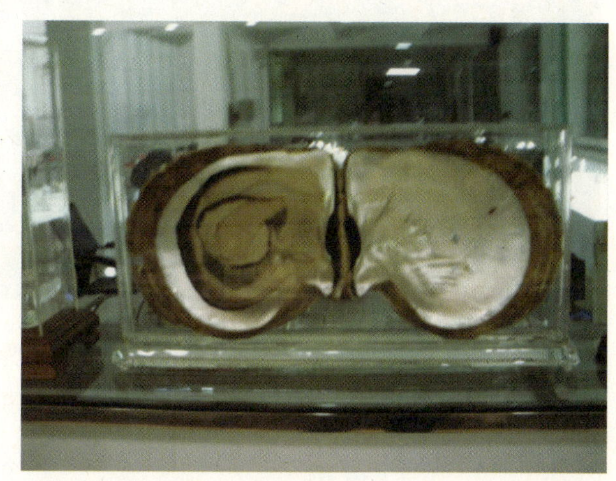

据专家研究表明，南珠珠贝肉除含有丰富的蛋白质与矿物质元素外，还存在少量的维生素。而我国南珠的珍珠贝——马氏珍珠贝，其贝肉更是一种高蛋白、低脂肪，营养价值丰富的海产食品。南珠珠贝肉蛋白质中含有多种对人体有益的

氨基酸，在食用南珠珠贝肉后，能使人醒脑提神、消除疲劳，保持精力充沛。目前，一些南珠研究中心已经开始对南珠珠贝肉的药用保健价值进行初步的探究与开发，譬如南海海洋珍珠贝肉提取牛磺酸、研究珍珠贝肉提取液的抗衰老作用等相关项目实验已经开始进行，并取得初步的成效。相信在不久的将来，南珠珠贝肉更多的药用价值能被发掘出来，成为继南珠之后又一天然珍贵药材。

三、南珠与保健

保健，简而言之，就是指一切促进健康、延长生命的养生活动。几千年前，我国古人便开始孜孜不倦地寻找一切可以延年益寿的方法，并渴望着自己有朝一日能够长生不老。我国道教更是以长生不老的仙人为标榜，教导修道之人应该持之以恒地修炼以及炼制丹药，目的也就是为了在成仙之后，能获得长生不老。

历史上，有不少皇帝对于道教中长生不老的传说深信不疑。如统一六国的秦始皇为寻求能长生不老的丹药，不惜派遣一众童男童女出海寻找，结果这众童男童女全部不知所终，秦始皇最终也无法实现他长生不老的美梦。明朝时期的嘉靖皇帝更是痴迷于炼丹之术，对追求长生不老乐此不疲，在皇宫内大兴庙宇，荒废朝政，最后等待他的由始至终都只是死亡。古人苦苦执著追求的长生不老，就算到了科学技术突飞猛进的现今，也无法实现。尽管古人在寻求长生不老方面一无所获，但对于如何延年益寿这方面，却总结出了宝贵的经验。

记得在几年前观看电视剧《铁齿铜牙纪晓岚》的时候，对里面关于南珠能否使人延年益寿的情节深有感触，或许是与自己本身就是在做南珠方面的研究工作有关系，因此也就对这个话题倍加留意并且在脑海里深深地记住了。据明代的《独异志》介绍：唐武宗在位期间，宰相李德裕以珠玉为宝贝，雄黄、朱砂煎汁为羹，每食一杯药费钱三万，三煎则弃其渣，其认为服羹可长生不老，并对此深信不疑。在历史上因合理使用南珠继而获得延年益寿的例子也有不少，当中最具代表性的例子便是清朝的慈禧太后，因其一直注重养生之道，并深知南珠的保健功效，所以每天定时定量服食、外敷南珠粉，其寿命最终为73岁，就当时中国的人均寿命而言，已经可以称得上是长寿的级别了。在古代使用南珠粉养生保健的代表人物，还有唐代的女皇帝武则天以及闭月羞花的杨贵妃。由此可见，古人早已对南珠保健养生的作用颇有心得体会。

究竟何为养生之道？那就是追求在保持身体健康状态的前提下，获得延年益寿的人体保健方法。自古以来，南珠在保健养生过程中都扮演着重要的角色。在科技水平不发达的年代，或许人们还弄不清南珠为何拥有保健功能，在今天这个科技发达的时代，谜底终于被揭开了。

南珠的保健功能源自其主要的成分碳酸钙、蛋白质、蛋白质分解得到的种类齐全的氨基酸以及丰富的微量元素。钙对于人体来说，简直就是“生命元素”。一旦人体缺少钙，就会很容易引起骨质疏松、儿童佝偻病、手足抽搐症、高血压等多种疾病，不仅对身体造成极大的伤害，而且会导致皮肤粗糙、早衰。尤其是自20岁起，人体骨质密度就会开始减少，并且在10年之后其减少的速度会逐渐加快，特别是人到中年以后，人体对钙质的需求量只会有增无减。而南珠的主要成分碳酸钙，具备了丰富的钙质。长时间定时定量服用南珠粉，能促进人体的新陈代谢，增强细胞的活力，延缓皮肤衰老。

老年人一般骨脆易折、容易骨质疏松，其根源便是缺钙，所以老年人对钙的需求量很大。既然老年人容易缺钙，那就要想办法补充所需的钙质，按照科学依据，需要进食大量的高钙物质。但是我们都知道人老了之后，身体的系统机能大不如前，尤其是消化系统，因此假若要老年人每天进食大量的高钙物质并且把它们全部消化，是具有一定难度的。此时，最佳的补钙方法之一就是服食南珠粉，它既不会给老年人的消化系统带来负荷，又能使老年人补充到所需的钙质，并且无任何副作用，可谓是一举两得。

除了钙对人体养生保健具有重要的作用之外，南珠里的微量元素成分也对养生保健有着巨大的贡献。虽然微量元素在人体内的含量不多，却具有至关重要的作用。此外，人体本身无法合成某些人体必需的微量元素，因而需要从食物中获取充足的微量元素。

南珠所含的微量元素不仅数量丰富，而且种类齐全，南珠是人体微量元素的最理想的天然供应物之一。其中，具有“生命之花”美誉的锌元素，不仅参加人体内许多金属酶的组成，并且在组织呼吸以及蛋白质、脂肪、糖、核酸等的代谢过程中起着重要作用，它既能促进机体的生长发育和组织再生，保持皮肤健康，又能增强细胞生命力，延缓肌肤衰老。

微量元素中的铁元素，是血红蛋白的重要成分，有助于人们保持面色红润，并且使皮肤具有弹性，保持活力不易衰老。

铜元素也是人体内一种必需的微量元素，可以促进人体的新陈代谢。含有铜元素的金属硫蛋白以及超氧化物歧化酶等具有较强的清扫代谢废物的功能，能保护人体细胞不

受代谢废物的损害，是抗衰老的“能手”。

同样，微量元素中的锰元素，可以有效改善机体的造血功能，维持正常的糖代谢和脂肪代谢，阻止和延缓人体器官的衰老。

南珠成分中除了含有丰富的碳酸钙和微量元素之外，还拥有多种对人体有益的氨基酸，而且南珠之所以能有效地延缓肌肤衰老，便是有赖于以下七种人体必需或非必需氨基酸的帮助。

第一是甘氨酸。人体皮肤的主要成分是胶原蛋白，而甘氨酸能有效地促进胶原蛋白的再生，并具有显著的保湿功效，能时刻滋润皮肤，给皮肤补充活力。第二是赖氨酸，它能调节人体代谢平衡，有效地提高人体对钙的吸收以及积累，防止骨质疏松。第三是丝氨酸，它在脂肪和脂肪酸的新陈代谢中发挥着重要的作用，能促进肌肉的生长，有助于维持人体健康的免疫系统。第四是缬氨酸，它不仅能给肌肉提供额外的能量，产生葡萄糖，以防止肌肉衰弱，有助于清除身体潜在的毒素，而且当它与其他两种高浓度氨基酸（异亮氨酸和亮氨酸）一起工作的时候，它能促进身体的正常生长，修复组织，调节血糖以及给身体提供能量，防止肌肤衰老。第五是半胱氨酸，它能有效地清除如甲醛、乙醛、铅、镉、氯甲汞等毒素，维持皮肤的新陈代谢，预防和治疗放射光线对皮肤的伤害，强化皮肤对外界刺激物质的防御能力，并具有防止生物体衰老的功能。第六是甲硫氨酸，它是构成人体的必需氨基酸之一，有利于人体肝细胞恢复正常生理功能，对心肌具有保护作用，有效预防和治疗有毒金属或非金属对人体的伤害，并在人体内生物合成与代谢中发挥着重要作用。最后，南珠还含有宝贵的天然牛磺酸，它可以促进肠道对铁元素的吸收，有助于增强红细胞膜的稳定性，更具有抗氧化、延缓衰老的作用。

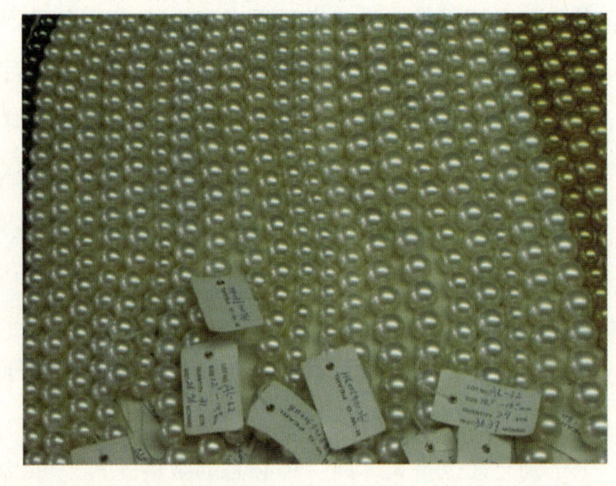

一般来说，导致我们皮肤加速衰老的主要原因是下列几个：首先是岁月。正所谓“岁月不饶人”，世间万物也是如此，既有绽放得最灿烂的青春时刻，又有不可避免的枯萎瞬间。随着岁月的流逝，人体内的机能系统也跟着逐渐退化，皮肤也就跟着一天一天地衰老。其次是生活环境的问题，近年来，虽然我国的环境状况基本上取得了一定的改善，但是依然存在着环境污染严重、生态环境被破坏等一系列的环境问题。假如一个人长时间生活在污染严重，或者气候恶劣的环境（如紫外线强烈、沙尘暴严重等）之下，人体皮肤过多地接触和吸收散播在环境周围及空气里的有害物质后，将容易导致皮肤的加快衰老。再次为饮食问题，现今大多数快餐食品都含有添加剂，几乎没有对人体有益的营养成分，如果过量摄食的话，会对身体器官造成伤害，加速人体皮肤的衰老。不少人还存在偏食的习惯，这可能会令人体饮食营养失衡，继而导致发育不良或过早衰老。最后是精神压力问题，相信大家对伍子胥一夜白发的故事都有所听闻，伍子胥之所以一夜之间黑发全部变白，归根到底是由于其负担着巨大的精神压力，过于苦闷、焦虑。有些人之所以患有精神病，甚至选择自杀，是因为他们承受不了精神压力上的煎熬。况且精神上压力过大的话，对人们的身体状况也会造成一定的负面影响。适当的压力能给人动力，过量的压力则会给人带来生理以及心理上的危害。

在“岁月不饶人”这个问题面前，人类也不全是无能为力的。南朝刘宋时期历史学家范晔的《后汉书》记载：“华佗晓养生之术，年且百岁犹有壮容，时人以为仙。”其所谓的“养生之术”就是指由汉末名医华佗创编的“五禽戏”，相传华佗每天都坚持操练“五禽戏”，因而老当益壮，活到百岁。

古时有“五禽戏”延年益寿之道，现今就有珍珠延年保健养生之法。脂褐素，又称老年素，是细胞氧化后的产物，在人体的神经组织、心肌组织以及肝脏组织等都存在脂褐素沉积物，其会伴随着人们年龄的增长而逐渐增多，是人体衰老的主要原因之一。而南珠则拥有抑制这种脂褐素生长、增多的功效，同时它能增强人体细胞的活力，有效地延缓细胞衰老，使人常葆青春。

长时间佩戴南珠项链，有利于南珠与皮肤保持接触，并经由人体分泌出的汗液吸收珍珠中的营养成分，这不仅对人体起到一定的保健作用，而且具有镇静安神的功效。至于环境恶劣对人体皮肤造成伤害这个问题，如果是居住在环境恶劣的地方，那么最好的办法就是迅速搬离这个地方，以免家人以及自己的身体继续受到伤害。假如由于各种原因以致在一段长时间之内都无法搬离环境恶劣的居住地，那么就要学会如何保护身体。南珠是最好的天然保健物品之一，长期服用南珠粉能有效地排除身体内的毒素，清热下火，外敷南珠粉能滋养肌肤，给肌肤形成保护层。

再如饮食方面的问题，现今青少年在饮食问题上正面临着严峻的考验，不是由于缺少食物，而是因为食物选择太多了，以致青少年容易养成偏食等习惯，造成宏量元素与微量元素的缺少，最终导致其发育不良，甚至引发疾病。而且，现今大多数的青少年都喜欢诸如方便面之类的快餐食品，并经常以它们为正餐，最后带来的就是一连串的身体受损的问题。笔者认为，现今的青少年应当以古人为榜样，学习古人对养生之道的孜孜

追求，提高饮食质量。要知道，古人早在千年之前就已经将南珠粉列入保健食品的名单之中，可见南珠粉对于人体有着多么重要的保健作用。青少年在改善饮食的同时，也可以通过定时定量服食南珠粉或者其他与南珠粉相关的保健食品，来促进自身的良性发育。现今医学界许多权威人士都十分认同一点：南珠粉具有促进青少年良性发育的功效，并且对人体毫无副作用。

在精神压力方面，压力问题的确困扰着许多人，包括笔者在内。人的生活总不会是一帆风顺的，人们每天都要面对各种各样的问题，久而久之精神上的压力也就越积越重，严重影响着身心的健康发展。年轻人有读书、恋爱、就业等方面的压力，中年人有事业、家庭、社会等方面的压力，老年人也有病痛、死亡等方面的压力。据专家介绍，缓解压力的方法有很多种，其中保持乐观的心境、坚持锻炼身体以及提高自身的修养是最基本而且效果显著的减压方法。此外，长期定时适量服食南珠粉与佩戴南珠饰物，对缓解精神压力也同样有着显著的功效，这是由于长时间吸收大海精华的南珠本身就具有宁神、安心、镇静的功能，《本草纲目》中记载："珍珠，安魂魄，定惊悸。"南珠有助于治疗精神或心理等病症，而且天然安全，不像西药那样有一定的副作用。

压力过重，可能导致人们严重失眠。人们之所以失眠，与在睡觉之前因某事而过度牵挂或者兴奋，以及因学习、工作等方面的压力而心情低落、烦躁焦虑等有关。对此，我们可以通过服食南珠粉来改善失眠状况。长期孕育在大海里的南珠性质温和，研磨成粉末后长期食用，能有效调节人体的内分泌，有助于调节神经中枢的细胞，避免人们在入夜后过度兴奋，继而提高睡眠质量，睡眠状况也将得到良好的改善。但无论是服食南珠粉还是佩戴珍珠饰物，都必须注意一点，那就是要定时定量并且持之以恒，切忌半途而废，否则其功效就会大大降低。

"人老珠黄"中的"珠黄"，有的人认为其指的是由于人体皮肤吸收南珠中大部分的营养成分，继而导致南珠表面变黄，失去光泽；也有的人坚持那是指眼睛新陈代谢的异常现象，色素在眼结膜层积聚黄色物质。不管是哪种释义，其深层意思都是与老化这个话题有关。随着人体一天一天地老化，各种疾病也就接踵而至，白内障便是其中的一种疾病。引起白内障的重要原因之一就是老化。白内障这种病是常见的老年人疾病之一，难以完全治愈。但从一些古代医药典籍中，我们可以得知南珠粉对于医治白内障是具有明显功效的。譬如药圣李时珍的《本草纲目》就明确指出：珍珠，主明目祛翳。据了解，导致老年性白内障发病的主要原因之一是营养素代谢，人体缺乏某些维生素和微量元素，如钙、磷、维生素 E 等。而南珠就具有大量的活性钙以及丰富的微量元素，能为老年人补充所需的钙以及微量元素，并有效地调节人体内各部位的含钙量。

内分泌紊乱也是导致老年性白内障产生的原因之一，南珠本身的组成成分中也含有调节内分泌的微量元素。因此老年人长期服食南珠粉能有效地防止白内障病发，或有效地控制白内障病情。同样，南珠对于其他老年性疾病也有着相当不错的疗效，如有助于防治老年性耳聋、治疗老年痴呆以及对抗视力下降等。

南珠保健功效十分显著，在现今社会发达的科学技术的帮助下，其保健功效更是得到了更大的发挥。人们利用先进的科学技术，将南珠制成了各种各样的保健产品，人们可更方便地使用南珠来保健身体。由南珠制成的保健产品主要有下面几种：南珠粉胶囊、南珠菊花晶、南珠柠檬茶、南珠抗皱滋养霜、南珠沐浴露、南珠苦丁茶含片、南珠维生素 C 含片等。

南珠保健文化博大精深，承载着古人对养生之道的不断追求以及心得体会，相信在未来的日子里，南珠的保健文化会逐步在人民群众中广泛地推广，提高人们对南珠保健养生功效的认识，继而更好地帮助人们保健身体。

四、服用南珠粉的注意事项

历代中医药典籍的记载以及现今相关部门专家的实验证明：高品质的南珠粉是可以内服的。且现在多种口服的南珠粉产品都通过了国家的检测，获得了保健食品的文号。另外，我国国家药品食品监督管理局（SFDA）批准的南珠粉功能主要包括去除黄褐斑、增加骨密度、增强免疫力等。

南珠粉对于人体的益处有很多，但是南珠粉并非每个人都适宜服用。目前，已有相关学者专家指出，南珠粉属于凉性的中药，只适合燥热体质的人服用。体质虚寒的人长期服食和使用南珠粉，非但不能达到强身健体、美容养颜等目的，反而会增加自身体内的寒气，容易引起消化不良、连续腹泻、四肢发冷、面色蜡黄等症状。还有人说，假如南珠粉与草酸类食品（如菠菜等）一起食用，就会容易引起结石。因此，体质偏寒、胃偏寒的人以及结石患者都不适宜服用南珠粉。专家建议，在服用南珠粉之前，必须找中医把脉，辨明自己的身体属于哪种体质之后，才决定是否要服用南珠粉。总的来说，外敷南珠粉还是比较安全的，不过医生还是建议，在外敷南珠粉之前最好做个皮肤测试，避免出现过敏等症状。

对正常人来说，通常一天服食 0.3～0.6 克的南珠粉就已经足够了。而且女性在月

经期间应该暂停服食南珠粉，因为月经期间女性的体质会比平常更为虚寒，此时不宜再服食凉性的食品，以免增加体内的寒气，造成身体不适或引起疾病。普遍来讲，刚开始服食南珠粉的时候，有些人会出现一些如发热、腹泻、长痘痘等排毒现象。假如遇到这种情况，请不必惊慌，因为这是南珠粉对人体排毒起作用的正常反应。如果认为身体一下子承受不了这么多的排毒反应，可以采取减少南珠粉服食用量的方法，来让身体慢慢适应南珠粉的排毒作用，直到身体基本上可以承受之后，再视自身的情况适度增加南珠粉的服食用量。

在一些药店里会有现磨的南珠粉销售，我们是否可以安心购买这些现磨的南珠粉呢？专家指出，用于口服的南珠粉的细度一般是在2 000 ~ 10 000目（目，细度单位，指在一平方英寸上可以打孔的数量。目数越多，则表示每个孔的直径越小）。在市面上，由药店员工现磨的南珠粉一般只有几十目，远远达不到口服南珠粉的细度标准。这些南珠粉很难被人体肠胃等吸收，甚至还会伤及肠胃。此外，现磨的南珠粉也没经过消毒杀菌的处理，其质量以及功效是难以保证的。因而，这类现磨南珠粉不适宜用以服食。

五、南珠作为中药处方

我国的中医以及中药知识历史悠久、博大精深，是中华民族五千多年历史上的一颗璀璨明珠。身为中国北部湾天然瑰宝的南珠，同样在滚滚的历史长河里闪耀着璀璨夺目的光芒，并在中药史册上占有重要的地位。在很多的中药处方里，我们均可以看到南珠的身影，譬如下面这些珍贵的中药处方：

治心悸、怔忡、失眠，证属心、肝经有火而火不盛者，可单用南珠粉吞服，或蜂蜜调服；若为火热炽盛者，则常配黄连、山栀子、竹叶、龙胆草等清心火、泻肝火之药同用；若为痰热引起者，常配朱砂、琥珀、天竺黄等镇心安神、清热化痰之药同用，如《万病回春·卷四》金箔镇心丸；若为气血亏虚者，常配人参、当归、茯神、酸枣仁、柏子仁等益气养血、养心安神药同用。

治癫痫抽搐，若为痰火扰神者，常配牛黄、郁金、胆南星、白矾等清热化痰、息风止痉药同用；若为风痰闭窍者，常配全蝎、蜈蚣、胆南星、牛黄等息风止痉、豁痰开窍药同用；若为气血亏虚者，常配人参、制何首乌、全蝎、琥珀等补气养血、息风定惊药同用。治外感热病导致的高热惊厥、神昏谵语，常配牛黄、水牛角、朱砂、麝香、冰片等清热泻火、开窍醒神药同用，如《温病条辨》安宫牛黄丸。

治小儿惊风，证属心肝火盛而发急惊者，常配黄连、山栀子、朱砂、灯芯草等清心安神、凉肝定惊药同用；若为痰热急惊者，常配牛黄、地龙、天竺黄、蝉衣等清热化痰、息风止痉药同用；若为脾虚慢惊者，又常配党参、茯神、天麻、僵蚕、煅牡蛎等补气健脾、平肝定惊药同用。

治赤脉贯睛、目生花翳，可以其配伍冰片、琥珀、朱砂、硼砂研粉点眼，如《圣惠方》珍珠散。

治暴发火眼、肿痛羞明、风眼赤烂，可以其与炉甘石、冰片、硼砂、熊胆等共为细末，每以骨簪蘸清水后，再蘸药粉少许，点入大眼角，即可收效，如《全国中药成药处方集》（兰州方）八宝眼药。

治胬肉攀睛、云翳湿痒，可以其与冰片、麝香、硇砂、硼砂、炉甘石等共为细末，每取少许，用冷开水或乳汁调匀，用玻璃棒蘸药，涂入眼内，且静息片刻，即可收效，如《中国药品实用手册》八宝拨云散。治肝虚有热之目赤涩痛、早期翳障及视力疲劳，可以其配伍冰片、炉甘石等制成眼药点眼，如《中国药品实用手册》珍珠明目滴眼液等。

治痈疽溃疡、疮口久不收敛者，可配冰片、象皮、乳香、铅粉等，共研细末，每取少许，敷患处，如《疡医大全》（卷九）生肌散。

治喉痛腐烂，牙龈溃烂，可配牛黄为末，吹患处，如《全国中药成药处方集·五官科》珠黄散。治口舌生疮、齿龈腐烂肿痛及咽喉肿烂疼痛，可配朱砂、冰片、硼砂、玄明粉，共为细末，每取少许，吹敷患处，如《中国药品实用手册》珍珠冰硼散。

治湿疹瘙痒，可配蛇床子、炉甘石、枯矾、冰片、苦参等燥湿止痒、解毒消肿之品，研细末外用。治烧烫伤，特别是面积不超过皮肤10%者，可配煅炉甘石、煅石膏、海螵蛸、乳香等清热止痛、活血生肌之品同用，制成软膏外涂患处，如《中国药品实用手册》珍石烧伤膏。治刀伤出血，可在清理创口的基础上，取适量南珠粉或南珠层粉，直接外敷损伤处，即可收生肌止血、促进伤口愈合之效。

第三节 我和南珠有个约定

第一次遇见你的时候，陌生又熟悉的感觉不禁油然而生，你温暖的光芒总能轻易地触动我那颗冰冷的心，从此我的视野里就只停留下那抹温暖的光芒。或许你就是我前生眼泪的化身，命中注定要与你相伴一生。你有一个美丽的名字，叫做南珠。

一、柔情似水的南珠情怀

南珠是大海中充满神秘色彩的传奇，拥有如漆黑夜空之中明月般宁静柔美的光辉，犹如深藏在遗落在大海里的一轮明月中的宝石，因而有人称它为“月之宝石”。大海，宛如一个巨大的聚宝盆，聚集了各式各样的奇珍异宝，一直深深地眷顾着每一位女子，并慷慨地把自己最为珍视的宝贝——南珠，赠与了她们。古书里也有载道：女子是由水做的，拥有如水般的柔情，情深而泪似海。或许正是这一句“情深泪似海”，大海才会对历代女子有着这种与众不同的眷顾。因为只有女子似水般的柔情才能让南珠绽放出那份与众不同的美丽，同时也只有南珠的这份美丽才能更好地衬托出那份只属于女子的独特魅力。因而在每一位高雅成功的女士心底，无一不拥有一份柔情似水的南珠情怀。

女人爱南珠，似乎自古以来就是天经地义的一件事，无须问什么原因，也无须作任何解释，这或许就是女人与南珠命中注定的情结。中国南珠具有温润高雅的特性，总能很好地诠释出女性的万种风情。不论是古代知书识礼的大家闺秀、温柔体贴的小家碧玉，还是现今干练精明的女商人、知性能干的女性白领、贤惠可人的家庭主妇，都深深地喜爱着南珠。因此，有人说，女子本来就是一颗浑然天成的南珠，由一颗小小的沙砾最终演变成散发出璀璨光芒的南珠。但这过程又是艰辛的，再怎么天然的南珠，终究不是完美无瑕的，更何况是女子。尽管是宛如西施般的美女，假若缺少了后天养成的内涵和修养，终究只是一颗平淡无奇、光芒暗淡的南珠。《灰姑娘》，一个多么梦幻而美丽的童话。可是童话终归只是一个童话，现实中又有多少个灰姑娘能如愿以偿遇到一个能拯救自己并深爱自己的王子呢？灰姑娘可也是历尽生活的艰辛才遇到属于她生命中的那位王子，况且灰姑娘只是一颗暂时被铺上灰尘的南珠而已，抹去身上的灰尘，终究还是那颗心地善良的璀璨南珠，始终会被人发现的。

有句话说“是金子总会发光”，同理，“是南珠也总会发光”。因此，为了能让命中注定的那位王子更容易地找到我们，我们就要努力地让自己拥有美好丰富的内涵，让自己身上的光芒更耀眼更夺目。世人之所以爱南珠，爱的就是它所拥有的那份丰富的内涵以及独一无二的灵气，这是其他珠宝所不能与之媲美的。或许，世上会有比南珠外表更璀璨夺目的珠宝，却没有一件与南珠一样拥有丰富的内涵与灵气。

“鲛人泣珠”的美丽传说，给南珠增添了一抹淡淡的忧伤与高贵，鲛人的每一滴眼泪，仿佛滴在了每一位女子的心上，隐隐约约地散发着刺骨的痛。笔者开始有点体会到“沧海桑田珠有泪”的意境了。月夜之下，鲛人心痛地吟唱着哀伤的歌，泪如雨下，痛苦的泪成就了一颗颗美丽的南珠。事实上，每一颗南珠的形成都是建立在蚌的痛苦之上，是蚌历经长年累月痛苦煎熬过后爱与泪的结晶。女人也大概与此相似吧，从一开始的天真烂漫，到历经痛苦磨难之后，绽放出最美丽的那一面，那个时候的女人也是最让人心动的。

南珠，寄情七世，才能够钟爱它三生，因此颗颗皆为心中的挚爱；朝夕轻抚，才能够柔摸黄昏，因此粒粒都因梦里的佳缘。

二、诗画中的南珠情缘

女子对珍珠（包括南珠与淡水珍珠）的深厚情结，可以追溯到古代，而且从一些诗词之间，可以得知古时女子对珍珠的喜爱程度。

“玉烟生窗午轻凝，晨华左耀鲜相凌。人言天孙机上亲手迹，有时怨别无所惜。遂令武帝厌云韶，金针天丝缀飘飘。五声写出心中见，拊石喧金柏梁殿。此衣春日赐何人，秦女腰肢轻若燕。香风间旋众彩随，联联珍珠贯长丝。”鲍溶的《霓裳羽衣歌》，这里的一句“联联珍珠贯长丝”，既生动地描绘出领舞者绝美而精湛的舞姿，也向我们传递出一个信息：珍珠深受当时大唐女子的喜爱，包括一众皇室妃子。何以见得？鲍溶的《霓裳羽衣歌》描写的就是盛唐杨贵妃和梅妃为唐玄宗表演霓裳羽衣舞的情形，其领舞者正是杨贵妃与梅妃。此诗不仅再现了大唐的繁荣盛世，更点出自古帝王妃嫔就对珍珠有着独特的厚爱。帝王妃嫔尚且如此厚爱珍珠，更何况是民间女子。由此可见，珍珠是深受当时上至皇室成员、下至民间百姓的热烈追捧。

宋代的婉约词人柳永也曾在《尾犯》一词的下阕中写道：“佳人应怪我，别后寡信轻诺。记得当初，翦香云为约。甚时向、幽闺深处，按新词、流霞共酌？再同欢笑，肯把金玉珍珠博。”表达了作者深深的思念之情，在最后一句“肯把金玉珍珠博”中，我们可以看出当时宋朝女子对珍珠的钟爱。词人在这里愿意用金玉珍珠去博取过去相聚欢笑的时光，为何偏用金玉珍珠去博取，而不用翡翠、玛瑙、白银等同样珍贵之物？这大概也只因为当时的女子对金玉、珍珠比较偏爱，她们对珍珠有着深厚的喜爱。

倘若说古代中国主要是以诗词间接透露女子对珍珠的情有独钟，那么中世纪以来的欧洲则主要是通过油画直接表达对珍珠的喜爱之情。

一如文艺复兴时期著名画家波提切利的作品《维纳斯的诞生》，画中少女维纳斯婀娜多姿地站在一只荷叶般的巨大贝壳之上，从女神身上抖落的水珠瞬间成为一颗颗晶莹剔透的珍珠，天空蔚蓝无边，海面波平如镜，粉红、粉白的花瓣从天而降，并有风神和果树之神为庆贺女神的诞生而送来了美丽的新装。画家之所以选择了珍珠作为画中唯一

的珠宝，是因为在欧洲人心目中珍珠代表着纯洁无瑕、高贵优雅以及一切美好的事物，而维纳斯又是美和创造美的女神，这里用珍珠来衬托出维纳斯诞生的美好瞬间是再贴切不过了。由此可看出，珍珠在中世纪欧洲人心目中的地位是多么重要。

再如与达·芬奇的油画作品《蒙娜丽莎的微笑》齐名，出自17世纪欧洲荷兰黄金时代巨匠维米尔的代表作油画《戴珍珠耳环的少女》，一幅看似平凡无奇的油画，却能使许多游客文人停下其脚步，久久不愿意离开。是什么深深地吸引着他们，让他们流连忘返呢？那就是画中的唯一主角：一位戴珍珠耳环的少女。画中的少女身穿的朴素外衣是棕色的，其衣领是白色的，戴着的头巾四周是蓝色的、垂下的那部分是柠檬色的，画面背景全是黑色，这样一来不仅给人们带来强烈的色彩对比，而且还有一种独特的视觉效果。画中少女转身凝望，双唇微启，欲说还休，她的惊鸿一瞥也深深地烙在了我们的脑海中，同时给我们的心灵带来不少的震撼。整幅油画的点睛之处就在于少女左耳佩戴的一只珍珠耳环，在画中若隐若现的感觉，十分突出。在这里的珍珠又代表着什么呢？翻看资料才知道，原来在这位画家的作品中，珍珠通常是代表着贞洁。看来珍珠在欧洲人的心目中有多种象征意义，并且都是美好品质的象征。

纵使文化背景各异、宗教信仰各异、成长环境各异，但是中国人与欧洲人对珍珠的喜爱却如出一辙，可见，珍珠在许多国家的人们心目中都占有一席之地，而且所占有的分量不轻。

三、人们的南珠情结

众所周知，南珠，在作为一种珠宝首饰的时候，能淋漓尽致地展现出女士们典雅高贵等独特气质；在作为一种美容产品的时候，能神奇有效地呵护女士们的每一寸肌肤；在作为一种药用保健产品的时候，被古今多本中药经典医籍视为最佳的良药，甚至有可能延年益寿。随着人们对珍珠价值的逐渐了解，南珠的受欢迎程度也日益加深，那么，古今又有哪些名人对南珠喜爱至极呢？下面就为大家逐一介绍。

（一）中国史上第一位女皇帝——武则天

武则天，一位一生富有传奇性色彩、空前绝后的封建女皇帝，拥有雄才伟略及过人才智。大唐在她的治理之下国泰民安，于内政通人和，于外平定边患，她承接贞观之治，开启开元盛世，功绩显赫。她也是一代绝色佳人，对南珠首饰尤为喜爱，且深懂南珠神奇的美容价值，平日便通过定时内服外敷由天然南珠研磨制成的粉末来保持容颜。史载，武则天于63岁登基之时，“虽春秋高，芳自润泽，虽左右而不悟其衰”。

南珠的安心宁神药用保健功效也有助于武则天冷静明智地处理朝政大事。不知为何，每每读着武则天的丰功伟绩时，打从心底惊叹佩服之余，还隐约感觉到一点莫名的哀伤。封建王朝的深宫大院让一张张原本天真烂漫且充满青春气息的脸蛋渐渐褪尽了最初朝阳般的光芒，留下的只有岁月无情的痕迹以及人近黄昏的余晖。但是，既然路是自

己选的，就算怎样艰难，她也要勇敢地走下去。能慰藉她的或许就是握在手中的一串晶莹剔透的南珠。南珠与她一直相依相随，伴她历经深宫的风云骤变，伴她斗智斗勇、发挥她的雄才伟略，伴她一步一步地迈向那个最终的宝座。无论她是胜者，还是败者，她都始终紧紧地握着手中的南珠。南珠是她一生最爱的珠宝，或许，她这辈子早已注定要与南珠相伴一生。

（二）中国晚清最高实权统治者——慈禧太后

慈禧太后，一位一生充满着各种各样争议的清朝晚期最高女性实权统治者。史载，清朝慈禧太后曾说：“世上东西我最喜欢两样，一样是既可以佩戴又可以养生美颜的珍珠，另一样是玉石，我要她们一直陪伴着我。”

而在百姓坊间也流传着：慈禧为保持青春容貌，在宫中专门设立研磨南珠的机构，以保证有充足的天然珍珠粉末，供她每天外敷内服。她还通过自己长期外敷内服南珠粉的实践摸索出一个养生美颜的方子。慈禧凭借其惊人的毅力，十年如一日坚持每天按照这个方子使用南珠粉。

通过现今科学研究进一步证明，南珠及南珠粉的确有养生、养颜、安神等功效。书载：“德龄公主在慈禧六十岁侍奉其沐浴时，竟惊奇地发现其肌肤仍宛若处子。”这一事实的确不假。也难怪慈禧太后在长期纷繁杂扰的政治斗争中能时刻保持着充沛的精力以及敏捷的思维反应。

据说，慈禧也十分喜爱南珠首饰，无论出席什么场合都佩戴着大大小小的南珠项链，而且喜欢收集有关珍珠的奇珍异宝，比如她曾拥有的稀世珍宝“亚洲之珠”。可惜，南珠虽然能呵护她的每一寸肌肤，令她的青春常驻，但终归呵护不到她那颗寂寞空虚的心灵。

有人说她是幸运的，因为尽管身为女人，但在那个封建思想根深蒂固的时代里，她仍能以君临天下的姿态，得到了最高的权力与地位；但同时她也是不幸的，青年丧夫，中年丧子，在权力的追逐中迷失自我，最终下场悲惨，连死后都不得安宁。

历史上的慈禧太后始终身陷在一片争议声中，这些争议几乎全是否定的声音，她受尽世人的非议。世人一味责怪诘难她的种种不是，可是谁也不能否认她也是那个时代的牺牲品，试问有谁愿意一辈子困在那高高的宫墙里，与世隔绝地度过一个又一个孤独的漫漫长夜呢？她也想像唐朝武则天那样，把国家治理得井井有条、平定外患。但她终究不是武则天，没有武则天的雄才伟略，有的只是深宫恶斗的伎俩，而且已经日落西山的大清王朝也不是正值国力强盛的大唐王朝，即使有心也无力了。

夜深人静之际，是谁在低声叹道："纱窗日落渐黄昏，金屋无人见泪痕。寂寞空庭春欲晚，梨花满地不开门。"

（三）中国著名的京剧艺术大师——梅兰芳

国粹京剧以其独特的表演艺术震撼了世界，而京剧大师梅兰芳则以其独树一帜的舞台艺术感动了所有中国人。梅兰芳先生不仅对我国的京剧事业有着巨大的贡献，而且也是一名不屈不挠、铮铮铁骨的爱国人士。在抗战期间，纵使生活举步维艰，他仍坚持蓄须以明志，坚决拒绝为敌人表演。梅兰芳先生这一实际行动，鼓舞了千千万万的中国人民为祖国的抗战胜利而奋力抗争。著名画家丰子恺更是深受感动地赞叹道："茫茫青史，为了爱国而摔破饭碗的'优伶'，有几人欤？"

这么一位不论是在舞台还是现实生活中均大放异彩的传奇人士，同样也是一位一生深爱着珍珠的柔情硬汉。众所周知，梅兰芳先生擅长扮演京剧里的旦角，并绝大多数是担任"正旦"，因而为了向观众呈献最精彩的舞台表演，梅兰芳先生对其所出演的旦角戏服十分讲究，每件戏服上的装饰品都是他精挑细选的，而梅兰芳先生最喜欢的就是用南珠来装饰他的每一件戏服。或许正是南珠由内而发的独特光泽，璀璨夺目的同时隐约透露着含蓄而深韵的高雅谦虚精神，与中国人的传统美德有着相似之处，因而深获梅兰芳先生的喜爱。

身为京剧的旦角，除了对舞台效果精益求精之外，对肌肤的保养也十分重要。梅兰

芳先生之所以如此钟爱南珠还有另一个原因，就是南珠有显著的养生美颜功效，同时他对南珠的美容保健也有着一套独到的见解。其子梅葆玖曾透露道，父亲长期在坚持控制饮食、练功的同时定时服用自己调制的南珠粉，以及使用此南珠粉涂手敷面，这就是为何父亲即使于花甲之年，仍然朱颜依旧，能饰演妙龄少女角色的原因。服用南珠粉可滋润嗓子，保持声音悦耳动听，而使用珍珠粉涂手敷面则有助于皮肤的保养，使之面色红润而有光泽，葆青春而不衰。

沧海桑田，昔日舞台上的胭脂红粉褪尽了青春，而珍珠却始终如一地伴着他演绎了一段又一段的不老传奇。一代京剧艺术大师，就这样与南珠结下了不解之缘。

（四）影视圈的那些珍珠女人

1. 张曼玉

张曼玉，一位享誉国际的著名中国女演员，成功地塑造了许多经典的角色。而对她印象最深刻的，还是她在《花样年华》里的形象，她穿着仿佛只是为她量身定做的旗袍，言行间透露着迷人的风韵，脸上的笑容如珍珠光芒般的温柔夺目。在一次访谈中，张曼玉曾经这样大谈心中的挚爱：“在世上所有的珠宝里，我最爱就是来自大海的珍珠。直到今天我依然相信着遥远的海里有美人鱼，会在月光如银的夜晚浮出水面，坐在礁石上唱歌。”多少个春秋过去了，我们依然能从她身上看到如大海南珠般的动人光彩，岁月带给她的似乎是越发成熟的美丽，而那种美丽就像南珠由内而发的光泽。她依旧那般的自信，那般的优雅，那般的迷人，那般的坚强。

2. 高圆圆、徐熙媛（大S）、赖雅妍

内地当红的清纯实力派女演员高圆圆，在电影《青红》里，她那如白莲般的清纯气质，不知打动了多少男士的心，使他们为之疯狂；而众多女士也纷纷表示自己十分羡慕高圆圆那张吹弹可破的脸蛋。身为演员的她，很少能有充足的睡眠，而睡眠少对皮肤有着不少的伤害。因此为了弥补在工作繁忙的时候睡眠不足以及经常性化妆对皮肤的刺激，高圆圆自己便钻研出一套南珠粉养颜的方法。用南珠研磨的粉末，就是她保持肌肤吹弹可破、白皙嫩滑的首要秘诀。除了多次表示对南珠粉妙用的喜爱之情外，她对南珠首饰也相当钟爱。

素有“美容大王”美誉的著名女星徐熙媛（大S），对珍珠的美容价值也有一番很深刻的体会，尤其是在她探索出珍珠有如此神奇的美容功效后，她对珍珠更是偏爱至极。许多女生都称赞大S护肤有方，并且十分渴望能拥有像大S那样又滑又白的皮肤。对此，大S十分大方地在自己出版的书中与大家分享她多年来美容护肤的心得和体会。

其中更是提及，她是通过定期服食一定分量的南珠粉，以及使用自己调制的含有南珠成分的面膜来养颜护肤的，另外在护唇、护手方面，她都一直使用含有南珠成分的唇膏和护手霜，以此滋润双唇以及一双纤纤玉手。除了美容护肤经验了得之外，大 S 在南珠首饰与服饰的搭配方面也有着独特的品位，总能使之和谐地搭配在一起，并让南珠首饰突显出自己的高贵大方。

出生于中药世家，并被媒体称为“台湾大长今”的赖雅妍，从小就深知南珠的美容、药用、保健等珍贵价值。不仅在自己出版的美容书籍中，大力推荐了南珠的美容护肤功效，更介绍道：南珠粉可内服也可外敷。内服可驻颜养生，外敷可美白滋润肌肤。这位中药世家的千金，以其对南珠的独特体会，教会世人青春常驻的美丽秘方。

笔者曾在报纸上看到过这样一段话，这个世界上，有如璞玉的女人，有如花岗岩的女人，有如小石头的女人，还有如南珠的女人。而在这当中，如南珠的女人是最精彩的，她不但有着善解人意的美丽外表，更有着坚定含蓄的美好内在。换句话就是说，南珠是女人的完美表达。古今名人都喜爱南珠，是因为它完美地诠释了女人的美丽。现在，你是否开始有点明白为何名人们总是对南珠有着千丝万缕的情结了呢？相信在不久的将来，在每个人的心中都会有着一份自己独特的南珠情结。

第五章　谁动了我的奶酪——南珠走向何方

2010年是深圳经济特区建立30周年。中共中央政治局常委、国务院总理温家宝在深圳考察工作时表示："我们站在一个新的伟大的历史起点上，肩负着更加光荣而神圣的任务。必须永远牢记，只有坚持推进改革开放，国家才有光明前途。未来要实现中华民族的伟大复兴，仍然要靠改革开放。"这句话对于南珠产业，可以说，南珠复兴之路，产业升级势在必行，未来要实现南珠的伟大复兴，仍然要靠产业升级。

第一节　南珠之殇

"遂古之初，谁传道之？"早在春秋战国时期，中国伟大的爱国主义诗人屈原就在千古绝唱《天问》中对"道"的起源提出了疑问。而在早期的西方，当古希腊人还没有系统认识哲学的时候，他们也会仰头面对浩瀚的星海，心里发出疑问："我是谁？我从哪里来？"无论中外，正是因为有这些疑问，人类才开始不断探索，才能开创哲学的一个又一个新纪元。其实，对于南珠，要了解它，我们也必须像屈原或者古希腊的哲学家那样提出"珠"问：南珠，你是谁？

说到南珠，先说珍珠。就珍珠的天然物质属性而言，它是在一种生物——珍珠贝的体内生长并且由珍珠贝的分泌物构成的。人们对珍珠的形成具有特殊的自然理解，认为珍珠是自然神奇的尤物。珍珠和黄金、钻石一样，因为其稀有的特性成为珍品，珍珠的商品属性在本质上是珍宝商品，其实珍珠在医疗保健方面也具有非一般的价值，但是绝大多数人都忽视了这一点，只把它的珍宝性作为消费目的。李商隐曾以"沧海月明珠有泪，蓝田日暖玉生烟"的诗句称赞珍珠，由此可见珍珠的稀有性、珍贵程度更胜过黄金。

地大物博的中华大地，每时每刻都有奇迹在发生。我国是世界上最早发现并采集珍珠的国家之一，采集珍珠历史悠久。文献记载，我国从两千多年前的秦代起就将南珠进贡给皇帝，后汉已盛产南珠，明代珍珠的开采更是达到巅峰。可见南珠在中国古代人心中的分量之重，地位之高。在近代，南珠也不是默默无闻的。新中国成立以来，随着国家的重视和经济的发展，南珠产业获得了长足的发展，养珠采珠技术得到一定的进步。南珠产业在科研成果、养殖技术以及珍珠产量方面，分别取得了巨大的成就：我国三大南珠研究中心共获得近20项重大科研成果；母贝人工育苗技术、母贝养成技术、插核育珠技术以及母贝三倍体技术等方面均处于国际领先水平；近年来我国海水珍珠产量（南珠）已超过日本，成为世界上海水珍珠第一大生产国。20世纪末，我国南珠的年产量达到了近20吨，中国成为世界珍珠市场主要供应国之一。目前在全国范围内已经形成了以浙江诸暨、江苏渭塘为主要代表的淡水珍珠集散地和以北海、湛江为主要代表的南珠养殖贸易基地。喜讯不断传来，2005年9月17日，从中国宝玉石协会获悉，如今我国珍珠年产量达到1 500多吨，占世界总产量的95%以上，其中淡水珍珠的产量占到世界产量的99%。

但是我国珍珠出口产品仍以原珠为主，在国际市场上的价格相对低廉，珍珠销售总额只占全世界珍珠贸易的10%左右。湛江市南珠养殖已有三十多年的历史，自90年代以来，湛江市海水珍珠贝苗年产量均占全国的90%以上，去年全市珍珠养殖面积为5.38万亩，珍珠产量为21.8吨，湛江南珠产量占全国产量的70%，海水珍珠加工量占全国的90%，湛江已发展成为我国南珠生产、加工和销售的中心。湛江是全国南珠养殖、加工、出口的重要基地，南珠交易中心市场已从北海转移到湛江。

不难看出，我国的珍珠，无论是淡水珍珠还是海水珍珠（即南珠），都在经济贸易的产量这方面占据绝对的优势，这与我国多廉价劳动力的基本国情相关。那么珍珠的质量以及获取的利润又如何呢？

珍珠有“珠宝皇后”的美称，自古以来便是以女性为主要消费对象的商品。物以稀为贵，作为珠宝，珍珠和一般商品，如柴米油盐有一定的区别。可是现在的一些珍珠养殖户只看到眼前利益，只注重产量，一味追求高产，往往忽略了珍珠的质量水平。只注重产量，忽略质量，一方面导致珍珠产业的高产低值，另一方面造成水质的过度利用，从而导致环境和人力资源的浪费。所以在质量上，我们难以生产出高档级别的珠宝，这与南珠这一珍宝商品物以稀为贵的属性相违背。以下我们将从经济学的角度来分析“物为何以稀为贵”，也就是需求与价格的关系，以便让我们更好地认识到当前珠农究竟走上了怎样的一条错误道路。

要分析需求与价格的关系，我们必须先明确一下什么是需求。

需求是指在一定的时期内，在一定的价格水平下，消费者愿意购买并且能够承担起的商品数量，简单理解就是消费者需要并且有足够的钱来购买的商品数量。在其他因素不变的情况下，需求显示了随着价格的升降，某个体在每段时间内所愿意买的某货物的数量。影响需求的主要因素是商品的价格，价格越便宜，消费者剩余数量就越大，购买数量就越多；反之亦然。

商品的需求和价格的关系在数学函数上是线性关系，将每个不同价格及其对应的需求量描绘在平面坐标图上就会形成需求曲线。一般情况下，价格越低需求量就越大，价格和需求是成反比的。

但是由于其他因素的影响，价格与需求并不是单纯的反比关系。如吉芬发现当年爱尔兰豆歉收，从而引起土豆价格上涨，贫困家庭反而比往年购买了更多的土豆，这是因为土豆开支在这些家庭开支预算中占很大比重，土豆价格一旦上涨，他们就更没有钱买比土豆更好的食品了，为了生存，只好把剩下的钱也买了土豆。这种违背需求的规律，或是跳出需求的规律，价格越高、需求越大的商品被称为吉芬商品。其需求曲线是向上倾斜的。

美国经济学家魏伯伦指出，有一类商品，消费者购买它的目的是展示自己的财富和地位，此类商品的价格越高，就越多人购买。我国现在大学生的文凭就是这样：当文凭价值提高的时候，也就是当一个本科大学生出来后可以因为拥有本科文凭从而更加容易找到工作的时候，就有更多的家庭愿意出钱让子女上大学。此类商品的需求曲线也是向上倾斜的。

我们认为，珍珠既不是正常商品，也不是吉芬商品，它大体是属于魏伯伦商品。但是珍珠的需求曲线并不是一味地向上倾斜，而应该是一条抛物线，即从理论上说，在一定的条件下，它的需求曲线斜率是可以是正的，但是一旦超过了一定条件，它的需求曲线斜率就会变成负的（见下图）。这个一定的条件就是保持珍珠商品的珍宝商品属性不变，不能因为追求产量而忽视其质量，应该保证其珍贵的属性。由于消费者对它的需求主要是为了炫耀，所以可以肯定价格越高越有人购买。

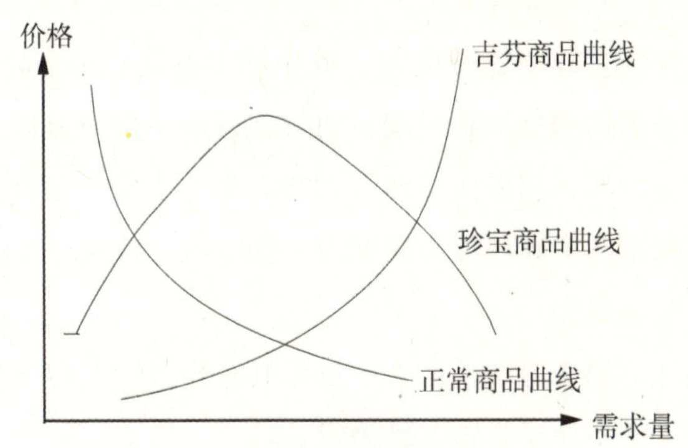

珍珠商品的需求曲线及其与其他类型商品需求曲线的比较

正如J. 加尔布雷斯所说：随着社会变得越来越富裕，欲望就越不断地从人们得到满足的过程中产生出来，以炫耀为消费目的的高消费族群还会一直扩大。所以，珍珠需求曲线斜率为正不但是顺理成章的，更是珍珠产业经营者应该努力追求和保持的。如果珍珠的价格涨到了一个极限，人们的消费剩余为负，人们就会购买其他的炫耀商品，如钻石、黄金，珍珠需求曲线则开始向下倾斜，斜率开始变成负的。

珍珠商品的本质特征和其反常规的消费形态，决定着珍珠经营的核心目标并不是要追求珍珠的产量，而是要追求珍珠产品的质量，以保持它的稀缺性，在“物以稀为贵”的规律下寻求精品产业的高效益。时下，南珠养殖正走在一条错误的道路上，一味追求珍珠的产量，导致珍珠质量下滑，难免会降低南珠的稀有性，从而影响南珠的价格。

澳大利亚在控制珍珠的养、产出数量，提高珍珠的质量上非常有经验。澳大利亚政府首先是在企鹅贝的采集方面，严格控制珍珠的产出数量，每年的配额多一只也不行；其次是在珍珠的质量检测方面，提高科技技术，使用先进技术设备检验珍珠质量，质量不好的就会强制销毁。这就注定澳大利亚珍珠在国际市场上具有相当强大的竞争力，这

点从销售额就可以体现出来：2001 年澳大利亚生产的南洋珠年产值达 1 亿美元，占世界白色南洋珠总产值的 60%。此项巨大的收益是在政府严格坚守 57.7 万个野生贝和 35 万个养殖贝的限额下获得的。而我国目前不少地方盲目追求产量，在养殖过程中急于求成、偷工减料，结果使得珠层微薄，丧失了市场信誉。这种违背珍珠产业发展规律的做法或许在某个特殊环境下会取得一些收益，但是一定是很短暂的，从长远来看则是适得其反，祸害无穷。

南珠，原来这就是你——虽然具有药用、美容等功能，可最大的属性还是你的珍稀性，最大的本质还是物以稀为贵。

当我们开始走近你的时候，懂你，才能更好地为你的发展出谋献策。

湛江，仅仅凭借着它的名字就可以让人遐想万千——湛蓝的天空，宽广的江海。现实中的湛江更美，数不尽的亚热带植物植根于这个海边小城。湛江，古名雷州，由昔日古老繁荣的“广州湾”到今天有“湛蓝之滨”美称的“湛江市”，这片土地孕育了勤劳的人民。历经百年沧桑洗礼的古城，不仅风华不减，反而越发充满活力。随着改革开放以来的各种机遇，拥有便利交通和深厚教育资源的湛江创造了更多的辉煌，留下了更多令人惊叹的神话。

湛江地处祖国大陆的最南端，依靠其得天独厚的地理气候条件、丰富的天然饵料资源，诞生了被誉为“国之瑰宝”的驰名世界的南珠，这里，自古以来就是南珠的重要产地。然而，由于湛江的人均消费水平不高，旅游产业相对于北海、海南等处于劣势，目前湛江的南珠销售业绩并不好，只有 30 间左右的南珠零售店，而大量的南珠主要作为初级产品出口到国外。

同时，湛江还具有一个其他地方无法比拟的优势——湛江水产学院拥有（广东海洋大学前身）在熊大仁教授带领下成立的珍珠研究室。需要注意的是，这在当时是中国国内高校唯一的一所珍珠研究机构。广东海洋大学利用在珍珠领域的科研成果，重视产品创新和产品质量，在保证质量的基础上，不断推出珍珠新产品。目前，“海大珍珠”（广东海洋大学的校办企业）已发展为我国拥有一流技术专家、产品最齐全的珍珠专业公司之一，是一家主要从事珍珠养殖、珍珠加工、珍珠系列产品（美容化妆品）生产开发和贸易的校办科技型企业，拥有国内一流的珍珠养殖和加工技术专家，生产的首饰及开发的珍珠系列产品款多质优，在国内外享有较高的声誉。

湛江，南珠最大加工制造中心，拥有强大的科研实力。

北海是我国最早的对外通商口岸和海上“丝绸之路”起点之一，历史上的北海曾是云、贵、川、桂、湘、鄂等省与海外贸易的主要商品集散地之一。北海是一个浪漫的城市，在这里的街道上，你不会看到匆匆的步履，只会看到人们神态自若、气定神闲地行走。这里的生活是那么惬意，让人不舍。

和湛江一样，北海处于亚热带。这里风光旖旎，气候宜人，阳光充沛，雨量充足，植被丰茂。全年花繁叶绿，四季瓜果飘香。由于重视对自然环境的保护，北海的空气清新怡人，负氧离子含量高，可以算是中国最大的城市氧吧之一，享有“中国最适宜居住城市”的美称。正是因为这一美誉，北海这个浪漫之都每年都吸引数以万计的人来这里。

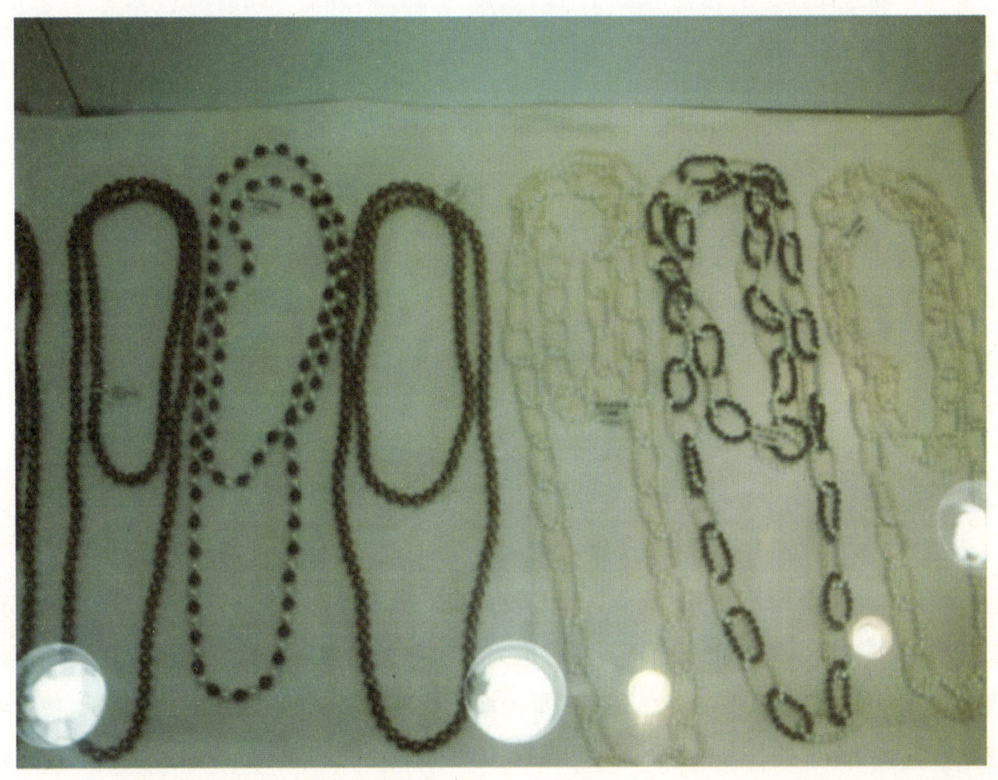

北海的南珠产地和湛江的南珠产地是同时起步的，但是由于北海南珠产地重视保护环境，所以发展较好，“合浦南珠”像“湛江南珠”一样在世界的东方熠熠生辉。北海的边缘产业发展较快，相关行业也发展迅速，加上北海旅游业比湛江更加红火，因此北海珍珠产业的销量较好。可以说北海是“旅游带动南珠产业”。

因为旅游业的发展，南珠得以在北海乃至广西大放异彩。一个北海市，依托其旅游

品牌，使南珠产业辐射整个广西。在东盟博览会上，北海南珠也大放异彩。但是由于北海政府对市场的监管以及在加工研究上投入不足，北海珍珠的销售加工渠道没有得到很好的保证，北海每年产出 4 ~5 吨的原珠，主要也是被湛江和外地的企业收购加工，北海本地加工的数量微乎其微。北海市场也不是完美的，由于南珠产品的混杂和差异，加工得不到保证等原因直接导致北海珍珠产业偏离正确的发展轨道。

海南，是祖国的第二大宝岛，和湛江隔海相望。不算是很遥远的古时候，凭借着“东珠不如西珠，西珠不如南珠”的殊荣，南珠与沉香、原藤、织锦一同成为海南商贸的台柱子。如今繁华落尽，海南人仍是海南人，但沉香、原藤已经不再如昨日富盛。幸好，海南还有悠久的珍珠文化。古称“珠崖”的海南岛，依托快速发展的现代旅游业，成为中国珍珠最主要的零售市场，年销售额超过 3 亿元。

海南，是一个先天美丽的岛屿，自身就具有发展旅游业的优势。国家已经作出重大战略部署，将在 2020 年把海南初步建成世界一流海岛休闲度假旅游胜地，使之成为开放之岛、绿色之岛、文明之岛、和谐之岛。而正是因为海南岛这样的战略定位，使得本地珍珠市场需求旺盛，考虑到其海水珍珠产量在中国还不到 3%，海南才大打珍珠文化的旗帜。在大街上、道路旁、商店里有着大大小小的珍珠商贩，几家规模较大的旅游企业，支撑着海南珍珠产业的发展，它的发展模式跟北海大同小异，都是“以旅游业带动南珠产业，以南珠文化带动旅游产业”的发展模式。

而湛江凭借独特的养殖条件——海水珍珠年加工、销售占全国 70% 以上，占我国南珠产量的 2/3，已成为我国名副其实的南珠加工制造中心，毫不夸张地说，湛江就是南珠生产的世界工厂，加之湛江拥有一所国内高校唯一的珍珠研究机构，而又作为交通发达的港口城市，是广东省西部和北部湾地区的交通中心，完全可定位为南珠产业链的加工制造和科研中心，带动南珠产业链的腾飞。而北海、海南岛因为旅游业的发展，适合定位为终端零售的战略要地，形成湛江、北海、海南三地泛南珠经济圈。

找准位置，找准优势，找准方向，找准适合自己的道路，才能获得最好的发展。湛江、北海、海南三地的珍珠产业发展道路是正确的。相信终会有那么一天，三地能够沿着自己的道路，迈向另一个辉煌。

雷州古，南珠逍遥始大秦，千年千年又千年，
眼看那古城墙上旧苔藓，铭刻千年，
眼看那花开又花落，千年依旧，
眼看那流沙湾中鱼儿游，南珠闪烁。
谁知古城号雷州，至今恰是两千又二百！
如今，谁言，“东珠不如西珠，西珠不如南珠”？

流沙湾，一个有着关于南珠千年不朽传说的地方，正如麦加城对于虔诚的穆斯林那样，是南珠研究者一生之中不得不前往的地方。蓝蓝的天、白白的云是流沙湾给我们的第一印象。

据清人屈大均的《广东新语》载：“南珠自雷、廉至交趾，千里间六池。”从广州到湛江，车行一小时后到雷州市区，继续南行一小时左右，经过龙门、北和、乌石转入覃斗镇到流沙，流沙紧临北部湾。流沙村就在流沙湾，自古以来就被誉为天下珍珠第一村，“中国南珠出流沙”，可见其盛名。

流沙村是一个专业珍珠养殖村。其实流沙村不算是村，因为随着当地珍珠养殖业的发展，流沙村已经初步具有镇的规模：高楼林立，一片繁华。富裕的流沙村向世人展示了南珠曾给这片土地的辉煌。流沙村本来是北部湾畔一处不起眼的小渔村，然而如今，由于珍珠贝的成功养殖，我国北部湾一带早已成为南珠中心，这里的市场行情能影响世界珠宝的价格。流沙村靠近海湾，背风向阳，空气新鲜，天然饵料丰富，是雷州半岛最早培育海水珍珠的地方。站在被流沙港环抱的流沙村远眺，海上成片的珍珠养殖场、孵化场映入眼帘。海面上，养殖珍珠的木桩、木排星罗棋布，叶叶扁舟，穿梭在木排间。双脚踏着这片土地，总让人心情澎湃，往事幕幕而过，仿佛历史悠久的南珠采捕画面一幕幕重演。

明朝是南珠开采的鼎盛时期，早在明永乐十四年（1416）明成祖朱棣就在雷州设

立机构，“诏令流沙采贡珍珠，并命内使镇守对乐珠池”。由此可以看出，当时的流沙珍珠已成为朝廷指定的贡品，其珍贵程度可想而知。但是，明朝也是最让人叹息的一个时期，当时南珠的珍贵令采集者们如狼似虎，全然不顾这块土地的产珠量。资料记载的最多一次（1499 年）采捕天然珍珠竟然达28 000余两（约等于现在的800 千克）。

宋、元、明三朝近 800 年过度采捕，严重破坏了珍珠生产和采集的平衡，影响了可持续发展。经历了2 000多年发展历史的南珠产业逐渐萧条，流沙湾也因珍珠的暗淡沉寂下来。

新中国成立后，党和国家加大了对南珠产业的关注力度。1958 年，三大改造刚一完成，周恩来总理就下了指示：“要把南珠生产搞好，要把百年来落后的自然捕珠变成人工养珠。”流沙湾因为其得天独厚的地理环境，培养采集方便，逐渐代替北海成为南珠养殖的重心。随着珍珠产业链的不断壮大，雷州的流沙镇已经成为中国珍珠第一镇，全镇 1. 2 万农业人口中有 85% 从事珍珠养殖或加工。大井村（俗称流沙村）有 680 户人家，家家养殖珍珠，被称为“中国珍珠第一村”。随着珍珠产出方式从自然捕捞到人工养殖，仿佛可以看到南珠在未来世界持久散发魅力的光芒。可只是仿佛而已，珍珠业的发展如沉睡多时的人儿，蒙眬中动了一动，便继续沉默，唯有轻轻一声叹息飘荡在雷州大地上。

对一个漂泊在外的游子来说，月亮最能勾起思乡之情。但是漂泊在外的流沙湾游子也许更会怀念故乡的海和海里的南珠。毕竟是在海边长大的孩子，南珠记着他们幼时的点点滴滴，流沙湾就是令流沙游子魂牵梦萦的温暖港湾。

今天的流沙湾，已经看不到成片的红树林了，那些美景都已经被淹没在了短暂的时光里。当游子归来时，只能看到和记忆里不甚相同的海湾。由于过度利用大自然赋予人类的丰富资源，加上无节制地开垦与捕捞，导致小海湾鱼类的生存受到威胁，鱼类资源日益减少，流沙湾现时已无鱼可捕、无蟹可捉。回来的游子会在旧时的红树林上看到新建筑的虾塘、养殖场。例如，仅仅在南珠养殖这一方面，20 世纪 80 年代以前，平均每平方米海区养殖珍珠贝只有 50 ~ 70 只，而现在平均每平方海区养殖达到了 200 只以上。这种高密度养殖造成“僧多粥少”的状况，致使水区严重负荷，流沙湾的水已经承担不起过多的鱼虾了。

东南亚湄公河巨型鲶鱼的经历和流沙湾何曾相似，同样珍稀，同样被人过度捕捞。

湄公河巨型鲶鱼是地球上数量最少、濒临灭绝的物种之一，现在世界上仅仅存在数百只。而早在三十年前，湄公河巨型鲶鱼的数量至少是现在的十倍以上。和南珠一样，这是一个正在走向衰败的物种。为什么这个物种会处于这样的局面？为什么人们要冒着侵犯法律的风险捕杀湄公河的巨型鲶鱼？他们可以从事正当行业，但是他们选择去捕湄公河的巨型鲶鱼，只因为他们在承担较小风险的基础上，能够获取更多的钱财。湄公河巨型鲶鱼被认为是珍稀物种，除了具有较高的食用价值外，还具有药用价值。在黑市，一条湄公河巨型鲶鱼的售价会达到20 000美元，而且还是有市无价的。这对于月收入只有 100 美元的东南亚人民来说，是一笔不小的数目，具有很强的诱惑力。他们为了经济利益对湄公河巨型鲶鱼进行捕抓，正如南珠养殖户，或者说正如那些为了眼前利益而破坏海洋环境的企业，他们只看到捕抓鲶鱼的个人成本和眼前利益，而没有看到其全部的社会成本以及对这个生态造成的严重破坏。因为知识水平的局限，他们不知道一年比一年严重的降雨等自然灾害就跟生态平衡的失调有关。他们让地球感冒了，可是他们却不知道。

不幸的是，这是一个无法自动纠正自己错误的市场，湄公河巨型鲶鱼并不像汽车和电脑那些可生产的商品那样，当企业制造商看到湄公河巨型鲶鱼供求减少的时候，他们并不能生产出新的湄公河巨型鲶鱼。更甚之，相反的力量还在起着作用。当一条又一条的湄公河巨型鲶鱼被人捕杀，湄公河巨型鲶鱼反而变得越来越稀有，其价格也会越来越高，进一步为猎杀者提供了更好的借口和动力，这就是一个恶性循环。这个循环不解决，破坏就没有尽头。环境破坏也是如此，当破坏的程度超过自然环境的自净能力时，自然就失衡了，而因为此地被破坏，他们就会寻找另外一个地方，这是一个恶性循环，市场的手无法帮我们解决。

在古代，流沙湾的天然南珠原本就是很稀少的，所以必然也是珍贵的。当地的人们为了生计或是赚钱就争着去采集天然南珠，随着人们的采集，南珠一天天减少，南珠也就变得更为稀少珍贵了，价格自然而然地就会上升，人们采集南珠依旧可以获得高额的收益，甚至是更多。这是令人疯狂的诱惑，于是更加彻底的采捕开始了。久而久之，流沙湾的天然南珠就成为历史。而人工养殖似乎也在走向没落，虽然眼前的南珠养殖在这

里依然辉煌，可是十年、五十年后呢？这里或许会成为消逝在风中的传说。只能说，这是一个悲剧，是社会的悲剧，经济的悲剧，更是人性的悲剧。

流沙依旧在，只是朱颜改，海草珍珠今何在？

看，流沙湾依旧在笑，但几人知道笑容背后又有多少辛酸？如果是人，它也会流泪吧，可它只能被动地“享受”发展的代价。

中国古代思想家的思想中都透露着人要和自然和谐相处的思想。暂且撇开其中错误的成分不说，尊重自然规则是最起码应该做到的。古有合浦还珠的故事，描述了珠农不合理开采珍珠，导致南珠灭绝。这离流沙湾并不遥远，我们现在正犯着同样的错误。中国是一个发展中国家，但这并不能成为我们“先污染破坏后治理”的借口。流沙湾应该拥有一双更长远的目光，南珠才能可持续发展。

流沙湾，如此美丽的地方，拥有如此迷人的红树林、如此丰富的鱼虾、如此能走入人梦中的宁静，又为何不能把它的美丽留到明天呢？

现在我们回顾刚才那个南珠在经济领域的探讨。首先，我们把所有的养珠户假设为唯一的一个个体，就代表着他拥有整个流沙湾的南珠，请问他会放任这种泛滥养殖、导致养殖环境恶化的行为继续下去吗？又如，他家里有一种珍稀的动物，料想他也不会做杀鸡取卵的事情，他首先要做的肯定就是保护好这种珍稀动物，使其可持续发展，不断为自己谋取利益。南珠养殖产业也是如此，只是这一个人变成了无数个人，然后问题就产生了，他们的利益无法取得一致，人性丑陋的一面展露无遗。“你做，我不做，太吃亏了。”于是大家全都争相过度地利用自然资源。

针对上述情况，我们需要的是政府或者行业协会的干预，让无数个南珠养殖户成为一个统一的利益整体，从而保护日益被破坏的社会环境，这个道理也适用于其他环境保护领域。

珠农过度放养珍珠贝，只因为他们能获取巨大利益，而这种巨大利益不符合可持续发展的环境战略。从经济角度上看，我们就要用其他更大的利益来让这些珠农有更多的选择，如果珠农发现，不过度利用环境，反而能获取更大利益，相信没有人会再去破坏生态环境。而“珍珠旅游”产业的发展给了我们启示，利用本地特有的固定资源，发展旅游业，是一个很好的途径。既然北海、海南有一系列的南珠旅游经典象征物，为什么不把流沙湾包装成一个南珠原生态旅游景点来发展它的南珠产业呢？这样一来，一方面，会拓宽当地珍珠的销售途径，增加南珠的销售额；另一方面，也能通过旅游业获得一定收益。此外，还能通过接纳外地四方游客宣传流沙湾，提高流沙湾的知名度，让流沙湾的珍珠真正有一个安稳的依托。更重要的是，环境能够得到好的保护。

可是做起来谈何容易？环境保护之路漫漫，当我们离开流沙湾的时候，已经夕阳西下。坐在车上，看着窗外，天上的晚霞将流沙村一栋栋高大楼房、一辆辆现代化轿车映衬出了悲伤的脸庞。

北海，是一个致力于构建最适宜居住的旅游城市，不知是哪位艺术家突发奇想，利用北海道路两边树木高大的现成条件，攀缘电线，在树上挂起闪亮的花儿，让北海的夜晚散发出奇特的魅力。北海的夜晚因为这些“花儿”让游客有了回家的感觉。北海的珍珠历史悠久，千年以前，在北海白龙珍珠城就有“合浦还珠”的传说。

白龙珍珠城遗址在今铁山港区营盘镇境内，距北海市区约60公里。古珠城曾是令南珠业骄傲的标志，在一段时期内，每个提起它的养珠人都会感到自豪。然而现在这里已经百废不兴，来这里只能看到古珠城残留下的历史遗迹。这是一片古老的城池废墟，位于距城东南36公里的营盘镇白龙村。行走在这里，抚摸这片土地，斑驳的痕迹掩埋不了当年的南珠盛况。虽然千年的时间已经过去，仍旧是残贝散落，遍地皆是，可见当年采珠之盛，可惜没有一位画家画出当时的场景，一副南珠版的《清明上河图》也就与世人无缘了。白龙珍珠城——勇敢勤劳的合浦人就是在这里放出了南珠的光芒！

年年岁岁花相似，岁岁年年人不同。如今白龙珍珠城遗址城墙犹在，只是不见当年采珠人，曾经在这里的南珠辉煌都已经成为过去。新中国成立前夕，因为过度捕捞，而人又过度依赖大自然，驰名于世的南珠名存实亡。可是这片养育南珠的海终究不甘寂寞，尝试再让世人见识南珠璀璨的光芒，南珠开始走上人工养殖之路——1961年我国在北海东海湾建立了第一个人工养殖珍珠贝珠池，开始了史无前例的大规模的海水珍珠养殖。

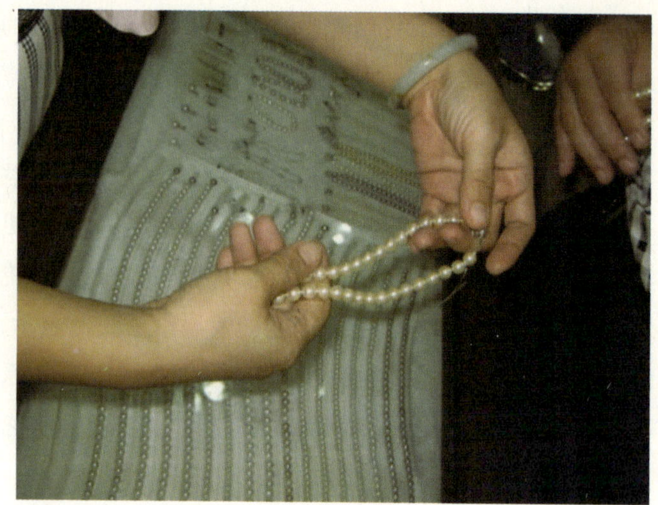

1963 年，广西合浦、北海两地珍珠场的职工，经过不懈努力，终于完成了珍珠养殖试验，使得珍珠养殖掀开了辉煌的一页。1964 年，广东省养殖公司整合了合浦、北海和防城珍珠场的经营权，成立了规模巨大的合浦珍珠养殖总场，设立合浦和防城分场。1965 年，喜讯传来，第一次收获人工珍珠达到了 40 多千克，陈毅元帅亲自题词，人工养珠产业蒸蒸日上。1966 年，人工养珠事业得到很大发展，与此同时，捕捞天然珠贝已经不能满足扩大再生产的需要。针对此现象，中国科学院南海研究所与合浦珍珠养殖总场进行马氏母贝人工育苗试验，经多次反复实践，试验成功。为我国发展珍珠养殖人工育苗奠定了基础。1967 年，开始在两广各个养珠场推广人工育苗技术，经过数次改进，几年后，人工育苗技术有了很大的提高，出苗量显著增长，并且解决了许多专业难题。1968 年，养珠场纷纷建立，从广西环北部湾沿岸逐步扩展到广东的雷州半岛北部湾沿岸。人工养珠范围扩大，影响力日益增强，促进了珍珠产业的持续发展。

就在我们即将看到南珠曙光的时候，一片乌云飘来——“文革”到来了。

正如其他领域一样，“文革”对南珠养殖领域的破坏也是几近毁灭性的。据相关数据表明：“文革”十年动乱期间，国家对海水珍珠零投资，珍珠养殖业受到冷遇，养殖技术和措施得不到落实，海洋渔业存在着重海洋捕捞轻海水养殖的倾向，环北部湾沿岸各珍珠场经营不善，长期吃大锅饭，珍珠产量严重减少，南珠产业发展极为缓慢。

1966 年，广西环北部湾沿岸珍珠总产量开始下降，由 1966 年的 45 千克下降到 1967 年的 25.5 千克。某些珍珠养殖场一年收获竟然还不能达到 1 千克。从 1970 年到 1976 年，珍珠养殖场的收珠一直处于低迷状态，不足以令人果腹。偌大的场子，要那一星半点珍珠何用？1969 年，合浦珍珠养殖总场宣告失败并解体，分别下放给各县、市管理。各个养殖场在此期间一直处于亏损状态。同一时期，日本的珍珠生产量却得到了前所未有的发展，中国产珠量甚至不及日本的零头，相形见绌。

就在南珠养殖一路坎坷，陷入低迷之时，1978 年，党的十一届三中全会胜利召开，好似一声春雷，给南珠养殖带来了无限生机。国家开始重视环北部湾沿岸珍珠养殖业，调动大量人力、物力、财力发展南珠产业。人们紧皱的眉头又舒展开来。

1981年春，党中央拨款400万元用于南珠生产。并于同年成立了广西壮族自治区合浦珍珠公司，整合了合浦、北海两个国营珍珠场的经营，并把合浦县的营盘场和防城县的江山场两个集体珍珠场实行国社联营。

1982年3月国家新建了钦州犀牛脚珍珠场。从体制上进行了一系列的改革，改革了合浦珍珠公司，下设养殖场、珍珠加工厂和南珠实业公司。实行统一经营、分级核算、按股分红的办法。接着，就开始实行经济承包责任制，职工不再有固定工资，而是多劳多得，扭转了过去企业长期亏损无人问津的状况，生产得到了发展，国营养珠场的产量得到大幅度提升。1985年以后，有关部门领导解放思想，放宽政策：第一，落实滩涂使用权和承包责任制。实行谁开发，谁投资，谁受益，长期不变的政策。第二，积极扶持专业户开发珍珠养殖，从种苗、技术、贷款等方面给予扶持。第三，对新开发的海水珍珠养殖面积，实行三年免收特种产品税和管理费。立足区内，参与国际竞争，充分发挥“南珠故乡”的自然资源优势，把发展珍珠生产作为振兴珠乡经济、群众脱贫致富的一项重要工作来抓，促进了广西环北湾沿岸珍珠养殖业的迅猛发展。

1988年北海市珍珠公司与广西物理研究所合作首创激光育苗，使人工育苗成活率达40%，插核成活率达60%。由于落实了政策，充分调动了养殖群众的积极性和主动性，从而实现了南珠生产的飞跃式发展。在北海市被划为全国14个沿海开放城市以后，南珠生产发展更快，在1984年到1996年的12年间，北海市珍珠养殖场由27个发展到2 075个（含合浦），珍珠人工育苗水体由395立方米增加到111万立方米，珍珠年产量由48千克增加到8 000千克，珍珠销售金额由24万元增加到6 400万元。全市的珍珠生产已形成人工育苗、珠贝养殖、珠核供应、人工植核、珍珠育成、珍珠收获一体化的生产体系。

珍珠养殖的飞速发展带动了北海旅游、医药等相关产业的发展，形成了生产、加工、销售一体化的格局。珍珠养殖成为当地农（渔）民最快捷、最有效的致富方式，涌现了一大批年收入几十万甚至上百万的珍珠养殖大户。从1981年起，先后在广西北海、合浦、钦州、防城港等地成立的珍珠养殖场，养殖面积近万亩。

1989年，据统计，珍珠人工育苗水体3 800多立方米，育珠养贝场地4 800多亩，固定资产达3 300多万元；珍珠育苗突破3亿只，已收珍珠321千克，除国营、集体场外，还有12个珍珠养殖专业户。珍珠系统产品达100多种，部分产品已进入国际市场。此外，新的大型珍珠好品种大珍珠贝人工育苗也获得成功。

1996年广西环北部湾沿岸收获珍珠9 000～10 000千克，粒径5毫米以上，圆度好，珠层厚，光泽强，在国内外享有盛誉。此外，广东的雷州市和海南省陵水县、文昌县等沿海地区也产海水养殖珍珠。雷州市有养殖场765个，养殖海域面积为3×10^6平方米，从业人员25人；1989年产量突破1吨大关，收获珍珠1 250千克，1991年达2 200千克，1995年达7 000千克，1996年收货8 000～9 000千克。除珍珠养殖场外，该县还有珍珠贝苗孵化场50个，珍珠贝壳加工厂8家，珍珠粉厂8家，珍珠链加工厂80家，年产氨基酸5 000千克，已形成一个规模较大的配套产业。尤其是所产海珠出口日、欧、美等地，为国家换取了大量的外汇。20世纪80年代以来，环北部湾沿岸珍珠养殖业的迅速发展，使得我国珍珠年产量达到18～20吨，珍珠的质量也大大提高。尽管我国珍珠生产还不能和日本相比，但南珠已开拓了广泛的国内外市场。由于近年来水质污染和人工成本上升，致使日本珍珠成本提高。

这个时候，我们欣喜若狂，从表面上看，南珠终于以崭新的面貌重新屹立在世界之林。可是，我们高兴得太早了！因为年轻，我们吃亏了。

20世纪80年代至90年代中期，环北部湾沿岸的珍珠生产飞速发展。世纪之交的几年，生产却急速下滑。艰辛的复兴之路上出现了一系列问题：

首先，珍珠质量不好，主要包括两个方面：一是珍珠颗粒小，二是珍珠层薄。20世纪70年代至80年代初期，环北部湾沿岸所产人工养殖珍珠多数直径都能够达到7～9毫米，珠层厚度都能够达到500微米，珠质细腻、晶莹，光泽绚丽多彩，质量远远胜于日本珍珠。从近年来世界珍珠供求关系看，每年世界珍珠需求量远远大于珍珠供应量，缺口高达20吨。由于供需矛盾突出，使得世界珍珠价格上涨，国际市场每千克珍珠的售价已由1987年的不足2 000美元，上涨到1993年的3 300美元，1994年售价比上年同期增长28%，达到4 220美元。高价格的珍珠使人们仿佛被利润冲昏了头，开始只考虑数量，不顾质量，久而久之，珍珠总体质量便大幅度下滑。

其次，1994年8月，在广州秋交会举办前，就有很多中国港、澳及日本的珍珠商人提前到合浦收购珍珠。原珠售价提高，每千克由1993年的15 000元提高到18 000元。但由于提前4个月收珠，珍珠颗粒小，珍珠层极少超过400微米。因此，在广州秋交会上，许多外国珍珠商人因珍珠质量问题不买中国南珠，结果秋交会后，大量的薄层珍珠返销回合浦，造成大量珍珠和资金的积压。很明显，这是一个隐没，但是中国的那些珍珠养殖户还是上当了。

再者，雷州半岛北部湾沿岸的各珍珠场，近年来也处于停滞状态。就拿徐闻县来说，1989—1994 年的五年内，徐闻县的珍珠价就提高到每千克9 000～10 000 元，在高峰时上升到每千克14 000～16 000元。因此，群众当然养珠积极性提高，前后一共投入了4 105万资金用来发展珍珠养殖，养殖区从原来的 5 个乡镇发展到沿海 10 个乡镇，整整增加了一倍，共 41 个管区的 120 个自然村4 791户，养殖人数达18 276人，面积发展到19 260亩，比 1988 年的2 480亩增加 71 倍；贝源有60 681万只，插核贝有3 165万只，年产珍珠3 479千克，比 1988 年的25 815千克增加了 13 倍，产值5 507万元。这期间由于珍珠价格猛增，珠苗价格也从每克 4 元增加到每克 10 元，育苗场从原来的 3 家 600 立方米水体增加到 15 家6 000立方米水体。全县掀起了养珠、育苗热。由于珍珠粒小层薄，到了 1995 年珍珠价格开始下跌到每千克2 000～9 000元。更由于质量要求高，原先所插珍珠核较小，符合规格的较少。1995 年，珍珠养珠户有部分人亏损，珠苗价格也从每克 10 元下跌为每克 1 元，甚至有的珠苗卖不出去，导致育苗场全部亏损。中贝每只从 0.25～0.3 元，继而下跌到 0.10～0.15 元，简直是无法销售，有些人只能杀贝卖肉。

更让人心痛的是，由于南珠质量不佳，第四次被取消了在英国举办的 1998 年世界珍珠节的参展资格！

南珠的质量问题是一个刻不容缓、急需解决的问题，解决问题的最好办法就是找出问题产生的根源。南珠质量问题追究其根源，很明显，是由于当地养珠人对于珍珠的认识不够，没有保护珍珠的意识，经受不了金钱的诱惑，最后因小失大。所以必须转变养珠人的观念认识，这将是一条很长远的道路。

“路漫漫其修远兮，吾将上下而求索”，养珠并不能一蹴而就，我们或许才刚刚起步。

古老的南珠，在流着血，如朝阳的颜色。养珠人呵！这，又是你们愿意看到的吗？

海的这一边，是我们的双手，
心急的远望，藏在贝壳里的秘密，
木筏竹篙，支起的是复兴的梦想，
湛蓝的南海，包裹的是那无限的期待。
也曾躲在贝里惯看春风秋月，
也曾追逐过清明繁华王侯将相，
也曾有过西珠不如南珠的美誉，
如今，也不过是记忆里的欢颜。

第二节　我们需要的

无论是医学圣典《本草纲目》，还是地理素材《水经注》，都是经过长期艰难跋涉、实地考察而来的。2010年的暑假，我们有幸到了徐闻、北海、海南三地，通过对南珠情况的一些实地调查来了解南珠。每一个地方都会有新的收获，也难免心生感慨，为南珠，时而欣悦，时而惋惜。亲眼见到了许多和南珠有关的事情，采访了很多养珠人，也有企业老板，也有技术人员，也有底层人员，对南珠有了新的认识。南珠，应该是有生命的。在此，对于南珠的复兴，笔者写下自己的一些思考。

一、信心，才是重要的

南珠产业的发展存在很多问题，我们必须找出问题，才能进一步解决，一点一点地掀开南珠的真面目，促进南珠产业更好地发展。

彩色南珠

在走访三地南珠情况的过程中，我们预约了许多珍珠企业家，他们大多数表示，在发展珍珠产业上，政府的支持力度不够，应该更有作为。而张莉的《中国珍珠产业的问题、困境与出路》给我们分析了珍珠产业的弱势和政府的困境，笔者总结一下，论文中总体是这样描述的：

（1）珍珠产业具有内部局限性，规模小，效益低，财政贡献不大，对政府的帮助不大，属于弱势产业。所以当珍珠产业和其他产业发生竞争时，政府会偏向其他强势产业。

（2）珍珠产业是一门专业性的产业，需要大量专业人才，素质高的人才。

（3）珍珠产业的发展，主要是靠技术和劳动力。珍珠产业对技术的要求性很高，然而其培养人才周期太慢，投资也很大，回收周期长，所以不能吸引很多企业家。

（4）珍珠产业的发展需要多门专业知识和高新技术的支持，珍珠发展离不开科研和技术推广，离不开农业科学、生物科学等基础研究。

（5）珍珠产业要有政府的资金和技术支持，但是它的受益者却往往是养殖者个体。

（6）珍珠不是生活必需品，人们对珍珠的要求不会很高，不具有普遍性。而生产的定义则是当一件物品最终完成销售才算生产完成，所以说，珍珠的生产并不具有普遍性，这一点，只有通过提高大众的收入水平才可以解决。

当然，上述观点具有一定的借鉴意义，比如说珍珠产业的自身弊端以及政府应该加大支持力度。珍珠产业不同于其他产业，其见效慢，投入多，技术要求高，势必存在自身弊端，政府也应该提供资金和技术层面的支持，同时应该平等对待珍珠产业的发展。

但对于以上观点的某些看法，我们却不敢苟同。改革开放确立了以经济建设为中心，三十多年来，国民经济得到恢复和较大的发展，我国人民生活水平不断提高，人们开始从过去的追求物质生活丰富到现在追求精神生活丰富。所以不是现在的中国人对珍珠的消费水平不够高，而是珍珠产业经营者的经营不够成熟。

引用一组数据：2010 年，世界奢侈品协会宣布，中国人买走了全世界超过四分之一的奢侈品，中国成为全球第二大奢侈品消费国。2009 年全球奢侈品市场疲软，然而中国消费者对奢侈品消费的热情却不减反增，逆市上扬。据世界奢侈品协会统计，截至 2009 年 12 月，中国奢侈品消费总额达 94 亿美元，全球占有率 27.5%，成为全球第二大奢侈品消费国。而 2004 年，中国奢侈品消费总额仅为 20 亿美元。预计未来 5 年，中国奢侈品市场将会达到 146 亿美元，占据全球奢侈品消费额的顶峰。

由此可见，对于奢侈品，目前的中国并不缺乏消费者。

而南珠，目前在国际缺口依然很大。作为传统的珠宝，知识女性的首选奢侈消费品，如果能够有序地开发利用，此产业必定能成为某一地方经济的支柱产业。未来的世

界是属于海洋和天空的，而随着海南成为国家战略定位的国际旅游岛，以南珠为送礼佳品或者旅游纪念品的定位必将成为众多人的首选。我们从来都不缺南珠，我们缺的是质量上乘、珠宝级的南珠。我们不缺数量，我们缺的是质量。政府在这方面应该更加坚定信心，落实各种有利于南珠产业发展的措施。

迈出艰难的一步，需要无比的自信。这种信心，来源于自己，来源于别人，更来源于高质量的南珠，有了它，我们才能走得更快更远。

二、面对改变，南珠何去何从

南珠产地的人们，可能会熟知一句话：“东珠不如西珠，西珠不如南珠。”古代勤劳的中国人民冒着生命危险采集珍珠，珍珠在当时就是高贵、财富和身份的象征。20世纪80年代，事实也是如此，珠宝市场上珍珠与玉石、钻石三足鼎立，其余珠宝只能望洋兴叹，这句话的分量是没有人敢否认的。但是现在的情况却已经并非话中所说的那样，随着南珠产业的发展，各种弊端开始暴露出来，尤其是在最近20年以来，黑珍珠和南洋珠发展势头日益迅猛，逐渐击溃了南珠。

面对南珠当今的局面，我们叹息。在叹息的同时，我们更要明晓昔日辉煌的南珠在如此短暂的时间内没落的原因所在。

以下我们会从多方面来分析这一问题。

相信很多人看过美国作家约翰逊的《谁动了我的奶酪》，看过这本书的人一定会深深记住里面两只老鼠和两个小矮人的故事：小老鼠嗅嗅、匆匆和小矮人哼哼、唧唧，四个小家伙每天都会在一座迷宫里寻找它们需要的奶酪。有一天，费尽千辛万苦后，四个小家伙终于在奶酪C站找到了各自需要的奶酪。他们认为，“拥有奶酪就拥有幸福”。从此，它们就把C站当作了自己的家。但是，两只小老鼠和两个小矮人的表现也是不同的。老鼠居安思危，矮人反而不思进取、一心享乐。有一天早上，他们到达C站时，发现这里的奶酪没有了。小老鼠嗅嗅和匆匆立刻到迷宫深处去寻找新的奶酪，但小矮人哼哼和唧唧却大喊大叫：“谁动了我的奶酪?”矮人们不能接受奶酪没有了的现实。唧唧不知道如果没有了奶酪，明天将会怎么样，所以变得消沉起来。当他们在做无用的分析、没有结果的争执的时候，小老鼠嗅嗅和匆匆终于在奶酪N站找到了大量新鲜的奶酪。而这个时候唧唧和哼哼正在忍受没有奶酪、没有幸福的痛苦，仿佛生活完全没有了意义。终于有一天，唧唧鼓起勇气，突破的内心对黑暗迷宫的恐惧，朝没有踏入过的迷宫深处跑去。虽然它因为奶酪消失而消沉过，但它却没有永远地失落，最后他终于走进了奶酪N站，遇到了早就到了那里的嗅嗅和匆匆。唧唧想念朋友，希望哼哼能迈出第一步，希望哼哼能够看到自己给它留在墙上的话。

没有看过这本书的人可能要产生疑问，唧唧在墙上给哼哼留下了什么话呢？大家有兴趣可以自己去看一下，在这里摘抄几句，笔者认为其不仅仅是人生哲理，更对南珠的发展具有深刻的警示。

变化总是在发生
他们总是不断地拿走你的奶酪
随时做好奶酪被拿走的准备
追踪变化
经常闻一闻你的奶酪
以便知道它们什么时候开始变质
尽快适应变化
越早放弃旧的奶酪
你就会越早享用新的奶酪
改变
随着奶酪的变化而变化
享受变化
尝试去冒险，去享受新奶酪的美味
做好迅速变化的准备
不断去享受变化
记住：他们仍会不断地拿走你的奶酪

故事中的“奶酪”是个比喻，代表我们生命中的任何最想得到的东西。它可能是一份工作，也可能是金钱、爱情、幸福、健康或心灵的安宁等等。如果引用在这里，它代表南珠，那么是谁动了我的南珠？

故事中没有告诉我们谁动了奶酪，我们也许不会知道是谁动了我们的南珠，但是，这些都不重要，重要的是，当南珠被动的时候，我们需要怎么做？

首先，南珠产业是一门具有利润性的行业，有利润必然存在竞争，行业内的竞争会促进其发展，但是行业外的竞争是一定会存在的，这就像别人拿走你的奶酪一样。我们要做的是什么呢？答案是“做好奶酪丢失的准备”。当然，做好丢失的准备并不是说当南珠被其他珠宝击败时，我们舍弃南珠转向其他行业，而是在南珠被打败前就要想好新的利用开发途径。更高明的手段则是通过细微观察，预见南珠发展的瓶颈，进而突破，

竞争才有发展，穷则变，变则通。这些不仅仅是故事，还是经验。

我们需要的是创新，对南珠的创新。创新是属于人的意识范畴，意识能够指导人能动地认识世界和改造世界。创新是国家和民族进步的动力，由于任何事物都具有发展性，发展是新事物的产生和旧事物的灭亡，当一件事物得到了发展的时候，以前和它相适应的其他条件不一定还相适应，所以创新是必不可少的。对于南珠来说，随着经济的发展，人们收入水平的提高，对南珠的需求量大大增加，所以仅仅依靠天然采集珍珠的方法是无法满足需求的，在这种“僧多粥少”的情况下，人工养殖珍珠的方法经过反复实践，应运而生，可以说这是一个必然。但是，新的问题又出现了，这次不是因为数量，而是因为质量。随着南珠人工养殖的发展，产量日益增加，人们的消费水平进一步提高，目光不仅仅放在珍珠上面，而是更加注重深层次的东西：珍珠的光泽、大小等等。所以，我们要利用高新技术对人工养珠技术进行革故鼎新，进一步发展养珠业，从而满足人们增长的需求。

创新发展思路有过无数成功的先例：

美国一家制糖公司，每次向南美洲运方糖时都因方糖受潮而遭受巨大的损失。结果有人考虑，既然方糖用蜡密封还会受潮，不如用小针戳一个小孔使之通风，经实验，果然取得意想不到的效果，他申请了专利。据媒体报道，该专利的转让费高达 100 万美元。日本一位 K 先生，听说戳小孔也算发明，于是也用针东戳西戳埋头研究，希望也能戳出个发明来。结果，他发现在打火机的火芯盖上钻个小孔，可以使打火机灌一次油，由原来的使用 10 天变成 50 天。发明终于被他“戳”出来了。

南珠，为何不能创新呢？

忘记了是从哪里看到的这么一句话：未来，变化是唯一不变的。不改变，就会被瞬息万变的未来所淘汰。或许，“变”和“创新”才是南珠出路的所在。而中华民族是一个理论比较强的民族，古有俗语“穷则变，变则通”。可是中华民族总是很安分的，自古就是一个小农经济的农耕民族，小富即安。我们害怕改革，我们会看到变或者改革所带来弊端那一面，可任何改革都不会是有利而无害的，只要利大于弊，我们都应该变，不是吗？

在这样的背景下，南珠，穷则应变，变则会通。

第三节 不完整的南珠产业链

花园里是玫瑰，花店里也是玫瑰，可是价值却远远不同。

土地里都是泥，花盆里也是泥，可是实质却天差地远。

有些东西，原本可以更好的，南珠也不例外。

古老的南珠啊，在你面对这么多挫折的时候，是沉寂还是爆发？你该何去何从？山雨欲来风满楼，南珠之路更添愁。

不过，我们不能放弃，因为我们还有信心，还没有彻底绝望。南珠，我们与你同在，办法是想出来的，总有一天，南珠会重新闪亮。

笔者想利用产业链的知识解决南珠的问题，特引用文献对珍珠产业链的分工图①：

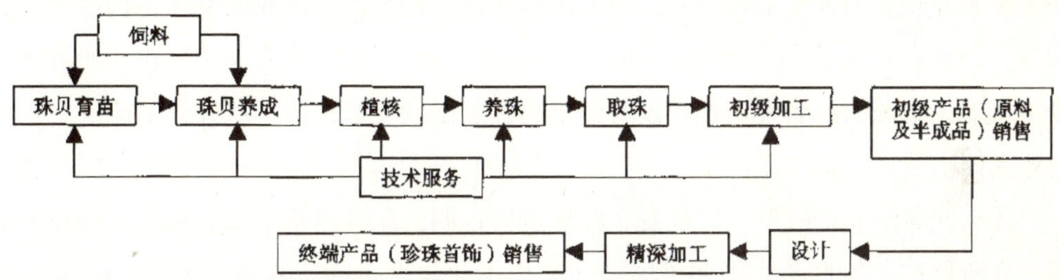

从珍珠产业链分工图可以看出，珍珠生产模式分为三个阶段。第一，前期养成阶段。在这个阶段里，主要有育苗、养贝、养珠、取珠四个小的程序，每一个程序都需要一定的技术支持。第二，中期加工阶段。在这个阶段里，主要有初级加工、工艺设计和精深加工三个小程序，同样的每个程序也都需要相应的技术支持。第三，后期销售阶段。很多人可能会认为销售不应该属于生产，但是经济学上商品生产的结尾就是销售，一件商品只有完成了销售，其生产过程才能算是最终完成。在这个阶段里，主要有初级销售和终端销售两个方面，前者是对初级加工珍珠半成品的销售，后者是对精深加工得到的珍珠成品的销售。

我们需要认真想一想，中国的珍珠生产普遍终止在哪一个程序？就目前局面来看，中国的珍珠生产大都在初级加工后就停止了。中国内部销售和对外出口的珍珠产品大多是由初级加工所得到的，利润自然不会高。而这种以初级加工为终点的产业链模式存在着哪些弊端呢？弊端是剥削，这是企业老板对工人的剥削。因为初级加工毕竟是小利润的，如果老板不苛刻，那么他凭什么赚钱？说到这，我不禁想起了一个地方——珠三角经济圈。珠三角可以说是中国加工制造产业最发达的地区之一，也是中国经济最发达的地区之一。然而，在如此发达的地区，却还会有人食不果腹，他们便是那些直接参与制造加工的初级工人，也许他们会认为造成自己经济状况贫穷的原因是老板，但真正追究起来，恐怕还是会揪出中国的产业链模式。

① 陈劲，张高亮，陈中，杜坤林. 基于全球价值链的珍珠产业升级机制研究——以诸暨市珍珠产业为例. 农业经济问题，2007（2）

很多人都认为中国是制造业大国，表象也确是如此：一方面，珠三角地区、长三角地区和环渤海经济圈在制造业各个层次上的表现好像是欣欣向荣的；另一方面，在诸多产品的产量上，中国在全世界都首屈一指。

但是事实却可以清楚地告诉大家，中国并不是制造业大国，真正的制造业大国是美国。可能大家最初会觉得我这是无稽之谈，但是请看下面的分析。

为什么说我们不是制造业大国呢？要跟各位谈的就是一个观点，也是郎咸平教授的一个学术心得。大家一定要明白，今天的国际竞争已经不是企业的竞争，也不是产品的竞争，而是进入到了一个前所未有的、全新的产业链的战争阶段。中国在产业链模式中处于低端，中国的产品大多数都没有经过精深加工就直接出售，所以并不能说中国是制造业大国。

什么叫做产业链战争？以玩具车为例进行说明：玩具车是中国多种出口玩具中的一种。众所周知，2009 年中国和美国之间产生了比较严重的玩具贸易摩擦。美国政府以及美泰等玩具进口商和零售商对我国的玩具出口产品百般挑剔，比如，提出含铅量超标等问题。当听到这个新闻的时候，大家难免会想到为什么玩具中会含铅量超标，又有多少退货是因产品设计的问题呢？这其中会有多少猫腻？所谓的贸易壁垒就是如此产生的。

在我们制造玩具车的过程中，破坏了我们的环境，消耗了我们的资源，剥削了我们的劳动，可是换来的结果是什么呢？我们制造出的玩具车价值 1 美元，但是，玩具车在美国沃尔玛的零售价格是 9.99 美元——将近 10 美元。一转手美国就可以从一辆玩具车身上赚取近乎 9 美元的利润。请大家仔细想想，从 1 美元升值到 10 美元的过程当中，这 9 美元的价值是从哪里来的？

我们的制造业工厂，可以说是尽可能地获取利润，对外拖欠原料和组件货款，对内延长劳动时间，真可谓不择手段，不停压榨剥削剩余价值。然而，在全球产业链的视角下，我们只不过是针对 1 美元来做文章，在最不赚钱的领域不停地压榨！这种死拼完全忽视了产业链战争的特点。初级加工并不是产业链的终点，精深加工才是最能够提升商品价格的一个程序。不过，在当今的政治和经济格局下，这最关键、最赚钱的程序不是我们中国企业所控制的。除了客观原因外，还有中国企业毕竟起步不久，眼光还不能达到那么长远。少数中国企业意识到了，继而取得了巨大的成功；但可悲的是，大多数中国企业和中国企业家还没有觉醒！

在国际分工下，那些没有觉醒的大多数中国企业被分派到哪一环节了呢？它们都被分到附加值最低、最消耗资源、最破坏环境、不得不剥削劳动者的制造环节了，而其他有价值的环节基本掌握在欧美各国的企业手中。也就是说，当我们破坏环境、消耗资源、剥削劳动创造出 1 美元的产品之后，我们同时就替美国创造出 9 倍的价值。每当我们创造出 1 万美元的价值，我们就同时替美国创造出 9 万美元的价值。因此，中国越制造，美国越富裕。

中央党校研究室副主任周天勇收集的数据让我们更加坚信这一观点，从这些数据来看，这种制造业的产业链模式对中国的资源消耗、环境破坏和劳工剥削是非常严重的。

以资源浪费为例，由于过度用水用电，导致中国 80% 的江河湖泊断流枯竭，由于过度垦伐放牧，导致 2/3 的草原沙化，绝大部分森林消失，由于过度种植粮食，导致近乎 100% 的土壤板结。这 10 年来中国出口日本的方便筷子总计约2 243亿双，而为生产这些筷子而毁灭的山林面积，占中国国土面积的 20% 以上。

以环境破坏为例，随着工业的发展，中国 1/3 的国土已被酸雨污染，主要水系的 2/5 已成为劣五类水，3 亿多农村人口喝不到安全的水，4 亿多城市居民呼吸着严重污染的空气，1 500万人因此罹患支气管炎和呼吸道癌症……世界银行的报告列举了全世界污染最严重的 20 个城市，其中中国占了 16 个。

从上面的数据可以看出，我国的制造业，包括南珠养殖业，原来一直都在为“1 美元”而苦苦挣扎。处在产业链最低端的我们，为了那可怜的“1 美元”利润就去滥砍滥伐、破坏生态环境、浪费能源资源，一味追求产量。损己利人的生产制造，到头来为他人做了嫁衣，出口的半成品，在经过包装之后自己也会认不出。醒悟过来的中国企业一定会后悔，但是现在还不算晚。

根据上面所有内容，要改变现状，我们可以总结出这样的方法：第一，必须认识到中国并不是什么制造大国；第二，中国珍珠养殖业的产业链模式需要进一步升级改进。

解决南珠养殖的问题，我们要按照它的产业链模式研究分析。下面让我们开始吧。

没有你
我就无法对着阳光绽放笑容
或是做凋零的花蕾
盛放不了的花蕾
为了我们生命的延续
你努力
向下生长
让自己沉默的生命
在黑土里
变成累累果实

珍藏饱满的稻谷
于是
农民们温暖的笑容
对着时光微笑
但是
不要忘了根
是你，才有绿叶衬红花
是你，才让我们向阳花开

俗话说得好，“巧妇难为无米之炊”，任何一件产品都需要其原材料，所以在原材料这一环节凸现其重要性。原材料就像一件产品的根，虽然它看起来很渺小，可是它的作用却是非常重要的。没有它，就没有一切，没有它，就不必再说产业链了。

截至目前，海水养殖珍珠都是有核珍珠。培育珍珠除了要有珍珠贝类作为母贝之外，珠核也是必不可少的。珠核是培育珍珠最重要的原料之一，珠核的好坏常常决定着所育珍珠的质量。珠核是珍珠层形成的物质基础，珠核的成分、结构和性质与珍珠质量关系密切。总而言之，珠核和珍珠的关系就像种子和花朵的关系一样，要想珍珠质量好，高质量的珠核是少不了的。使用质量低劣的珠核会产生质量低劣的珍珠。用表面有缺陷的珠核养殖的珍珠大多会有表面缺陷。

珍珠养殖初期，铅、银、黏土、陶瓷、珊瑚、玻璃、大理石和植物的种子等各种原料都曾被制成珠核。1908年，日本人西川藤吉以蚌壳制成珠核使用，这也是最早出现的珠核种类。1908年，蚌壳珠核暂时退出了历史舞台，为铅珠核所代替，但1911年蚌壳珠核又回来了。后来，随着科学技术的发展，合成树脂珠核也应用于养殖珍珠的生产中，1956年，日本人迂内近三结合前人经验发明了一种新的珠核，这种珠核是用钙盐粉末和合成树脂融合而成的，迂内近三依靠它取得了日本发明专利。上面说的这些早期珠核存在着许多弊端，主要有：①用铅质珠核养成的珍珠，钻孔时产生的粉末不易排出，容易滞留在孔中，不仅影响珍珠的美观，还往往会导致针断；②硬石蜡质、合成树脂质等珠核的热膨胀系数与珍珠层有很大的差别，一旦进行加工，珍珠层很容易发生爆破；③陶瓷质和玻璃质珠核硬度太大，钻孔难度也高；④黏土、植物种子和动物卵子等珠核密度与珍珠有较大差异，在珠宝业中很不被看好，引起过很大的争论，得不到认可。而唯一不存在上述问题的是贝壳珠核，所以贝壳珠核的应用范围也就最广。贝壳珠核的原材料是砗磲，但是由于近年来各地滥捕，造成砗磲资源锐减。为了保证珍珠产业的发展，1983 年国际上将砗磲列为世界稀有海洋保护动物，《华盛顿公约》规定禁止天然砗磲出口。砗磲与藻类共生，两个似乎达成了一个良性协定，共生藻进行光合作用获取的能量可以供给砗磲，砗磲的存在也对共生藻有利，砗磲与藻类间是非常典型的互惠互利、共生的关系。

砗磲毕竟是一种珍稀物种，它的存在是必要的。如果按照这样的珍珠产业的发展趋势，砗磲终有一天会灭绝。一旦砗磲灭绝，和它相关的物种也会受到影响，最终会影响到生物多样性。研发新的珠核替代材料成为一个新的课题。新的珠核材料一旦研发成功，必然会减少对砗磲的采捕和浪费。相对于制造珠核来说，砗磲用于观赏、收藏和科研，可较大地实现其价值，从保护生物多样性和海洋生态环境的角度来说，也更加具有现实意义。由于长期过度开采，世界上主要珠核供应地几乎都到了濒临绝产的境地。例如，20 世纪 70 ~ 80 年代，澳大利亚每年可提供蚌壳 1 万吨左右。而现在澳大利亚已立法禁止采捕蚌壳，由此引起全球的珍珠核材料短缺。许多国家转向发展中的中国寻求出路，从而造成我国丽蚌资源需求急剧增长。从 90 年代开始，我国许多个体企业开始使用砗磲贝壳制作珠核材料，并利用多种渠道捕捞或是收购砗磲。但是，砗磲已经是国家一级保护动物，若是再用于制作珠核是为动物保护法所不容许的。

只有科技工作者针对珠核制造材料进行持久的深入研究，我国才能在竞争激烈的国际珍珠市场上取得一席之地，获得更多的机遇。淡水丽蚌和海水砗磲，都是非常珍贵的生物资源，一旦遭到破坏，其损失是难以估量的。因此，无论是从保护生物多样性和生态环境的角度，还是从珍珠产业发展的长期需求来看，珠核材料必然要走向非生物的岩石矿物材料，尽早地研究开发出新的珠核材料，才能在国际市场上获得最大的机遇。

通过上面关于珍珠珠核的介绍可以看出，在开发珠核原料这一环节仍有如此漫长的道路需要走，科技创新，才是出路。

巧妇如果有了好米，还怕煮不出好米饭吗？

某天，一定会有珍珠珠核界的“杂交水稻”出现的。

偶尔从电视或者网络上看到一些关于养珠采珠的画面，晶莹剔透的意境，让人欣然

向往，笔者愈发盼望了解其所走过的路。

南珠产业历史悠久，其加工制造必然积累了自己独特的经验。南珠加工制造者们因为自信，会对自己加工的珍珠很是偏爱，往往认为自己的产品都是合格的。执著是件好事，但是执著要有一个前提，值得还是不值得就是执著前必须考虑的。我们不怕南珠加工错，只怕南珠本身的质量不好。所以，南珠的质量对于以后的环节起着不可估量的作用。

我们已经知道，要想得到质量好的南珠，首先要选择质量好的珠核。然后是在好珠核的基础上进行珠贝育苗、珠贝养成、植核、养珠、取珠、初级产品加工等一系列工作。

前文提过，养珠需要一定的技术支持。但是由于当前南珠生产的产业化和规模化还没有发展到一定的程度，主要以单家独户、个体经营为基本特点，类似于古代家庭作坊式，具有明显的小农经济性质。同时，在湛江、北海两地从事养殖南珠的人员文化素质较低，普通百姓都可以参加。所以，养珠并没有依赖多少科学技术，这也是当今养珠一个尴尬的现象。

目前湛江市珍珠养殖技术多属于传统技术，例如，马氏珍珠贝适宜的生态环境一般在水深约20米、海水盐度较高的地方，原本养殖马氏珍珠贝一般应该选择在深水向阳处。但调查表明，目前南珠养殖仍然沿袭20世纪60年代的浅水平养殖模式，多位于潮间带低潮区下层，水浅加上自然环境的多变，在夏季多雨期和冬季低温期常引起育珠贝的大量死亡。这个虽然是由于自然灾害造成的影响，但是和养殖技术也有关系。最好的养殖方法应该是因珍珠的不同而异。

而在某些方面，养殖户很多时候论证了“没文化真可怕”这句网络语言的正确性。某些养殖户会经常犯一些常识性的低级错误，如插核时不进行术前处理，手术贝不适合插核也勉强插，有的不拌贝、强迫开口，有的插核、切片不注意卫生，等等。因为他们的懒惰，导致插核后施术贝和育珠贝死亡率高、留核率低、珍珠质量差。本来插核技术队伍数量就严重不足，何况质量又不好！大部分插核员没有经过专门训练，普遍素质较低，相当多的人不具备基本知识，如操作不规范，将病、弱贝作为施术贝，消毒不彻底，用核不合理，开口大小及置核位置不当等。

由于片面追求眼前的经济利益，没有长远的目光。珠农总担心天灾人祸，血本无归，或者被一时的谣言所迷惑，急忙取出珍珠，有的甚至能提前四个月取珠。所以普遍育珠时间短，导致珍珠的珠层薄、质量差，在国际市场上缺乏竞争力。按照国际惯例，生产合格的海水珍珠所要求的珠层厚度，置小核在300微米以上，置中核在500微米以上，置大核在800微米以上；置小核、中核、大核的育珠时间分别应在8个月、1年、2年以上。而目前南珠的养殖时间一般不超过8个月，最短甚至只有3个月，造成珠层很少超过500微米，有的连300微米的及格线都无法达到。过去育珠的珍珠贝要7厘米才能植株，现在降到5厘米甚至更小就进行植株，造成珠贝脱核率高。珍珠养殖时间变短的原因，一方面是由于养殖场（户）急于收回成本；另一方面，延长养殖时间，虽然珍珠质量提高了，死亡率却明显增加，珍珠产量下降。这种集体的短期行为直接影响了南珠的声誉。

珠贝多代近亲繁殖，种质资源严重退化。目前南珠贝主要品种是马氏珍珠贝，其人工育苗已进行了40多年。育苗场长期不重视养殖马氏珍珠贝的择优、复壮培育，结果贝苗生产几乎全部依赖近亲繁殖的马氏珍珠贝，使育珠贝个体越来越小、生长速度慢、活力下降，近40多年未培育出一个马氏珍珠贝养殖新品种。目前生产珍珠的几万个养殖场几乎都是各自为政，相当部分养殖海区放养量没有限制，放养密度过大。

对于这一环节的尴尬局面，首先，政府与大型的珍珠企业应联合起来，加强统一规划管理职能；其次，应加强对各个养殖户的管理培训，让他们明白其长远利弊，经过充分调研，可以仿照澳大利亚模式，对于南珠产量和质量进行严格把关，以符合珍珠“物以稀为贵”这一珠宝属性，在产量与收益之间找到平衡点。同时，低碳经济概念的提出，标志着可持续发展时代的来临，目前环境的污染对于南珠的产业存在着致命的威胁。而环境污染主要来自两个方面：一方面是沿海工厂（糖厂、化肥厂、爆竹厂、水泥厂、造纸厂等）排放的工业废水、污水不经处理就直接排入大海，导致环境污染，威胁到珍珠养殖业；另一方面，沿海养殖业本身养殖密度过大造成了自身污染。养殖场地老化、有机物富集，容易滋生病毒和病菌，导致产生致命的病害。近年来高位池养虾，大量的污水排放到珍珠养殖的浅海。政府无论是从南珠产业的发展，还是从可持续发展的战略利益出发，在环境保护方面都应该有所作为。另外，要提高养珠人员的整体思想道德和知识文化素质水平，这点是短期内很难办到的。

目前我们的南珠产业链是不完整的，这条不完整的产业链下的技术还十分陈旧。即便是有星星之火，也未必会看到它燎原的那一天，如源隆珍珠与海大珍珠研究所研发了彩色珍珠，这是世界上的先例，但是目前养殖成本过高，依然无法量产。科学技术是第一生产力。我们在加工制造这方面对于科技创新还有漫长的道路要走。

借用一句广告词——不走寻常路，只要技术支持。朝着科技化发展，这是养珠发展的必然趋势。

春秋战国时期，楚国有一个（商）人把他的珍珠卖给郑国的人，（珠宝）是用木兰树的木制的盒子装，用桂椒来熏盒子，用（精美的）珠玉点缀其上，用美玉点饰，用翠鸟的羽毛装饰（盒子）。郑国人买了这个盒子却把珠宝还给了商人。

没错，这个就是买椟还珠的故事，这个故事是比喻没有眼光，取舍不当，又讽刺了不识事物本质，弃主求次。可是从经济学的角度分析，为什么郑国人竟然会舍弃珠宝而买了盒子呢？从故事我们可以看到，因为楚国人认真装饰了盒子，盒子十分精美，精美到竟然让郑国人忽视珠宝的光芒！俗话说，人靠衣装，佛靠金装，工业文明的到来，人们对于物品的审美有了更高的要求。传统的南珠产品有项链、耳坠、戒指、手链等，形式不算多样，我们是否可以在产品设计这一环节上下工夫呢？用智慧去设计南珠，让南珠散发出更加璀璨的光芒。

记得看过关于珍珠发展的二元化战略，其内容是：将珍珠产业的各种资源分别运用到两个方向上，在一个方向上开发特种珍珠新品种，在控制产量的同时提高珍珠的超级质量，即生产奇珍异宝。在另一个方向上，在质量一般合格的基础上，扩展珍珠乃至珍珠贝的使用价值。适当提高珍珠产品的产量。注意，不能把这个战略理解为既重视数量又重视质量。那样的要求对任何同类产品，甚至某一个产品的生产都是适用的。这里指的是独立的两个发展方向，它们不表现在同一个产品载体上。做珍宝就不能做普通产品，做普通产品就不能做珍宝。这就像人一样，不可能所有东西样样精通。

采取这种战略的原因是：①两个方向都有它们独自的客观依据。而且除非是人为地操作不当，否则彼此是没有必然性冲突的；②同时发展，可以达到资源利用的最大效益；③珍珠商品的本质是珍宝商品，所以要尊重珍宝商品的经济规律，拿出相当多的经济资源，用来开发黑色珠、彩色珠、象形珠、特大珠等特种珠新品种，并严格保守技术诀窍，控制产量达到物以稀为贵的效应，以高价格谋求高效益，这个方向可以简单地称为珍宝价值取向；④在人类社会的历史上，由珍宝变普通物品的事屡见不鲜，这是由多方面的因素共同决定的，反映了一定的趋势。

科学技术的发展，已经使原来质量基础上相同的珍珠产量成倍提高，尤其是海水珠技术转移到淡水珠。以后，淡水珠的产量又大大高于海水珠。在原来的市场边界没有扩展的条件下，产品价格大幅度下降，并形成了两种珍珠产品的恶性竞争。生产的边际收益率递减，解决这个问题的一般经济学方案是限产，但是，毕竟养殖业规模的扩大，解决了大批农村剩余劳动力的就业问题。这在中国这个失业和隐性失业严重的国度是十分有益的，何况一般的珍珠，普通居民消费得起，也是好事情。于是，我们可以采取另一个方案，即为过剩的产量寻找新出路。这就是走出珍珠等于珠宝的思维定式！开辟医药、保健、美容和其他方面的新用途，这个方向可以简单地称为普通使用价值取向。

无论是二元化战略的哪一个发展途径，都是需要进行珍珠产品设计的。产品设计在百度百科上的解释是：一个创造性的综合信息处理过程，通过线条、符号、数字、色彩等把产品显现在人们面前。它是将人的某种目的或需要转换为一个具体的物理形式或工具的过程，把一种具体的规划设想和一些奇特的联想通过具体的载体体现出来，让事物包容自己的思想。通过产品设计，可以轻易看透一个时代的经济、技术和文化。产品设计阶段要全面确定整个产品策略、外观、结构、功能，从而确定整个生产系统的布局，因而，产品设计具有“牵一发而动全局”的重要意义。

产品设计还要考虑很多因素：第一，生产的可行性，如果设计的一个产品是目前技术无法完成的，那么这个设计做得再好，也注定只会是空中楼阁，华丽缥缈。用越简便的方法生产出价值越高的产品才是产品设计的归宿。第二，生产的成本，如果设计了一件产品，其成本估计要远远超过其所能发挥的功效价值，那么多出的就是浪费，不如去生产同类型的其他产品。第三，设计的细节，要一丝不漏，不能拖泥带水。许多发达国家的公司都把设计看作热门的战略工具，认为好的设计是赢得顾客的关键。

当然，对于南珠来说，产品设计不应该仅仅局限于外观与外形上，南珠作为特殊的珠宝，还有一些药用、美容等方面的功效，可以根据这一环节作延伸，例如，海大珍珠研究所就在这一方面寻找突破口，努力尝试从珍珠里面提取稀有元素。想要发挥其美容、药用等功效，必先衍生出一系列珍珠商品。

此外，生产珍珠项链、戒指、耳环等饰物也是一个重要的深加工途径。

从上面可以看出：产品设计，可以从南珠的珠宝属性这方面开辟新天地，又可以将其转化为普通商品，开辟其医药、保健、美容和其他方面的新用途，以达到资源利用的最大化和效益的最理想化。

设计时代来临了，是吃面粉好呢？还是吃面包好呢？

南珠产业发展上不去，都是失败在这个环节——终端销售。终端销售是整个产业链上最关键的一个环节，是获利的最终实现，如果无法完成终端销售，就是商品生产的失败。

或许，很多人会问：“什么是终端销售？”可能大多数人不知道它的概念，但在生活中一定见过它。终端销售就是餐桌上的酒、盘中的肉，是农民的水果摊、居民的菜篮子，是偏僻山村的鸡毛小店、是家门前的小铺，是遍及大江南北数以百万计的大小零售商店，是豪华都市大街上几千平方米的超级大商场，是消费者与营销商交易的场所。

终端销售又分依靠渠道商、分销商、加盟商进行销售以及厂商自己直接经营管理，设立品牌店、专卖店、专柜等两种。

南珠产业可以借鉴一下，搞好自己的终端销售。

第一种是可以依靠渠道商、分销商、加盟商进行销售。渠道上端的经销商会十分关心厂家的广告投入力度，更在意厂家在终端上的投入，如进场费、堆头费、订货费折扣、开瓶费等等。南珠想要发展，也可以开设大型的加盟店，吸引商家。其实，广告与促销仅仅是提供了终端突破的第一步——传播诱惑和利益诱惑。南珠要想更好地发展，第二步资源整合也是很重要的，厂家和经销商突破终端的核心策略是第三步分销跟进以及第四步系统维护。

传播诱惑就是广告宣传的力度。在区域实践市场中，单一的媒体方式已经不能实现较为全面的覆盖。因此，南珠企业，应该在科学分析区域市场的各种媒体、分析区域市场竞争品牌的传播策略的基础上，联系厂家，制定出一套实用、高效的传播策略，以实现传播的诱惑，提高终端和消费者对产品的认知度。目前湛江地区流行的是公交站牌广告，而在海南地区则是建立珍珠博物馆，打造以珍珠文化为核心的广告宣传，而仅仅依靠这些来宣传南珠是不够的，还需要做更大的努力。利益诱惑就是在经过传播诱惑后，区域市场的分销成员加入到经销商的网络中来，开始产品的经营和品牌平台的建立，这时候，厂商就可以实施终端突破策略第二步——资源整合。

在区域市场的终端中，许多不同的渠道表面上看起来很封闭，其实它们是相互连通、互相依赖的。例如，市场的餐饮渠道，销售的产品好像都是中、高端产品；而批发、零售渠道销售的是中低端产品；商场、超市则融合了餐饮、批发零售的精华，销售的是集产品之大成的产品系列。从分销策略的角度来分析，单一品牌单一渠道的分销，从资源分配与运用的角度上来讲，是一种浪费；从企业经营的角度上来讲，不利于提高竞争力。因此，区域市场的经销商应该在做产品组合设计初期，就必须对渠道的互补、渠道的互利以及渠道之间的冲突做全盘考虑。这样经过资源整合，各种渠道与优势互补，一方面提高了分销成功的机会，另一方面也拓宽了分销渠道，节省了资源，提高了分销效率，实现最大限度的销售。南珠企业的资源整合，必须具有稳健、固定、广泛的产品来源，这样才能实现多种品牌、多种类别的销售，从而吸引不同南珠消费目的的顾客，提高单位时间内南珠的销售额，增加企业效益。

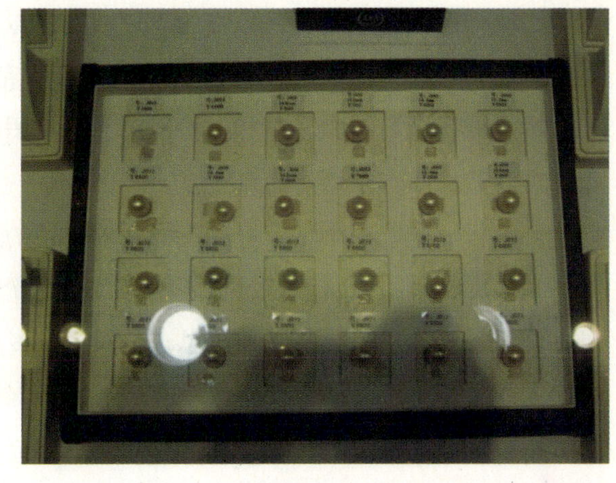

接下来就是厂商终端突破策略的重点——第三步：分销跟进。分销跟进包括分销网络库存处理、拜访频率和拜访深度、物流配送的效率、终端理货和终端生动化管理等具体、细致的项目。区域市场要根据自身企业的销售人员，完成对网络成员服务的全过程。然而必须强调的是，分销跟进既是一个全程服务，也是一个全程掌握市场信息、竞争信息的过程。在分销跟进中，网络会得到加强，销量会得到巩固，信息会得到反馈，销售系统在分销跟进中也渐渐地健全发展。南珠企业要做好分销跟进，就必须有自己完善的网络数据库，有一批高素质的员工，有自己的物流企业和规范的管理机制。做好分销跟进，不仅能够让顾客满意，提高自己品牌在顾客心目中的地位，还能及时把握顾客对珍珠的需求动态。

最后，就剩下第四步——系统维护。系统维护除了规范的分销跟进工作外，更重要的是客情关系的维护以及投诉、异议或者问题的处理。对于网络成员的意见反馈，不管大小，不论对错，都要及时处理，这是系统维护的基础。终端系统十分复杂，不同渠道的销售模式、促销方式也不尽相同。因此，做好维护工作就显得更加重要了。对于南珠企业来说，这个工作是相当重要的，因为珍珠毕竟是高端物品，销售量是低于日常消费品的。顾客所花的价钱也相对较高，所以更要尊重顾客的意见，要让顾客觉得自己的钱花得值，这样才能形成珍珠销售的良性循环。

南珠企业可以通过以上四步策略，建立起相对稳固的销售终端，形成相对稳定的销售网络。

第二种终端销售是厂商自己经营管理，设立品牌店、专卖店、专柜等。像中国的珍珠企业可以通过设立专卖店、品牌专柜，不依靠销售商和零售商。这种专卖店具有的特点以及意义是：选址在繁华商业区、商业街或百货店、购物中心内，营业以著名品牌、大众品牌为主，销售体现量小、质优、高毛利的特点。专卖店是品牌、形象、文化的窗口，有利于品牌的进一步提升，能有效贯彻和执行文化及活动方针，有效提高集团的执

行力，突破现代企业所普遍面临的管理瓶颈。专心专业、专卖品牌，大大增强产品的终端销售能力，真正形成“终端为王”的王者风范，而且管理方便、互利共生，易形成一大批忠诚度极高的大客户和核心经销商，集团可以全心全力地辅导培育，更多地创造吸引顾客购买南珠系列产品（专卖 + 优质产品 + 星级服务）的机会，提升南珠产品的销量。销售、服务一体化，可创造稳定的忠诚的顾客消费群体，有利于销售网络的稳定与发展，保持集团经营的持续性和稳定性；易于及时向终端经销商和消费者提供产品信息，同时易于收集市场和渠道信息；消费者到专卖店选购产品时，有百分之百的销售机会，大大增加了产品的成交率；专卖店可深入农村，更好地为农民消费者提供可信赖的贴心服务，开发广阔的农村市场，有利于加快三、四级市场的开发与建设，意义重大而深远。

其实，南珠产地是很利于开设专卖店的，因为作为主要南珠产地的湛江、北海以及海南都是著名的旅游地，可以充分利用旅游资源，在旅游区内开设专卖店，形成稳固的南珠消费市场。这一点，也会促进旅游业的发展。长久这样，势必会在南珠销售和旅游发展两个产业之间形成良性循环，对可持续发展是有百利而无一害的。

不过专卖店也有自己的弊端，商家从一开始要有巨大的成本支出，才能维持经营。所以南珠专卖店最好的经营方式是依附在一家大型企业下，慢慢地壮大自己。

在这里，还有另外一种方式——“跳出终端的天更蓝，或许相对而言比较适合你”。在终端竞争过于激烈如“千军万马争过独木桥”的时候，某公司另辟蹊径，“你走你的阳光道，我走我的独木桥”，不与他人直接、单一地硬拼终端，通过建立一种适合该公司产品的多元化销售的方式，成功地走出了终端。

为何该公司会走出终端？首先，产品缺乏个性是厂家不得不拼命做终端的原因，然而我们可以用南珠的个性寻求卖点，让产品自己卖自己；其次，我们应该寻求建立自己专有或共享的销售渠道，如集团消费、权力消费、个性化消费等；再次，我们要把终端销售作为整体营销的一个有机组成部分，该做终端就做终端，终端任务完成就放弃终端，对终端销售采取不依赖、不放弃的策略；接着，在其他厂家都去挤热门终端时，我们选择大家不注意的终端，以较小的代价启动终端；最后，我们引导比厂家更善于做终端的商家开展终端销售。

终端很重要，也许因为其重要你会觉得终端要厂家去做。然而厂家不应该做终端，厂家也没有优势做终端。原因如下：首先，终端不符合厂商分工的原则，厂家做了有限的几个终端，但得罪了经销商就丧失了整个营销网络；其次，经销商做终端有区域市场的人际关系优势、营销网络优势、低成本的分销优势，某公司曾采用“借壳做终端”的策略，即利用经销商的优势，引导经销商做终端并帮助经销商做终端。该公司虽然没有亲自做终端，却能有效地控制终端。谁要做终端，就找谁做经销商；谁有优势做终端，就让谁去做。南珠厂家不追求亲自做终端，只追求产品在终端的竞争力；厂家可以远离终端，只要能有效控制终端。此时，作为南珠企业，只需要通过品牌店的设立，树立本公司产品在客户心中的美好形象，加强客户对南珠系列产品的认知度。

然而企业该如何从终端陷阱中突围？跨越终端只做社区销售，我们可以从以下企业的例子中获取信息。

例1：国内最大的防盗门企业美心集团，把目光从专业市场和大商场的普通终端，转移到了更接近消费者的社区。每当新楼盘落成，业主即将入住时，即在新楼盘附近临时搭建一个美心门专卖店，在业主眼皮底下展示美心系列产品，为业主提供选择、购买、搬运的方便，这是一种比任何宣传和促销更有效的社区销售方式。

例2：杭州市一家养蜜场，没有经费做宣传，没有经销渠道和终端，通过数年只做社区销售的努力，如今不仅全部产品顺利销售，没有库存积压，而且已经成为杭州百姓心目中的品牌产品。该养殖场的做法是：给每个销售员分配三个生活区，每天早晨和傍晚、每个周末全天候地在为生活摆台做社区销售，由于产品新鲜、质量好，价格比商店的便宜，服务态度好，时间久了人们都认识到其优势，很快就形成了稳定的消费群。

例3：目前社区销售做得最好的是：鲜奶订月每天早晨送到家、报刊的征订和邮递、大桶饮用水的电话送货等。社区销售跨越了零售终端，把销售前沿推进到消费者家门口，使消费者购买更方便，成本更低。而且通过销售人员高频率的周到服务，可以让消费者从对销售人员个人的信任逐步上升到对品牌的信任，因此，一些非名牌产品可以借社区销售巩固一批忠诚的顾客。

终端并非渠道的终点，在终端竞争日趋激烈、终端门槛越来越高的情况下，有些企业为了进一步寻求竞争优势，跨越终端直接做社区销售，成为当前营销的一大亮点。南珠企业是否也可以从中寻找到启发呢？

终端无处不在，终端无法跨越。

有人说：“谁掌握了终端，谁就是市场的赢家！”

也许很多企业有世界上最好的产品，有最好的广告支持，但如果消费者不能在销售点买到它们，企业就无法完成销售！无法完成销售的产品就是一件失败品，获利就更加不用去想了，由此可见终端销售这一环节多么重要。

换句话说，如果垄断了终端销售，就等于垄断了利润。世界上雇员最多、连续三年在美国《财富》杂志全球500强企业中居首的沃尔玛公司就是一家终端销售企业。

中国有数千家养殖户养殖南珠，有强大的原材料供应商，却没有世界知名的中国南珠品牌，更没有世界级的南珠终端销售企业。目前销售领域主要是面向国内市场，海南

的京润、海润，北海的源隆，也是在终端销售这一环节止步。难道我们在这一环节真的难以有所作为吗？答案是否定的。

终端销售具备以下特点：①投入费用高，主要是用于店面宣传、广告宣传等方面。②管理难度大，大量人员扩编，如果管理力度不到位，容易失控。③配送成本非常高，终端销售需要较为完善的物流配送体系。④配送体系不容易建立，企业需要有一整套新的体制、理念和分销商队伍。

终端销售需要先进的企业管理经验，而目前的南珠企业大多数是由原来的个体养殖户发展而来的家族企业，很明显大多数企业都不敢迈出这一步，都是看着别人吃螃蟹。在中国其他行业企业，数年前，尚有不少企业不重视终端的建设和开发；时至今日，已经没有企业不重视终端的工作。在终端竞争日益激烈的今天，已经不仅仅是该不该重视终端工作的问题，而是如何做好终端的问题。不少企业面对终端已经感到无所适从，投入大量的人力、物力做终端，你做有奖陈列，别人政策力度比你更大；你招聘终端业务员跑单，别人使用人海战术；你用 5 万元的代价买断这个终端，他用 8 万元与你竞争；有些产品不进超市没出路，进了超市是死路，年销量能不能达到 50 万元是未知数，但是进店费、赞助费、堆头费、返利费等就不下 10 万元；投入超出了产出，终端管理跟不上，企业的实力进一步做终端对抗。有人曾这样形容终端："不做终端是等死，做了终端是找死；每接近终端一步就是接近死亡一步，每接近终端一步就是接近金矿一步。"对于企业来说终端不得不做，但企业又很容易落入"劳而无获，不能自拔的陷阱"。

然而南珠作为中国或者说广东一带海域特有的珠宝珍品，在竞争方面并没有以上文字描述的如此夸张，而我们的终端销售刚刚起步，那么怎样才能突破终端的陷阱呢？我们需要战略的转变。

终端创新营销的九种战略转变：

（1）从大众营销转变为细分营销。

（2）从重视营销技术转变为重视产品开发。珍珠企业只有回到营销的本原，即市场需求和产品上来，才能真正有效地启动企业创新。

（3）从做销量转变为做品牌。没有销量、没有强大的营销力就没有品牌，但对于许多已经取得可观销售业绩的企业，面对消费者的变化和新兴渠道的挑战，不关注品牌就决然不通了。

（4）加强员工培训。中国企业最致命的问题是不能对员工进行持续的职业培训。很难设想连操作传统渠道尚且达不到专业水准的业务人员，如何有效地操作新兴的终端市场。

（5）从个体推销转变为体系营销。在大批发条件下，只要业务人员个人能力强就可以创造奇迹，但在细分营销条件下，只能靠完善的营销体系才能保证业绩。营销创新，提高营销管理水平是关键。

（6）薪酬制度创新。员工满意度决定员工忠诚度，员工忠诚度决定顾客满意度，顾客满意度决定顾客忠诚度，顾客忠诚度决定企业的业绩和前途。这要求企业必须有能力制定出既支持公司的战略和目标，又让员工满意的薪酬体系，因为终端市场的运作需要大批对企业忠诚、训练有素的终端业务员。

（7）高空传播战略。运用整合营销传播，导入 CI 战略，统一卖点和买点，进行科学系统的广告宣传与广告突破，加强与消费者的沟通，扩大品牌影响力，提升品牌的美誉度和忠诚度。

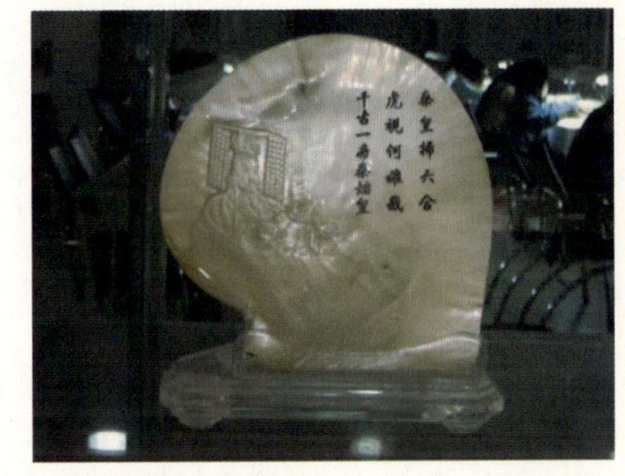

（8）中空渠道创新战略。明确制造商与经销商的分工，改造并强化渠道功能，并且及时进行渠道创新。如上海富尔网络销售公司，将网上购物、客户电话服务中心的自动系统与终端食杂店小终端的连锁加盟结合起来，进行了成功的渠道创新。

（9）低空直接面对消费者战略。只要消费者愿意买，总是有人愿意卖的。做到产品的差异化、个性化，直接面对消费者，加强与消费者的沟通。

珠耀南海

处在大陆的最南端
雷州大地，大陆之南
我深深地爱慕着这一片海
我愿意用我的岁月去努力
南珠的伟大复兴
因为我们生活在一个伟大的时代
南珠复兴路遥而光明